普通高中新课程理论与实践丛书

总主编　刘永康　李志全

高中数学新课程的理论与实践

主　编　张　红　冯国卫

副主编　宁　锐　邵　利

高等教育出版社

内容提要

《普通高中新课程理论与实践丛书》在深入研究总结全国普通高中课程改革取得的成果和经验的基础上，对国内外高中课程教学理论和实践进行了系统的思考和研究，力图进一步厘清课程改革的理论脉络，解决在课程改革实践中所遇到的问题和困惑，希望进一步加强对高中课程改革参与者的专业引领和实践指导。丛书既是高中教师新课程培训教材，也可作为高等院校本科生、研究生进行高中课程改革理论与实践学习和研究的参考教材。

《高中数学新课程的理论与实践》是其中的一册。本书对新课程背景下数学教育理论、教学策略的变化，高中数学课堂教学与多媒体技术，教学评价及课程资源的开发与利用进行了阐述。每讲按照思考研讨、理论概述、案例分析、资源链接、教学反思五个部分展开，力求体现理论与实践的统一，凸显应用取向。

图书在版编目(CIP)数据

高中数学新课程的理论与实践/张红，冯国卫主编.
北京：高等教育出版社，2008.5
(普通高中新课程理论与实践丛书/刘永康，李志全总主编)
ISBN 978-7-04-023841-9

Ⅰ.高…　Ⅱ.①张…②冯…　Ⅲ.数学课-教学研究-高中　Ⅳ.G633.602

中国版本图书馆 CIP 数据核字(2008)第035761号

策划编辑　王宏凯　**责任编辑**　王轶云　**封面设计**　张　楠　**责任绘图**　黄建英
版式设计　范晓红　**责任校对**　俞声佳　**责任印制**　毛斯璐

出版发行	高等教育出版社	购书热线	010-58581118
社　　址	北京市西城区德外大街4号	免费咨询	800-810-0598
邮政编码	100120	网　　址	http://www.hep.edu.cn
总　　机	010-58581000		http://www.hep.com.cn
经　　销	蓝色畅想图书发行有限公司	网上订购	http://www.landraco.com
印　　刷	北京嘉实印刷有限公司		http://www.landraco.com.cn
		畅想教育	http://www.widedu.com
开　　本	787×960　1/16	版　　次	2008年5月第1版
印　　张	16	印　　次	2008年5月第1次印刷
字　　数	280 000	定　　价	25.00元

物料号　23841-00

编写委员会

总 序

我国的普通高中新课程实验自2004年启动至今，已有16个省份进入高中新课程实验阶段，按照教育部规划，2010年前全国所有省份的普通高中都将进行新课程实验。本次普通高中新课程改革是一场洋溢着鲜活时代气息的深刻教育变革，是全面贯彻党的教育方针、全面实施素质教育、全面推进以人为本科学发展观的深入实践，是为了中华民族的复兴、为了每位学生的发展而采取的重要举措，具有重大而深远的意义。

基础教育课程集中体现了国家的教育思想和教育观念，基础教育课程改革在教育改革中处于突出位置，是一项复杂细致的系统工程，需要不断完善、不断建设、不断创新。本次普通高中课程改革就在转变课程功能，改革课程结构、课程内容、课程实施、课程评价、课程管理等方面提出了具体要求。全国高中新课程从实施以来已在很多方面取得了新的突破，如新理念得到学生、家长和学校的普遍认同，初步形成了良好的政策环境，营造了积极的社会舆论氛围，探索了有效的工作机制，创造了适用的实施策略，教学活动出现了许多新气象，实验工作正在有序地向纵深发展。随着实验的推进，实施过程中一些深层次问题也不断显露，如教师培训的实效性、课堂教学的有效性、模块化教材的适应性、三维目标的整体性、课程资源的适切性、专业指导与支持的紧迫性、考试评价制度改革的支持度等，这些问题需要从理论和实践层面进行理性、冷静和辩证的分析和研究，并作出及时、有效和科学的回应，以使课程改革顺利推进。

教师是课程改革实验工作的关键。高中教师作为普通高中新课程改革的实施主体，他们对新课程的认知程度、实施能力和实施水平是高中新课程改革成败的关键性因素。为进一步加强对高中教师的专业引领和实践指导，帮助高中教师正确地把握和实践高中新课程，四川师范大学以所承担的四川省哲学社会科学"十一五"规划重点课题"普通高中新课程理论与实践研究"为载体，组织课题组成员深入全国高中新课程实验省(区)，对课程改革中取得的经验、存在的问题、产生的困惑、出现的误区等作了深入的调研，在此基础上对目前普通高中新课程推进中的理论和实践问题进行了系统、深入的思考和研究，编写了这套《普通高中新课程理论与实践丛书》。本丛书对国内外相关研究文献资料作了系统的研究，力图进一步厘清课程改革的理论脉络，较好地体现科学性和前瞻性；同时，对各实验区取得的成果和经验加以总结，对遇到的问题，特别是对典型案例进行研究，希望加强对高中课程改革理论和实践问题的探索，解决在实践过程遇到的具体问题和困惑；本丛书在内容编排上基本按照思考研讨、理论概述、案例分析、资源链接、教学反思五个部分展开，力求体现理论与实践的统一，凸显应用取向。本丛书是对当前高中新课程教师培训资源的有益补充，既可供高中教师新课程培训和后续研修使用，也可作为高等院校本科生、教育硕士生了解、研究普通高中新课程的教材。

本课题的研究及本丛书的编写得到了部分省市（区）高中课程改革实验区教育行政部门、教育教学研究机构、高等师范院校和高中学校有关领导、专家和教师的精心指导和大力支持，在此，向他们表示衷心的感谢和崇高的敬意！高等教育出版社基础教育与教师教育分社的领导和编辑为本书的编写、出版付出了艰辛的努力，对此我们表示深深的感谢！在丛书编写过程中，我们参考了国内外许多学者的著作、论文，有的已征得了同意，在此致以诚挚的谢意！因种种原因，尚未联络到的学者，请致电（028）84760596 或发电子邮件至 scsdkyc@sicnu.edu.cn 联系付稿酬事宜。由于水平所限，丛书肯定存在疏漏之处，恳请广大教师予以批评指正。

编委会

2008 年 3 月

目　录

教育理论篇

教学策略篇

教学技术篇

教学评价篇

教学资源篇

前　言

数学是高中课程设置的八大学习领域之一,而且又是一个学科,因此在新课程改革中无疑占有重要地位。为了从理论高度认识高中数学新课程改革,并给予实践正确的引导和指导,我们成立了"高中数学新课程实施与四川数学教师培训"课题组,由四川师范大学张红教授负责开展相关课题研究。为此我们进行了深入广泛的考察研究,专程到各新课程的试验区进行考察和调查,汲取各方面的信息。在调研的基础上,从书总体部署和统一体例要求下,我们组织来自高校、教科所(室)相关领域的专家和中学一线高级教师成立了编写组,经过多次开会讨论形成了编写思路和对内容的具体要求,并在专题研究的基础上展开本书的编写。在此过程中,高等教育出版社组织了审稿会,对稿件提出了中肯的建设性意见,稿件经过多次修改才得以完成。

本书除了注意本系列丛书的共性之外,还特别关注本学科面临的具体的问题和学科特点,因而使本书更具有针对性。具体地说,有如下特点:

第一,将数学课程改革置于当前国际数学课程改革的背景中讨论,分析现代学习理论和教学理论对中学数学课程改革中数学学习和数学教学的启发与指导作用,关注新课程概括与教师素养发展的关系。从而从理论上给教师们提供关于数学课程改革前沿的窗口,使本书具有较高的理论视角。

第二,高中数学新课程的改革给我们提出了一系列新的模块和专题,为了比较新课程改革与传统数学课程的教学变革,我们拟订了数学建模、数学文化和研究性学习的专题研究,期望通过这些专题研究使新课程教学策略起到辐射作用。

第三,我们关注数学课程和教学改革与教学技术改革关系的研究,特别分析了信息技术和数学软件对数学教学的特殊作用。

第四,我们关注数学课程改革中的数学评价的改革与研究,特别是针对以义务教育阶段为基础的高中阶段的过程性评价的专题研究。

第五,我们注重中学数学教师的参与,本书作者中有很多都是来自中学教学实践一线,从而使本书的内容更加贴近中学数学教学实际。

本书的各讲写作分工如下:

第 1 讲:冯国卫(四川省教科所),王希平(成都七中);第 2 讲、第 3 讲:宁锐、邵利、潘亦宁(四川师范大学);第4讲:周思波(四川师范大学);第5讲:冯国卫;第6讲:何明(成都七中);第7讲:周莉莉(成都七中);第8讲:冯国卫;第9讲:高峥(成都七中);第10讲:王富英(成都市龙泉驿区教研室);第11讲:王富英,徐小林、马岷兴(四川师范大学);第12讲:张开敏、朱琨、余杰(四川师范大学)。宁锐、邵利协助统稿,最后由张红、冯国卫统稿、定稿。

总之,我们的目标是使本书既具有较高的理论视角,又具有很强的实践针对性,同时也想更加贴近中学教师的风格。不过,目标是否实现或者在怎样的程度上得到实现,我们只能期待读者的评判。当然,我们对完成本书所期待的目标也是一种探索工作,缺点甚至错误都在所难免,因此,我们希望读者对本书的缺点和错误提出批评或建议。

编者

2008年3月

教育理论篇

- 新时期数学课程改革透视
- 数学课程改革中数学学习方式的变化
- 数学学习理论对数学学习的启示
- 数学教学理论与新课程教学实践
- 高中新课程与数学教师的素养

第1讲
新时期数学课程改革透视

思考研讨

1. 世界基础教育数学课程历次变革给我们哪些启示？

2. 当前世界各国基础教育课程改革有哪些共识？

3. 你怎样看待我国历次数学大纲和教材的变革？

4. 我国高中数学课程的基本框架和结构是怎样的？

理论概述

一、世界基础教育数学课程改革透视

（一）世界数学教育的变革回顾

1. 欧洲中世纪中期，数学作为课程进入了学校，《几何原本》是数学教育的中心内容之一.

2. 19世纪末20世纪初，随着人类进入第二次工业革命时代，以英国数学家佩里（John Perry）、德国数学家克莱因（Felix Klein）为首倡导的数学教育改革，得到了美、法等国的响应，成立了国际数学教育委员会，开始了一场全球性的数学教育改革运动. 其主要特征是：

① 转变把数学看成“纯学术性与应用性算术相区分”的传统观念，认为数学是在生产和生活中有广泛应用的学科，强调几何、代数、算术间的关联.

② 增加函数、微积分等变量数学内容，用变换的观点处理几何内容.

③ 在保持科学数学的同时，注重数学的应用性.

④ 开始制定数学课程大纲和标准，使数学课程规范化.

3. 20世纪中期，在美国出现了以布鲁纳的课程结构为核心，从集合和向量

的观点出发来处理数学知识，并增加大量新内容的“新数运动”. 新数运动很快波及世界其他国家，成了一场全球的数学教育改革. 对于“新数”，人们一般认为主要内容包括：

① 增加现代数学内容.

② 强调公理化方法.

③ 废弃欧氏几何.

④ 强调结构，组成综合的数学课程，用集合、运算、关系和映射等把数学课程统一为一个整体.

⑤ 消减传统的运算.

⑥ 追求新的处理方法，强调趣味性和直观性，提倡发现法.

虽然新数运动的发展速度和范围都是空前的，但也逐渐暴露出不少缺点：

① “新数”过分强调公理化和严谨性，导致学生计算能力的削弱，同时由于大多数学生接受不了“新数”内容，因而认为推行“新数”的结果使得数学教育质量降低.

② 由于贯穿“新数”教材的集合论等，在实际教学中学生并不理解，他们成天画“Venn 图”，但不知道这些图有什么实际意义.

③ “新数”过多地将大学数学的内容移植到中学，超过了合理的范围，这样在实际教学中就产生了许多形式主义的现象.

④ 由于“新数”的推进没有做好前期准备工作，缺乏必要的教师培训，使得教师不适应“新数”的教学，极大地影响了教师的积极性和教学质量，而社会上对陌生的“新数”也感到迷惑，有的家长虽然有大学文化程度，却难以对孩子进行有效的辅导，这就使得“新数”也丧失了社会支持.

4. 针对新数运动的问题，数学教育界又提出了“回到基础”的口号，但简单的回到从前已经不能适应社会和数学发展的需要，不久就无人再提了.

5. 20 世纪 80 年代，全美数学教师协会提出“必须把问题解决作为 80 年代中学数学的核心”，并强调“在解决问题方面的成绩如何，将是衡量数学教育成效的有效标准”. 这一改革得到了英国等欧洲国家的响应，之后传入日本，90 年代传入我国.

（二）国际数学课程改革的趋势

综观世界各国的数学课程改革，虽然目标取向等有所不同，但却有着共同的趋势，归结起来主要有以下几点：

1. 应用性与实践性

目前，现实数学观点得到国际数学教育界的普遍认同，也为广大数学教师所接受. 这一思想表明：

第一，学习数学具有现实的性质：数学来自于现实生活，再运用到现实生活中去；

第二，学生应该用现实的方法学习数学，即学生通过熟悉的现实生活自己逐步发现和得出数学结论.

重视数学知识的应用性和实践性，成为国际数学教育改革的一个基本趋势：

(1) 美国 NCTM 数学课程标准和 2000 年标准的基本特点之一，都是强调数学应用.

(2) 荷兰几乎所有的中小学生都已经在使用根据现实数学教育思想编写的数学课本，着重培养学生数学应用意识与实践能力.

(3) 日本的数学课程设置了综合课题学习，也体现了对数学知识综合应用的关注.

(4) 英国数学教育在应用性、实践性方面的特点是令人瞩目的，英国数学课程十分重视培养学生数学应用能力，并形成了系统化的体系. 这一体系表现在以下几个方面：

• 数学应用在英国数学课程标准中被确定为单独的教学目标，在所有 4 个学段都对学生进行应用能力的系统训练.

• 英国国家课程委员会要求所有学校都要重视数学应用能力的培养，教师在制订计划时，不但要保证学生有充分的时间从事数学实践活动，同时在基础知识教学和基本技能训练中，也要充分贯彻数学应用的思想.

• 对学生数学应用能力的要求，不但反映在课程标准中，亦体现在国家统考大纲中.

• 国家数学课程对数学应用有如下三个要求：在实践工作、处理问题以及使用物质材料的过程中，获取知识和技能，增进理解；运用数学解决一系列现实生活问题，处理由课程其他领域或其他学科提出的问题；对数学内部的规律和原理进行探索研究.

2. 以学生为主体的活动

重视学生的主体活动是数学教育改革的热点问题.

(1) 英国数学教育具有活动性的特点. 以课题覆盖大纲的策略就是英国数学教学的一种重要的教学策略.

(2) 强调学生的主体活动更是东亚国家和地区数学教育改革的切入口，数学经验活动是许多国家和地区数学课程的基本内容.

(3) 日本数学学习纲要，进一步体现了数学教育个性化、活动化和实践性方面的走向，提倡综合学习和选择性学习，这些都是引人注目的.

3. 计算机与数学教育

近年来，世界各国纷纷将信息技术应用于数学教育，十分重视计算机辅助教与学的研究与实施.计算机的介入使得数学科学在研究领域、研究方式和应用范围等方面得到了空前的拓展.计算机辅助教学研究正在兴起,它使数学教育的观念、内容和方法都发生了重大变化.数学教育的技术化趋势,成为近年来数学课程与教学改革引人注目的特点,而且日趋活跃.

国际课程改革的经验表明,一旦计算器或计算机应用于数学教育就会削弱学生运算能力的这种担心是不必要的,计算器(机)是学生探索数学知识的有力工具.我们应该努力提高电脑技术应用于数学教育的水平,增加我国数学教育技术含量,这是一项刻不容缓的任务.

4. 目标的个性化与差别化

目标的差别化和弹性是国际数学教育目前设计的一个重要动向.

(1) 英国国家数学课程明确规定每个水平的学习要求.体现了统一要求而又具有弹性的结构特点,方便教师因材施教.

(2) 提倡选择性学习构成了日本新学习指导纲要的一个重要特色.学习纲要认为,数学课程要安排多种可供学生选择的数学活动.

学习的程度也应有一定的弹性,学生的选择学习中可以有不同的程度,如:补习、补充、发展、深化,使不同发展水平的学生都有收益,有利于学生的个别差异,也使数学课程具有弹性.

(3) 韩国第七次数学课程改革是从2000年起实施的,与以往各次颇为不同,这次课程改革的主题是差别化数学教育课程.

基础教育时期分为两段:第一段是国家共同基础教育时期(从一年级到十年级,共10年.相当于中国小学一年级至高中一年级),要求所有的学生必须学习相同的必修课程;第二段为选择教育时期(从十一年级到十二年级,共2年.相当于中国高中二年级到三年级),可以学习不同的有层次的课程内容,建立有区别的数学课程体系.

5. 数学与其他学科的综合

数学教学与其他学科的联系与综合也是一个重要的趋势.这是近二十年来数学教育改革的一个值得注意的特点.这一趋势在英国数学课程标准、日本的课题综合学习和荷兰新的课程标准目标跨学科目标中体现尤为清楚.荷兰新的课程标准目标分为学科目标和跨学科目标,中学阶段的跨学科目标具体分为6个方面:个人与社会、实践能力、学会学习、学会交流、学会思考、学会思考未来.

二、我国高中数学课程的演变

(一) 我国高中数学课程变革简介

1. 新中国刚成立时,教育部中教司于1950年2月10日召开教材精简座谈会，确定了以下原则：(1) 数学教材应尽量与实际相结合，首先与理化结合. 除了适当的精简外，必要时也可增加一些生活实用的材料；(2) 在现有的教科书上，有许多抽象的、不切合实用的，且为学生所不易接受的材料，应该精减或删除；(3) 初高中课程可规定为：初中有算术、代数、平面几何，高中有三角、立体几何、大代数、解析几何. 根据这次会议的精神，发表了教材精简提纲，这是新中国成立后数学教育的第一份官方文件，起到了过渡性教学大纲的部分作用.

2. 1952 年，教育部编订并正式公布了《中学数学教学大纲(草案)》，这是新中国成立后的第一份数学教学大纲. 该大纲规定中小学为 12 年制，小学 6 年，初中、高中各 3 年，中学数学分为算术、代数、几何、三角等科目，不再开设解析几何.

3. 1954 年，教育部对《中学数学教学大纲(草案)》作了修订，10 月颁布第二个数学教学大纲《中学数学教学大纲(修订草案)》，提出了“思想教育”的目标，对前大纲的思想教育任务和教育的具体要求作了补充.

4. 1956 年，教育部颁布第三个大纲《中学数学教学大纲(修订草案)》. 在体例和内容上都没有原则性的改动，只是吸收了前几年的实践经验，把一些问题表述得更加有条理(如对中学数学教学目的，表述中提为“要发展学生的逻辑思维和空间想象能力”)，并提出“基本生产技术教育内容”的要求.

5. 1958 年到 1960 年，教育部《关于修订中小学数学教学大纲和编写中小学数学教材的请示报告》，人民教育出版社《十年制学校数学教材的编辑方案(草稿)》，以及中国数学会提出了一系列改革措施，主要精神有：算术课全放到小学；初中学完平面几何和代数的二次方程；高中增设平面解析几何，并在代数中增加导数(后未增)和近似计算等内容；用 10 年学完原来用 12 年学完的中小学课程；在教学目的中首次提出了“发展学生的逻辑思维和空间想象力”，“加强计算能力的培养”，“培养学生的辩证唯物主义观点”；主张建立用代数学方法代替某些笨拙的算术方法以及以函数为纲，把代数、几何、三角结合起来，打破原分科界限的新体系.

6. 1961 年起，教育工作在“调整、巩固、充实、提高”的方针指导下，进行了大幅度整顿. 教育部颁行了《全日制中学暂行工作条例》，总结了新中国成立以来正反两方面的经验. 公布了一个《全日制中小学数学教学大纲》，这是一个十年一贯制的教学大纲(只在少数学校进行了实验)，它针对 1958 年以来的课程改革确认了以下几点：(1) 内容上，精减传统内容，保留基本重要内容. 分设代数、几何、平面三角、解析几何等科目，强调基础知识和基本技能；(2) 适当编入近代科学技术广泛应用的数学知识，不单设课；(3) 中学数学不能忽视图形基本知识,欧氏几何又是培养逻辑思维的好题材,不宜轻率取消.

7. 1963 年 5 月,教育部制定了《全日制中学数学教学大纲(草案)》.这是全国使用的第四个大纲,是大家认为比较成功的一个大纲.该大纲较之过去有以下较为明显的特点:

(1) 在数学课的设置目的中,明确提出了"基础知识"和"三个能力"(即:计算能力、逻辑推理能力和空间想象能力);

(2) 提出确定教学内容的原则(基础性原则、应用性原则、衔接性原则、宏扬民族文化原则),并按这些原则调整了教学内容,删去了算术,增加了解析几何、行列式、概率、数列和极限等内容.

从新中国成立后中学数学教育的发展来看,1963 年大纲的影响是较大的,这个大纲是中国数学课程独立研究的成果,其历史影响甚至延续至今.

8. 1978 年 2 月,教育部颁布了《全日制十年制学校中学数学教学大纲(试行草案)》并在各地试行,这是新中国成立后颁布的第五个中学数学教学大纲,这个大纲的内容出现了几点明显的变化:

(1) 对于知识目标,由 1963 年的"使学生牢固地掌握代数、平面几何、立体几何、三角和平面解析几何的基础知识"改成"使学生切实学好参加社会主义革命和建设,以及学习现代科学技术所必需的数学基础知识".对于"三个能力"的要求,把"计算能力"改为"运算能力",把"逻辑推理能力"改为"逻辑思维能力",并且第一次提出"培养学生分析问题和解决问题的能力".

(2) 把二次函数、二次不等式下放到初中,把微积分的部分内容放到高中教学.

(3) 在课程结构上,采用了混合式结构,把以前分科编排的代数、平面几何、立体几何、解析几何、微积分等内容综合成一门数学课.这是新中国成立后第一个采取混合式结构的正式全国课程方案.

(4) 在教学内容与教学要求中,增加了灵活性.对一部分内容采用加"*"号的办法标出其为选学内容.

(5) 把中学学制统一定为 5 年.

这个大纲在实施过程中遇到了一定困难,为此,教育部 1983 年颁布了《高中数学教学纲要》,对高中数学实行了两种教学要求;1985 年又提出《调整初中数学教学要求的意见》,进一步明确和适当降低了初中数学教学的要求.

9. 1986 年 11 月,国家教育委员会按照"适当降低难度,减轻学生负担,教学要求尽量明确具体"的原则,颁布了第六个《全日制中学数学教学大纲》.

(1) 该大纲在课程设置目的的表述上有两处重大变化:① 明确地提出"双基"(即"数学基础知识和基本技能"),强调了以前没有充分重视的"技能";

② 把1978 年大纲中使学生“具有”三种能力的提法,改回“培养”这三种能力,恢复了 1963 年大纲的提法.

(2) 重新实行“分科编排”,初中安排代数、几何,高中安排代数、立体几何、解析几何.

(3) 将 1983 年教育部颁发的两种要求的教学纲要(《高中数学教学纲要(草案)》)中“较高要求内容”,作为 1987 年大纲的附录发表. 这表明:①1987 年大纲的内容是“基本要求内容”;②认定坚持两种要求是体现统一性与多样性(灵活性)的有效形式.

10. 1996 年,教育部颁布了《全日制普通高级中学数学教学大纲(供试验用)》. 经过一轮试验,于 2000 年颁布《全日制普通高级中学数学教学大纲(试用修订版)》. 2002 年又颁布《全日制普通高级中学数学教学大纲》,这个大纲的一个变化是强调了对学生创新意识和实践能力的培养,培养学生创新意识的问题不仅第一次出现在大纲中,而且把培养学生的创新意识作为学习目的的一部分提到了非常醒目的位置,体现了时代发展对人才质量的新需求. 另一个变化是将“逻辑思维能力”改为“思维能力”,应该说这是对数学的教育功能认识的又一提升. 新大纲还增加了在高中数学教学中开设实习作业和研究性课题. 同时,新大纲更加注重知识整体性,强调各部分知识的综合联系,将以前分开编排的代数、立体几何、解析几何等综合为数学一门课程.

11. 2001 年,我国又启动了新一轮的课程改革,颁布了《全日制义务教育数学课程标准(实验稿)》,并于 2003 年颁布了《普通高中数学课程标准(实验)》. 可以说,这是一次力度较大的改革,它较为清晰地回答了我国的数学课程要改革什么、提倡什么和需要做什么等问题. 突出了人的发展,突出了数学教育育人的本质. 提出了知识与技能、过程与方法、情感态度价值观有机结合的基本理念,以及“提高作为未来公民基本数学素养,以满足个人发展与社会进步的需要”的课程总目标,把人的发展与社会的发展紧密地联系在一起,深刻地揭示了数学教育的本质.

2004 年,高中课程标准开始在山东、广东、海南、宁夏四省区进行实验.

(二) 我国高中数学新课程概况

1. 新课程特点

(1) 增加了许多新的数学内容,如视图与投影、概率统计思想方法、算法、框图以及大量的现代数学知识(作为系列专题形式出现). 同时,在数学文化、数学探究、数学建模、数学实践等方面也提出了更高的要求.

(2) 教学内容的呈现方式发生了较大的变化,其中立体几何是变化最大的一个部分. 原来教材内容的顺序是由平面到空间,先讨论平面,再讨论由平面组成的几何体，新的课程则从认识几何体入手，要求学生掌握实物、直观图、三视图之间的相互转化，然后再学习组成几何体的基本元素——点、棱、面.以往立体几何的重点内容是证明，采用单一的严谨的逻辑推理，而新课程则同时强调采用向量这一近现代的工具将证明转化为代数计算加以解决.

(3) 突出数学与现实世界的联系，更加重视数学应用意识和实践能力的培养."课标"强调：高中数学课程应提供基本内容的实际背景，反映数学的应用价值，开展"数学建模"的学习活动，设立体现数学某些重要应用的专题课程、高中数学课程应力求体现数学在解决实际问题中的作用、数学与日常生活及其他学科的联系，促使学生逐步形成和发展数学应用意识，提高实践能力.

(4) 增加了选择性.以往课程虽然也分必修课程和选修课程，但那是针对文理不同方向开设的，学生一旦选择了文科或理科，数学课程也就相应确定了.而新课程则真正将选择的权利交给了学生，学生可以根据自己将来的发展和兴趣选择不同的专题进行学习.

(5) 强调学生学习方式的转变.过去，学生学习数学主要局限于"对概念、结论和技能的记忆、模仿和接受".新课程力求转变这种现状，使学生变被动学习为主动学习，除了接受学习外，还倡导"独立思考、自主探索、动手实践、合作交流、阅读自学"等学习数学的重要方式.

(6) 教师角色的转换.在传统教学中，教师是课堂的主宰，是绝对的权威，是学生学习的唯一评价者.新课程强调教师要转变角色，使自己成为学生学习数学的组织者、引导者与合作者，树立学生才是课堂教学的真正主体的观念，教师在课堂中更多地扮演导演的角色，为学生的学习创造宽容、理解、温暖的环境.

2. 普通高中教育的定位和数学课程理念

普通高中教育是在九年义务教育基础上进一步提高国民素质的、面向大众的基础教育，普通高中教育应为学生的终身发展奠定基础.

高中数学课程的基本理念：

(1) 构建共同基础，提供发展平台；

(2) 提供多样课程，适应个性选择；

(3) 倡导积极主动、勇于探索的学习方式；

(4) 注重提高学生的数学思维能力；

(5) 发展学生的数学应用意识；

(6) 与时俱进地认识"双基"；

(7) 强调本质，注意适度形式化；

(8) 体现数学的文化价值；

(9) 注重信息技术与数学课程的整合；

(10) 建立合理、科学的评价体系.

3. 高中数学新课程框架

高中数学课程由三部分组成：

第一部分是必修课程，由五个模块组成，每个模块要学习36课时，合格可获得2学分，每个学生都要学习.

数学1：集合；函数概念与基本初等函数I（指数函数、对数函数、幂函数）.

数学2：立体几何初步；平面解析几何初步.

数学3：算法初步；统计；概率.

数学4：基本初等函数II（三角函数）；平面上的向量；三角恒等变换.

数学5：解三角形；数列；不等式.

第二部分是选修1、选修2系列课程，希望今后学习文科的学生，可以选选修1系列课程；希望今后学习理工科的学生，可以选选修2系列课程.

- 系列1：由两个模块组成，72课时.

  选修1－1：常用逻辑用语、圆锥曲线与方程、导数及其应用.

  选修1－2：统计案例、推理与证明、数系的扩充与复数的引入、框图.

- 系列2：由三个模块组成，108课时.

  选修2－1：常用逻辑用语、圆锥曲线与方程、空间中的向量与立体几何.

  选修2－2：导数及其应用、推理与证明、数系的扩充与复数的引入.

  选修2－3：计数原理、统计案例、概率.

第三部分是选修3、选修4系列课程，对数学有兴趣和希望进一步提高数学素养的学生，可以选学其中的部分专题. 选修3有六个专题 、选修4有十个专题，每个专题需18课时，合格可获得1学分，这些内容都是数学的基础性内容，反映了某些重要的数学思想，有助于学生进一步打好数学基础，提高应用意识，有利于学生终生的发展，有利于扩展学生的数学视野，有利于提高学生对数学的科学价值、应用价值、文化价值的认识.

- 系列3：由六个专题组成.

  选修3－1：数学史选讲；

  选修3－2：信息安全与密码；

  选修3－3：球面上的几何；

  选修3－4：对称与群；

  选修3－5：欧拉公式与闭曲面分类；

  选修3－6：三等分角与数域扩充.

- 系列4：由十个专题组成.

选修 4 - 1:几何证明选讲;

选修 4 - 2:矩阵与变换;

选修 4 - 3:数列与差分;

选修 4 - 4:坐标系与参数方程;

选修 4 - 5:不等式选讲;

选修 4 - 6:初等数论初步;

选修 4 - 7:优选法与试验设计初步;

选修 4 - 8:统筹法与图论初步;

选修 4 - 9:风险与决策;

选修 4 - 10:开关电路与布尔代数.

各学校可以根据具体情况,在选修 3 和选修 4 中先开设部分专题,随着新课程的推进,逐步增加的课程内容.

数学探究和数学建模的思想以不同的形式渗透在各模块和专题中.

4. 高考要求的内容

必修的内容;

考生选择的选修系列 1 或选修系列 2 的内容;

选修 4 中各省市指定要求考查的专题内容;

选修 3 高考不考,但可由学校以定性、定量相结合的方式进行评价,结果供高校录取参考.

5. 新课程教材

目前已经全国中小学教材审定委员会初审通过的高中数学新课程实验教科书有六个版本,分别由下列出版社出版:人民教育出版社(A 版);人民教育出版社(B 版);北师大出版社;江苏教育出版社;湖南教育出版社;湖北教育出版社.

案例分析

【案例】

高中新课程三角函数部分的一个例题①

海水受日月的引力,在一定的时候发生涨落的现象叫潮. 一般的,早潮叫

① 中华人民共和国教育部. 普通高中数学课程标准(实验). 北京:人民教育出版社,2003. 34

潮，晚潮叫汐.在通常情况下船在涨潮时驶进航道，靠近船坞；卸货后落潮时返回海洋. 下面是某港口在某季节每天的时间与水深关系表：

时刻	水深/m	时刻	水深/m	时刻	水深/m
0:00	5.0	9:00	2.5	18:00	5.0
3:00	7.5	12:00	5.0	21:00	2.5
6:00	5.0	15:00	7.5	24:00	5.0

(1) 选用一个三角函数来近似描述这个港口的水深与时间的函数关系，给出整点时的水深近似数值；

(2) 一条货船的吃水深度（船底与水面的距离）为 4 m，安全条例规定至少要有 1.5 m 的安全间隙（船底与洋底的距离），该船何时能进入港口？在港口能停留多久？

(3) 若某船的吃水深度 4 m，安全间隙为 1.5 m，该船在 2:00 开始卸货，吃水深度以每小时 0.3 m 的速度减少，那么该船在什么时间必须停止卸货，将船驶向较深的水域？

【点评】

这是高中数学课程标准中三角函数部分的一个案例，通过这个案例，我们可以体会到高中新课程数学教学强调的新观念，感受到新课程与旧课程的不同.该案例突出了数学知识与实际的密切联系，根据学生的生活经验，建立函数模型，使学生感受到周期现象的广泛存在，认识周期现象的变化规律，体会三角函数是刻画周期现象的重要模型.

这个案例带给我们新鲜的气息：题目来自生活，文字语言没有经过我们以前熟悉的数学加工（题目给出的数据并不是解题刚好需要的不多不少的数据）；没有给出现成的函数，需学生根据题目数据拟合，这是我们解决现实问题的常用方法，使学生认识到数学来自生活，并在生活中有广泛的用途，有利于提高学生学习数学的兴趣和学习的主动性；该案例的问题层层递进，没有解题的暗示，便于学生展开讨论，进行探究和合作交流，达到改变学生学习方式，培养创新精神的目的；由此相联系的，也带来教师教学方式的改变，这些都是新课程提倡的新理念.

资源链接

1. 钟启泉，徐斌艳. 数学教育展望. 上海：华东师范大学出版社，2001. 357

-392

数学课程改革的若干趋势. 对国际数学课程改革的概况和趋势作了精简的介绍,对领会我国高中课程改革的理念有帮助;同时对我国数学课程改革的背景、概况和趋势作了介绍,结合本讲内容,可加深对我国高中课程改革的理解.

2. 钱佩玲,马波等. 高中数学新课程教学法. 北京:高等教育出版社,2007. 11-64

走近我国高中数学新课程. 除了对我国数学课程的发展作了简单回顾外,对我国高中数学新课程教学的基本理念和结构定位进行了阐释,有利于读者对我国高中数学课程改革和教学产生正确认识.

3. 叶立军,方均斌等. 现代数学教学论. 杭州:浙江大学出版社,2006. 257-291

作者对数学教育的热点问题,包括数学研究性学习、数学文化、数学建模教学、与高等数学的联系、探究性学习等作了介绍,有助于读者对这些热点问题的了解和研究.

教学反思

【反思文章】

教师在数学课程改革中关注什么①

高中新课程标准数学课程改革开展以来,高中数学教师普遍关注以下四个问题:

1. 新课标下高中数学教材是怎样改变的,改变了哪些内容,增加了哪些内容.

以理科为例说明这个问题,在数学必修1-5这五个模块及选修2(1,2)中几乎包括了现在高中学习的全部内容:函数、数列、三角、向量、不等式、立体几何、解析几何、排列组合、概率统计、极限、导数等,另外新增加了算法初步、定积分等内容,而选修4的十个模块几乎都是较新的内容,这种内容大幅度的变化一方面给教学提出新的要求,另一方面对教师也提出了更高的要求.

---

① 本文来自参加高中数学课程标准实验教材编写的中学一线数学特级教师.

在这里过去很多熟悉的知识内容变化较大.例如函数部分增加了用二分法求方程的近似解及函数的应用;在概率部分增加了条件概率、超几何分布概率,这种变化要求教师自己首先重新钻研,才能把握新教材.

而过去一些未讲过的内容,例如算法、选修4的内容,则需要教师重新学习,从知识内容上学懂这些内容,进而把这些知识由教学的学术形态转化为数的教学形态,关注如何教好这些内容.

2. 新课标有些什么新的数学理念,以及这些理念如何落实.

新课标提出的理念很多,但最根本的是教师应正确认识数学与数学教育.

“什么是数学,数学有什么用?”作为一名高中数学教师应对此有正确的认识,但实际上并不是每一名教师都能很好地回答这个问题,甚至有的教师认为“数学就是解题,数学的作用就是高考”.

数学发展至今,人们对数学的认识已不仅仅局限于“研究空间形式与数量关系的科学”,数学思想对人类进步和社会发展有重要的影响;数学的发展促进了人类科技的发展;数学是探索自然现象、社会现象基本规律的工具和语言;数学素养是人的一种基本素质.

一个数学教师应该有正确的数学教育观,数学教育从本质上讲是育人,是为国家社会培养各类人才,数学教育应向被教育者提供参与社会活动与建设所必备的数学基础知识和基本技能,会数学地提出问题、思考问题、解决问题,数学教师应了解数学的应用价值,注意数学的文化价值与美育功能.

3. 新课标下的高中数学课该如何上,怎样的课才是一堂好课.

每一个一线教师最主要的任务是上课,很自然地会关注到高中数学课该如何上.这涉及两个问题,一是各模块知识应该如何讲;二是具体的教学方法、不同课型该如何上.

本书后两个章节都要详细讨论这些问题,这里不再讨论.

4. 新课标的高考怎样考.目前情况下高考仍然是最重要的中学考核目标,高中课改必须与高考改革同步.

过去高中课改实验区教师对课改与高考的关系一直是十分关注而不明确的,但现在已经可以比较具体地看到新课标高考是如何考的,它的要求与新课标要求的关系,关注高考可以明确选修4的开设情况及考查情况,把高考改革与高中课改联系起来是十分重要的.

【反思探究】

2007年第一批实施新课程的四个省首次经过了高考的检验,全国许多省市也陆续进入新课程的教改实践.新课程的实施,在教育理念、教学内容、教学方式与教学评价等诸方面带来了全新的变革,引起了全国同行与专家的关注,既有热捧也有批评,既有理论层面的思考也有实践中的体会与困惑.关注新课程改革实验中的问题,探索解决问题的可行之策,不等不靠,是我们每一个中学教育工作者的义务和责任.

第2讲
数学课程改革中数学学习方式的变化

思考研讨

1. 新课程改革中数学学习方式有哪些变化？
2. 为什么要改变数学学习方式？
3. 如何运用新的数学学习方式进行数学学习？

理论概述

一、新课程改革中数学学习方式的变化

（一）课程标准中要求的数学学习方式

一切的数学教育活动最终归结为数学学习活动.因此，数学课程改革非常强调转变数学学习方式.高中数学课程标准的课程基本理念中提出：倡导积极主动、勇于探索的学习方式.具体阐述如下①：

学生的数学学习活动不应只限于接受、记忆、模仿和练习，高中数学课程还应倡导自主探索、动手实践、合作交流、阅读自学等学习数学的方式.这些方式有助于发挥学生学习的主动性，使学生的学习过程成为在教师引导下的"再创造"过程.同时，高中数学课程设立"数学探究"、"数学建模"等学习活动，为学生形成积极主动的、多样的学习方式，进一步创造有利的条件，以激发学生的数学学习兴趣，鼓励学生在学习过程中，养成独立思考、积极探索的习惯.高中数学课程应力求通过各种不同形式的自主学习和探究活动让学生体验数学发现和创造的历程，发展他们的创新意识.

---

① 中华人民共和国教育部. 普通高中数学课程标准（实验）. 北京：人民教育出版社，2003. 2

这里集中体现了数学课程标准对高中数学学习方式的认识与规定. 这是我们探讨数学学习方式的出发点. 下面我们对学习方式进行初步分析.

(二) 对标准中数学学习方式的认识

上述论述从总体上阐明了高中数学学习方式的形式、途径、目的和目标,反映了新的学习方式与传统学习方式的联系.

传统的数学学习方式注重"接受、记忆、模仿和练习",新的学习方式强调了数学学习的主动性和探索性. 新课程倡导"自主探索、动手实践、合作交流、阅读自学"等学习形式. 为了保障和创造这些学习方式实施的条件,新课程特地设立了"数学探究"和"数学建模"等学习活动. 新的学习方式的目的是激发数学学习兴趣,养成独立思考、积极探索的习惯. 通过学生体验数学发现和创造历程,实现发展创新意识的目标.

具体地分析,传统学习方式着眼于数学课程结果形态的内容,而新的学习方式着眼于数学课程过程形态的内容. 为什么这样说呢? 因为,"接受、记忆"的内容主要是数学课程中数学对象,如数学概念、定理等的客观规定性,如学习"函数"概念,学生总要接受并记住概念的含义和主要特征等. "模仿和练习"常常是教师总结出来一些或一类问题的解题模式,这些也是定化了的. 而"自主探索、动手实践、合作交流、阅读自学"等学习方式则强调学生自我体验的过程,是在一个过程中自主完成这样的学习活动. 但是,这二者之间并不是矛与盾的关系,而是数学学习中互为补充的关系.

比如,对"集合"概念的学习. 标准中建议①:

集合是一个不加定义的概念,教学中应结合学生的生活经验和已有数学知识,通过列举丰富的实例,使学生理解集合的含义. 学习集合语言最好的方法是使用,在教学中要创设使学生运用集合语言进行表达和交流的情境和机会,以便学生在实际使用中逐渐熟悉自然语言、集合语言、图形语言各自的特点,进行相互转换并掌握集合语言.

尽管这里的语气更多是针对教师而言的,但是其中也透露了集合的学习方式:第一,调动有关集合的学生生活经验和数学知识;第二,运用集合语言进行表达和交流;第三,转换不同的集合语言. 可以说,这里主要体现学生学习集合中的主动性和探索性. 但是,谁又能否认教师对集合元素特征(确定性、互异性、无序性)的总结,它能够帮助学生从经验的理解中达到对集合本质的理解. 而后者,在一定程度上就反映了传统数学学习方式中的接受特性. 我们认为,在这一集合学习活动中,学生的主动探索与实践运用是学习集合的基础,

---

① 中华人民共和国教育部. 普通高中数学课程标准(实验). 北京:人民教育出版社,2003. 16

而教师在此基础上的进一步总结概括，有利于学生对概念理解的深入，也有利于学生探索结果的深化．因此，二者之间是互相补充和促进的过程．如果二者能够进一步发展，则可以由教师引导学生去自学阅读有关集合论产生的历史，对集合概念产生的背景进一步了解，从而更加深入理解集合这一概念的高度概括性，集合语言对现代科学的基本工具性，集合思想和理论对于现代数学和科学的基础重要性．

因此，我们对学习方式的变化可以总结为：从直接获得数学知识结果的学习方式向认识数学知识的全过程的学习方式转变．对这种变化我们作如下说明：第一，学习方式不是由参与主体来划分的，即不是根据学习活动是在教师讲解下完成，还是由学生自己完成来划分的．第二，新的学习方式并不是不关注数学知识结果，而是强调对数学知识结果的获得有一个充分的认识过程，这一过程可能是在教师的帮助下完成的，可能是在与同学的交流下完成的，也可能是自己完成的．第三，“接受、记忆，模仿和练习”仍然是必需的，只不过这些活动应该变得更加有主动性和目的性，并有认识过程为基础，而不是强加的．

二、学习方式变革的理论基础

为什么需要改变学习方式呢？要深入认识这一问题，我们需要分析我国传统数学学习活动的特点、有何利弊和新的学习方式为什么是必需的等理论问题．

“接受、记忆、模仿和练习”的学习方式是我国传统数学教育实践中重要的学习方式．具体地说，在数学学习实践中，学生往往主要是通过教师对数学课程中的概念、定理和法则等数学学习对象的讲解进行意义理解，然后接受并记忆的．学生初步理解了这些对象的基本含义之后，进一步通过“模仿和练习”，进行解题训练．科学理解和记忆数学对象的含义是必要的，通过解决围绕数学对象意义而设计的问题，也有助于对数学对象意义的理解．

这种学习方式的合理性，从理论上看有三个基础：第一，是心理学的．我们可以从美国著名心理学家“有意义学习理论”①中得到诠释．第二，是数学的．数学经过长期的积淀，人们已经形成了一些数学对象的特定含义、特定的表达范式、思维范式以及特定的方法范式．这些特征是不随个人意志而更改和臆造的，因此学生有必要接受这些范式，并更好地利用这些范式进行思考．第三，是中国的．张奠宙先生在总结中国的数学教学实践合理和成功因

① “有意义学习”是美国著名心理学家提出的学习理论，强调新学习的知识与学生原有认知结构产生实质性的非人为的联系．相关文章和资源网络上较多，在搜索引擎中输入关键词“有意义学习”，即可以查到很多相关文献．

素的基础上，形成了数学“双基”教学理论①，指出：记忆通向理解，速度赢得效率，严谨形成理性，重复依靠变式. 这一理论总结了我国数学学习和教学合理成分的基础. 传统的数学学习方式也是“双基”教学理论的一部分. 另外，传统学习方式也适合中国数学教学的实际，如：中国的数学在统一考试的指引下强调规范性和统一性，并形成了教师引导下的大班上课、集体作业等数学教育实践特征.

但是，传统的学习方式也有局限，仅强调和沉醉于这些学习方式是很不够的，甚至是非常危险的. 第一，如果学生在数学学习过程中习惯甚至依赖“接受、记忆、模仿和练习”，对他们的主动性和创造性都是非常不利的，并且也会使人产生惰性，形成盲目的“尽信师、尽信书”. 第二，教师在强调“接受、记忆、模仿和练习”时，往往会忽略学生对知识理解的过程性和生成性，而把自己对数学概念和问题的理解经过抽象和归纳直接讲解给学生. 由于学生的知识基础和背景与教师不一样，这样往往造成学生的理解出现偏差. 第三，由于“接受、记忆、模仿和练习”强调“高效”性，因而常常把数学学习逐渐异化为对数学对象意义的形式理解和对解决问题的细枝末节技巧过分的强化，这就逐渐偏离数学的本质.

比如函数概念的教学，学生对函数定义中规定性的“接受与记忆”是必要的，运用一些例子进行讲解并做一定的练习，对理解函数也是有意义的. 但是，如果我们仅仅记住和接受定义中抽象的规定，如所谓“任意性与唯一性”等特征，是无法真正理解函数的. 因为：第一，函数的抽象概念是从大量具体函数所描写的模型抽象而来. 如果没有对具体函数特征的分析，并在此基础上理解函数概念，那么我们就将函数概念与函数所表述的对象割裂开来，从而使我们应用函数来表述对象或解决问题时就缺乏有意义的联系. 第二，为了理解函数概念，我们常常列举一些对应的例子. 这往往是理解抽象定义的需要而经过加工和编制的例子，因而这些例子常常定义在元素很少的离散集上. 尽管这些例子也可能是反映了一些函数模型，但是容易造成一些误解，即函数就是这样构造出来的，并着重关注那些离散定义特征. 第三，函数的抽象定义和其后函数概念的割裂. 学生在高中阶段所学的函数实际上主要是初等函数及其相关性质，在学习这些函数时常常没有从函数的定义的角度来分析理解. 第四，在接下来的练习中，我们常常是求一些初等函数的定义域或值域，或者判断两个函数的关系问题. 这些问题本身对函数的特征进行强化理解是很有帮助的. 但是，如果目标是把这些题分为各种类型

① 张奠宙编. 中国数学双基教学. 上海：上海教育出版社，2006. 1－6

的问题进行解题训练，那么就偏离了教学目标和数学学习的目的. 因为，这样的“模仿与练习”不是在增加对函数概念的理解，而是在对各种类型的题目进行辨析、形式的操作等.

总之，学习方式的转变是为了实现更加“有意义的数学学习”，即学生能够把自己所掌握的数学知识与更广泛的背景知识联系起来，并且有更多的认识体验基础. 比如，学习函数概念，学生可能通过课外阅读，了解函数产生的背景、发展过程、函数描述的对象等，并将其内容联系起来，而不仅是会背诵函数定义或求一些初等函数的最值等.

三、如何辩证运用新的学习方式进行数学学习

新的学习方式由于强调主动性和过程性，可以在一定程度上弥补传统学习方式的局限. 当然，新的学习方式也有局限，如自主探索的盲目性，动手实践的平凡化，合作交流的无效性，阅读自学的浅显性等.

因此，我们应该将传统的学习方式和新的学习方式结合，以便更好地开展数学学习. 二者如何结合，我们提出两点看法：

第一，“接受、记忆、模仿与练习”中多问“为什么”.

“接受、记忆、模仿与练习”往往是数学课程中“标准化”了的内容. 这些标准化了的内容是经过长期的科学化和客观化的结果. 这些结果要化为学生的主观认识和理解，因此有一个内化的过程. 如何内化？我们回答是多问“为什么”. 问“为什么”，一方面是探求数学知识的缘由，另一方面也有助于激发学生对知识产生的好奇心. 这些“为什么”的提出应该是发自学生内心，这样才可能实现学生“自主探索，动手实践，合作交流，阅读自学”等学习活动的展开.

比如，在高中教“函数”概念时常说，高中的函数定义是比初中定义要“高级”，但是我们常常没有认真分析和理解为什么“高级”. 通常为了说明这种“高级”会举出这样两个例子来说明函数用映射定义来得“高级”. 如：

问：1. $y=1$ 是不是函数？2. $y=x$ 与 $y=\dfrac{x^2}{x}$ 是不是同一个函数？

接下来，我们又常常武断地说用初中的定义就不能判定这两个问题，用高中的定义就可以判定这两个问题，于是下结论说高中定义来得“高级”. 这一些论断是“为什么”呢？学生想清楚了吗？理解了吗？

如果说清楚为什么高中函数概念来得要高级，教师可以引导学生至少从三个方面来理解：① 函数发展的历史；② 函数概念本身的特征和新旧概念的联系；③ 中学函数概念改造的必要性.

第二,在自主学习中多想一想“怎样才最好”.

“自主探索,动手实践,合作交流,阅读自学”等被作为提倡的学习方式,主要的原因是这些方式强调了过程性和主体性特征,从而适应了新时代人本主义的理念.但是如果不把这些特征与数学学习的特点结合起来,这些方式便会流于形式.数学学习的主要特征,我们仍然认为主要是思维特征,数学对人的贡献是思维上受到数学方法的熏陶.数学方法实际上可以看成一种处理事物的方法,这些方法追求事物一般化模式而显得广泛适应,因而我们可以从一定角度说是“最好的方法”.如:用分数来表示“平均分”,在很大程度上可以看成是最好的方法.因此,在自主学习中多想一想“怎样才最好”,实际上是引导学生把自己学习的主观成分向数学科学客观特征靠拢,并避免“自主探索的盲目性,动手实践的平凡化,合作交流的无效性,阅读自学的浅显性”等局限.

需要补充的是,一个数学对象也并不是仅有一种数学客观含义,而是具有各种层面上的含义.因此,在我们强调“接受、记忆、模仿和练习”的时候,不应该仅仅追求一种教材上某种特定的含义,而是通过挖掘一个数学对象不同层面的广泛联系,引导学生开展多样的自主学习方式,将数学对象与其历史内涵、文化内涵和方法内涵结合起来,从而使学生能够从不同角度来理解数学对象.

综上所述,新课程的数学学习方式我们理解为:“接受、记忆、模仿和练习”是掌握数学对象的客观特征,如:数学概念、定理(法则)含义,数学方法特征等的主要方式,而在运用这些方式学习数学知识的同时,应该配合以“自主探索,动手实践,合作交流,阅读自学”等学习方式建立数学对象的广泛联系.为了更好地实现这些新的学习方式,我们可以通过“数学探究”、“数学建模”等学习活动,积极展开新的学习方式,从而激发学习的兴趣和主动性,养成独立思考、积极探索的习惯,体验数学发现和创造过程,培养创新意识和能力.

案例分析

【案例】

“两角和与差的三角函数(第1课时)”教学设计

教学目的:让学生在回忆和巩固同角三角函数间关系和诱导公式的基础上,利用单位圆和单位圆中的三角函数线工具,研究两角和的余(正)弦公式.让学生了解两角和与差的各三角函数间的关系；体会公式推导过程中的数学思想方法，培养学生探究问题、解决问题的能力，让学生了解研究问题的一般策略；并在分组探究中学会交流与合作.

教学过程：

一、引入

1. 前面我们学了哪些诱导公式？

2. 同角三角函数间关系有哪些？已知角的正、余弦，如何求其正切？这种方法叫什么方法？

3. 在研究诱导公式和同角三角函数间关系的时候利用了什么工具？（单位圆、单位圆中的三角函数线）

二、新课

1. 在教师讲解中呈现研究问题

前面我们学习了单角的三角函数，在研究函数时还常常遇到“已知任意两个角 α、β 的三角函数，求 $\alpha+\beta$、$\alpha-\beta$、2α 的三角函数值.”这个问题具体化，即已知任意两个角 α、β 的三角函数值，来推导以下三组公式：

$$\begin{cases}\sin(\alpha+\beta)=?\\\cos(\alpha+\beta)=?\\\tan(\alpha+\beta)=?\end{cases}\quad\begin{cases}\sin(\alpha-\beta)=?\\\cos(\alpha-\beta)=?\\\tan(\alpha-\beta)=?\end{cases}\quad\begin{cases}\sin2\alpha=?\\\cos2\alpha=?\\\tan2\alpha=?\end{cases}$$

2. 在教师的问题引导下，学生逐步确定研究方案

要研究以上 9 个公式，从哪个公式入手呢？是否需要对每一个公式进行单独研究，一一推导呢？为什么？

若有 $\alpha+\beta$ 的三角函数公式，如何得到 $\alpha-\beta$ 和 2α 的三角函数公式呢？分别使用的是什么方法？（换元、特殊化方法）

下面我们一起看一下刚才大家提出的研究方案：

$$\begin{cases}\sin(\alpha-\beta)=?\\\cos(\alpha-\beta)=?\\\tan(\alpha-\beta)=?\end{cases}\xleftarrow{\text{以 }-\beta\text{ 代 }\beta}\begin{cases}\sin(\alpha+\beta)=?\\\cos(\alpha+\beta)=?\\\tan(\alpha+\beta)=?\end{cases}\xrightarrow{\alpha=\beta}\begin{cases}\sin2\alpha=?\\\cos2\alpha=?\\\tan2\alpha=?\end{cases}$$

因此，我们可以先研究和角公式. 那么和角公式中又先研究谁呢？为什么？又用到什么方法？

正、余弦公式又先研究谁呢？若知道 $\alpha+\beta$ 的余（正）弦，又如何求其正（余）弦？（学生会提到平方关系和诱导公式，需要教师引导）

所以，研究方案：

$$\left\{\begin{array}{l}\sin(\alpha+\beta)=?\\ \Updownarrow \quad \text{诱导公式} \\ \cos(\alpha+\beta)=?\end{array}\right. \xrightarrow{\text{化切}} \tan(\alpha+\beta)=?$$

通过刚才的分析，我们得到一个完整的研究方案，同时也得到一个启示：在研究问题时要讲策略，抓住问题的主要矛盾.

3. 在教师的指导下，学生进行分组探究

下面我们就集中精力来解决这个主要矛盾，即 $\cos(\alpha+\beta)$ 公式的推导：

研究 $\cos(\alpha+\beta)$ 公式，我们用什么工具呢？（学生思考，教师提示）刚上课时，我们回顾了研究同角关系和诱导公式利用了什么工具？还有其他工具吗？

请同学们根据我们指定的方案，在小组内进行研究，重点是 $\cos(\alpha+\beta)$ 公式，有时间可推出所有公式，各组将推导的方法和过程写在白纸上，以便我们进行交流.

各组内展开讨论，提出方法，并自主探究公式，教师可在学生探究的过程中巡视，了解学生的进展情况，并根据实际情况进行引导，甚至参与到某些组的讨论中去.

4. 展示各组探究的结果，并上升到理性认识

请小组的代表来展示你们的研究成果，要求投影推导过程，简述解决方法、思维过程. 归纳起来大致有以下三类方法：

方法一：通过单位圆中构造三角形全等进而线段等，利用单位圆中三角函数线，推导出余弦和角公式.

方法二：利用单位圆中三角函数线，在含 $\alpha+\beta$ 的三角形中使用余弦定理，推导出余弦和角公式.

方法三：通过构造直角三角形，先推导出 α、β、$\alpha+\beta$ 均为锐角时的余弦和角公式.

在此环节中，教师需要引导学生发现方法一与方法二的类似之处；对那些采用类似的方法，但由于选择的三角形不同而未推出和角余弦公式的标准型的小组，给予适当指导使其走出困惑.

小结内容：

1. 引导学生弄清 $\alpha+\beta$、$\alpha-\beta$、2α 的三角函数公式间的发展脉络，并画出这些公式的结构图.

2. 体会在推导公式的过程中用到的数学的思想方法.

3. 归纳本节内容学习中解决问题的方法与策略等，帮助学生归纳、提炼并

上升为理性认识.

（限于篇幅，师生、生生互动过程以及分组探究学习过程等内容均省略）

三、作业

1. 请未完成9个公式推导的同学，根据刚才的分析，调整或继续按照自己的思路完成余下的研究.

2. 请写一篇500字课后心得体会.

3. 试用解决问题的一般方法解决另一问题，并写成小论文.（选做）

【点评】

在数学学习实践中，学生的学习方式转变主要是在教师的引导下展开的. 本课例比较好地实现了传统的数学学习方式与新的学习方式的整合. 主要表现在：

两角和与差的三角函数是传统内容中以诱导公式、同角三角函数关系，以及单位圆中三角函数线为基础的9个公式，这些基础属于学生"接受"的对象. 在教材中，两角和与差的余弦公式安排在其他公式之前. 为什么这样安排呢？学生未必明白. 因此，建立在诱导公式和单位圆中的三角函数线的基础上，从传统教学中分别研究两角和与差的余弦、正弦、正切函数公式以及二倍角的三角函数公式的方案，变为将9个两角和与差的三角函数公式一起进行研究的方案，并由此抓住问题关键，展开分组探究讨论，这不仅具有实在的数学意义，而且有创新的意义. 就学习方式来看，学生需要对新问题情境中的数学对象进行探究、分析、思考才能完成任务. 可以说，这是"'接受'中问'为什么'"与"'探究'中追求'最好'"交织在一起的学习方式，实现了从"接受"数学知识结果向认识知识产生的全过程的学习方式转变.

资源链接

1. 张奠宙编. 中国数学双基教学. 上海：上海教育出版社，2006

本书汇编了有关中国数学教学的研究，张奠宙先生构建了中国数学双基教学的理论框架. 其中我们可以看到中国学生数学学习的一些特征及其理论基础. 比如《绪论》，第一章第五节，第二章第四、五节，第五章第二节等.

2. 郑毓信，梁贯成. 认知科学，建构主义与数学教育. 上海：上海教育出版社，2002

本书介绍了现代学习心理学及其与数学教育的关系，特别是第二章中的"数学解题的现代研究"和"高层次数学思维研究"对于我们科学地认识学生数学学习活动具有重要的理论意义.

3. 王林全,刘美伦,张安庆主编. 高中数学新课程实验与探索. 北京:高等教育出版社,2004

本书分为上下册. 上册的第 96 至 166 页第二篇“概率统计”中的第 6、7、8、9、10 节以案例的方式探讨了学生在数学学习中的研究、交流、探究等学习活动和方式. 下册的第 128 至 158 页第五篇“专题”中的 4、5、6 中讨论了有关学习学习材料、学习平台和学习途径等方面,并以案例的方式进行了研究.

教学反思

【反思文章】

新课程标准强调学生的全面参与①

通过对新课程标准的探索与研究，笔者认识到新课程标准自始至终都特别强调学生的全面参与. 数学教学要从陷于知识的传授、技能的训练的歧路上悬崖勒马，尽快走到素质教育的正轨上来，呼唤广大教师在教学过程中必须充分尊重学生的主体地位，充分认识学生活动中的能动作用，让学生参与教学的全过程，在交流、协作中观察、理解、想象、提取、探求，逐步发展学生的观察、实验、想象、探索、抽象概括等各方面的能力，使学生在主动参与的过程中自然地接受新知识.

新课程标准提出凸现知识技能，过程方法和情感、态度与价值观三位一体的课程目标，包括“知识技能目标”、“过程方法目标”、“情感、态度与价值观目标”教学目标不能只是教师一个人心中有数，要让全体学习者心中有数，让他们在预习过程中明确必须掌握哪些知识，哪些是重点和难点，从中学到哪些数学思想方法，能得到哪些启迪和教育，这些对指导学生如何获取知识、培养学生的自学能力起到不可估量的作用.

德国教育家第斯多惠指出:“不好的教师奉送真理，好的教师是叫学生去发现真理”. 在教学中遇到一些难理解的概念、难证明的定理、难推导的公式、难解答的数学题等,让每个学生拿出自己的解决方案，然后让学生自己去实践，验证他们的方案是否正确，如果出现问题，教师引导学生自己分析解决，修改方

---

① 本文是上海市大同中学张亚东发表在《中学数学》2005 年第 4 期论文的节选.

案，然后再实践. 在这里学生尝到了探索之路的艰辛，又感受到了成功后的喜悦，这些不仅锻炼了学生的思维品质，也磨炼了他们的意志，培养了一丝不苟的科学态度和一定要成功的信心和决心.

教师在讲授新课时，再现知识的形成和发展有一个过程，而再现过程并不是直接告诉学生，而是积极培养学生的参与意识，让他们去归纳，去联想. 因而，平时的每一堂课都应留给学生足够的表达意见的时间和机会，允许说错，直到学生思维受阻时，再给予建议或提示. 例如在复习子集概念时，我举了一个例子：设集合 $A=\{1,2,3\}$，对于 A 的每个非空子集 X，$S(X)$ 表示子集 X 中各元素之积(单元素集元素之积为它本身)，求所有 $S(X)$ 的积. 同学们利用列举法很快得到 1 296 的答案，这时有位同学提出问题“老师，有没有更一般的规律？也就是对于集合 $A=\{1,2,3,\cdots\}$，它的各非空子集元素之积的积又是多少呢?”一石击起千层浪，同学们议论纷纷，争论不休，争相发言“要解决这个问题，关键是看各个元素在积中出现的次数，每个元素出现的次数是相同的. ”另一位同学站起来发言，“这种关于自然数 n 的问题可从简单情形摸索规律：对于集合 $=\{1,2,3\}$，含 2 的子集有 4 个，所以 2 在积中出现了 4 次. ”“出现 2 的子集个数可考虑集合 $\{1,3\}$ 的子集个数，即 2^2，因为在 $\{1,3\}$ 的子集中插入 2 即为集合 $\{1,2,3\}$ 含 2 的子集. ”“我明白了，任何一个元素在 $\{1,2,3,\cdots,n\}$ 的子集中出现的次数都应该是去掉该元素后剩下的 $n-1$ 个元素集合的子集个数 2^{n-1}，所以本题结论应该为 $(1\cdot2\cdot\cdots\cdot n)^{2^{n-1}}$，即 $(n!)^{2^{n-1}}$. ”通过从特例出发，摸索规律，发现了推广的途径，从而找到问题的突破口，同学们沉浸在长久的成功喜悦当中.

【反思探究】

在新一轮的课程与教学改革中，教师将由数学知识的传授者逐步转变为数学活动的组织者、指导者、参与者和研究者，而学生应成为数学学习的真正主人. 为此，我们数学教师要充分发挥创造性，依据学生年龄特征和认知特点，设计探索性和开放性的数学问题，给学生提供自主探索、积极参与的机会，要向学生提供充分的从事数学实践活动和交流的机会，使学生在自由探索的过程中真正理解一个数学问题是如何提出来的、一个数学概念是如何形成的、一个结论是如何探索和猜测到的以及结论是如何应用的，只有这样才能符合新课程标准的要求，才有可能确保教改的成功. 如何完成教师在教学中角色的转变，这是每个教师共同面对的问题.

第3讲
数学学习理论对数学学习的启示

思考研讨

1. 数学学习理论对我们有什么用?
2. 如何理解数学学习的认知特征?
3. 如何运用理论来分析数学学习?

理论概述

一、数学学习理论的作用

一般的,理论的作用主要是帮助我们建立有关现象的认知基础,提供一个认知框架,从而能够帮助我们能够自觉对实践领域的有关现象和问题作出理论分析,进而通过这样的分析和认识更好地实践.

学习和学习方式从某种意义上说都是现象. 当我们面临各种学习现象的时候常常就会问"为什么要这样","这样是对的吗"等问题. 要回答这些问题,我们需要用理论来解释这些现象,用理论来认识这些现象,用理论来指导我们更好地引导这些现象(也就是更好地实践). 特别是在新课程改革的背景中,我们强调教师工作的研究性,那么我们就需要更多更深入地提到这些问题,并沿着这些问题将我们的认识引到深处.

学习理论是帮助我们了解学习是怎样发生的,学生是如何学习的,学生学习的思维和观念方式在怎样变化. 对于学习,在理论上可以从不同的角度进行阐释. 从心理学的角度,主要探讨学习的性质以及形成机制,进一步阐述学习的规律与条件. 从教育学的角度,主要研究人是如何科学有效地掌握知识,发展智力和形成品德的科学. 我们还可以从哲学、社会学、人才学等角度对学习进行研究并提出各种理论．不过，一般的学习理论是从学校教育的角度来对学习进行研究的，既要探讨学习过程的基本心理规律，又要探讨其应用和发展规律．

传统的学习理论是以行为主义理论为基础的，核心就是“学习就是行为训练”，一切学校教育活动就是围绕“行为训练”而展开．以这种理论为基础的数学学习在我国传统数学教育中普遍存在．但是，行为主义理论的背景是为了培养工业化标准模板的人才．这种理论缺乏关注个体多元认知智能、情感和态度等的发展，创造能力发展以及发展的文化特性等现代人本主义要素．

现代学习理论强调从单一的语言逻辑智力特征转向多元智能，关心学生思维实际是怎样发生的，更加关注学习活动学生内部的思维、心理和情感因素，也强调这些因素与外部文化和环境因素的互动关系．总之，现代学习理论把学习看成是学生在一定的文化、环境背景中理解知识、积极探究和意义建构的过程．

二、数学学习的认知过程分析

数学学习是一种特殊的学习现象，它既有一般的认知特征，也有特殊的认知特征．下面以特殊的数学学习内容为线索来探讨数学学习的认知过程及其特征．

（一）数学概念的理解

对于数学概念，在我国教育实践中，我们常常强调其作为“基础知识”的一个部分，对其学习和考查主要依附于对概念进行变式的问题中．但是总体上，我们主要强调数学概念的客观性，即大家共同理解而作出必要规定的部分．对于学生学习一个数学概念时，其心理和观念发生了什么变化，由此又可以导致何种行为等问题我们缺乏深入分析．心理学家为了描述这些现象、理解回答这些问题，常常建构一些概念框架，比如认知、图式、认知结构、建构等概念来描述人的学习（认知）活动中心理的变化．我们不打算对这些概念作心理学意义上的全面探讨，而是在此基础上来分析数学概念的理解，从而体现出心理学的理解和我们平常直观的理解不一样．

1．数学概念的二重性特点

一个数学概念在课本中常常是通过文字描述其含义，用形式和符号表现出来的对象．我们对概念的理解就通常被认为是对这些内容的理解．因此，在教学中我们常常是对概念定义中的关键字的剖析，符号表示以及变式辨析等形式来达到理解一个数学概念的目的．深入分析数学概念的认知特征，著名数学教育家斯法德提出了关于数学概念的“二重性”特点，即数学概念特别是代数概念，往往既表现成一种过程、操作（活动），又表现为一个对象、结构．比如：

奇数和偶数:一方面有整除 2 与否的运算(过程),又最终表现为一个具有特定性质的数(对象);

函数:既表现为两个集合之间的对应活动(过程),又表现为一种对应结构(对象).

运用这一特点,可以分析从最初等的数学概念到诸如同态、测度等这样的高等数学概念.①

2. 数学概念的心理表征

数学概念理解的基础是概念的心理表征,即数学概念在人的心理的表征形式及其活动形式.一个数学概念在课本中有一种固定的形式,而在人的心理上可能是另一种形式.比如垂直概念,课本中利用两直线的交角来定义的,而在心理上可能是两直线直交的形象.为了对这二者在不同地方的表现形式作一个区分,心理学家引进"概念定义"(concept definition)和"概念心像"(concept image)作出明确区分.②现代心理学研究表明,一个概念的心像具有丰富的内容,这些内容可以看成是一个概念的"心理表征"(mental representation).对此,我们结合我国数学教学实践作出进一步分析.

在我国数学教育实践中,概念的学习实际上是很注意在给出形式定义之前列出概念的相关实例.这些实例的作用我们常常说是帮助学生更好理解概念.下面这个例子及其理解可能代表了对这一问题的普遍看法.

【例】③ 由已知的"指数"知识引入新知的"对数"概念

$$\begin{cases}2^x=4\Rightarrow x=2\\2^x=\dfrac{1}{2}\Rightarrow x=-1\\2^x=\sqrt{2}\Rightarrow x=\dfrac{1}{2}\\2^x=3\Rightarrow x=?\end{cases}$$

求 x,需要引入一个新的运算——对数,表示为:$x=\log_2 3$;

一般的,有 $a^x=N(N>0,a>0$ 且 $a\neq 1)\Rightarrow x=\log_a N$.

作者指出,这个例子体现了由"旧知"引出"新知"的特点,并提出实现这种方式的最佳途径是:使学生由旧知中产生困惑或新的情景——形成和激发认识新知、发现新知、获取新知的欲望和行动——经历知识发生、发展的过程.

深入分析这样的例子会产生何种教学效果,我们需要阐明这一例子所引起

① 李士锜. PME:数学教育心理. 上海:华东师范大学出版社,2001. 110

② 郑毓信. 认知科学,建构主义与数学教育. 上海:上海教育出版社,2002. 101

③ 张奠宙编. 中国数学双基教学. 上海:上海教育出版社,2006. 10

学习活动的心理内容. 一个数学概念是具有高度抽象性的,而实例毕竟不是抽象概念,为什么通过这些具体的实例就有利于学生理解抽象概念呢? 对此,心理学家就用概念的"心理表征"来解释. 一个数学概念的心理表征并不是数学概念唯一的逻辑形式,而是包含各种例子、直观形象和各种联系的综合体,并且这种表征不是固定不变的,而是随着概念的相关内容和对象的增加而不断发展的. 可以说,一个数学概念的心理表征就是从这些具体例子或情境开始的. 这些心理表征要能够发生很大程度上与个体已有的相应的心智图像或与关于这一概念某一个特例的经验和感受直接相联系的. 由此,我们往往就得到了一个教学原则:教学是基于学生已有的知识经验基础之上的. 因此,教师备课时第一个要备的就是"备学生".

但是,数学概念有着特殊的抽象形式,那么心理表征方面有什么特征呢? 第一,数学概念对现实对象进行了形式化的抽象. 因此,尽管心理表征对数学数概念有多种心理的对应形式或对象,但是当把这一概念运用于新的情境中时,往往我们只抽取其中的部分或者反映新情境中与概念相关联的部分. 否则我们就没有理解概念的本质属性. 第二,数学概念具有多层次的抽象,也就是说,就每一个数学概念来说都是反映一种特定对象的抽象,但是就概念体系来看,每一个概念又可能是另一个数学对象的具体. 这样,一个数学概念的心理表征可能包含了另一个数学概念的心理表征形式,并且形成了一个多层次的表征系统. 第三,每一个数学概念常常用特定的符号和形式表示出来. 因此,数学概念的心理表征也应该包含符号和形式的方式.

综上所述,我们数学概念的理解基础实际上就是一个数学概念的多种心理表征基础. 其教学意义,正如郑毓信先生所说:"我们应努力帮助学生对概念的形式定义与其原先具有的直观形象和经验作出必要的整合,从而在更高层次上建立起一个恰当的心理表征."①

3. 数学概念理解的过程

前面我们谈到一个数学概念具有"二重性"的特征,同时具有丰富的心理表征形式,那么我们是如何完成一个数学概念的理解呢?

在斯法德的研究中进一步提出②:形成一个概念,往往要经历由过程开始,然后转变为对象的认知过程,最终二者在认知结构中共存,并在适当时机发挥作用. 在对数学概念由"过程"层面转向"对象"层面的心理活动分析中,他提出三个关键环节:第一,过程内化,即过程的操作脱离具体情境,转变或上升为心理上

① 郑毓信. 认知科学,建构主义与数学教育. 上海:上海教育出版社,2002. 112

② 李士锜. PME:数学教育心理. 上海:华东师范大学出版社,2001. 112－118

的操作;第二,是过程的压缩,即将内化了的心理操作简约、抽象;第三,对象的实体化或对象化,即概念形成一定的整体结构. 李士锜教授进一步认为数学概念最后纳入数学整体的概念体系中.

(二) 数学证明(推理)的学习

1. 数学学习中的推理与证明

推理就是根据已经确定的结论来作出一个新的思维判断,而证明就是表达推理的形式. 这种思维模式在数学中就是逻辑推理的模式. 数学中的证明是应用已经确定的公理、定理、定义和已经确定真实性的结论等来论证某一数学结论的真实性的过程,常常表现为一系列的推理过程. ①

(1) 逻辑推理与似真推理

对于一个严格的数学推理来说,必须根据真实的前提,按照逻辑关系得出一个新的结论,这样的推理称之为逻辑推理. 但是,产生数学推理的思维过程也有一个从"似真"到"真"的辩证过程. 美国著名数学家兼教育家 G. 波利亚的"怎样解题"和"数学与猜想"的工作(参见:[美]G. 波利亚著,《怎样解题》,上海:上海科技教育出版社,2002.《数学与猜想》(第一卷,第二卷),北京:科学出版社,2001)则专门探讨了数学思维不断接近真实的逻辑关系的过程,这种推理被称之为似真推理,也称合情推理.

一般说来,数学中的推理有归纳推理(包括完全归纳和不完全归纳)、类比推理和演绎推理等形式. 其中,不完全归纳推理和类比推理都是似真推理,即结论不能保证必然为真;完全归纳推理和演绎推理都是严格的逻辑推理形式. 这几种形式的推理在数学学习中都大量存在.

比如,由特殊几个数的规律来归纳数列的通项,这是不完全归纳推理;由平面的结论向空间的结论推广,属于类比推理;解题中的分类讨论,实际上是一种完全归纳推理;而用得最多的是演绎推理.

对于一个可以接受的数学结论,我们常常要求通过严格的逻辑证明确定其结论是真的. 但是,要达到这一过程,常常需要一个"似真"的推理过程. 这一过程除了上述不完全归纳推理、类比推理等方式外,在实践中我们常常把诸如"猜想、验证、直观想象"等探求问题解决的有效途径也可以看成是"合情推理".

(2) 证明的严格性和可接受性

数学证明的严格性是随着数学的发展而发展的,最初古希腊数学证明追求在自明的公理和定义下完成即可. 这一证明范式到 19 世纪被希尔伯特改造成现

---

① 翁凯庆主编. 数学教育学教程. 成都:四川大学出版社,2002. 144

代公理化范式，即一个公理系统必须满足“完备性、纯粹性和独立性”①三要素的要求，从而现代数学证明的严格性达到非常高的要求. 在中学阶段学习证明主要是学习证明的逻辑推理过程. 下面从几何和代数课程中来分析证明的特点.

几何证明在传统的数学学习中被赋予训练学生逻辑思维能力的主要功能，并主要体现在平面几何课程. 中学几何证明有什么特点呢？第一，证明的严格性是以证明前提和结论之间的逻辑关系正确为标准，而不是以前提即公理系统的完备性为标准的. 中学的公理系统是扩大的公理系统，即将一些较难的定理也处理成定理，以便于更容易接受. 第二，证明的严格性是从形式严格到实质严格. 比如，在学生最初学习证明时，教师常常要求学生把每一结论的理由写出来；证明三角形全等的条件要根据判定公理所要求的顺序排列；等等. 这仅仅是形式严格，而思维上理解这些关系才是本质的. 第三，几何证明的可接受性表现在一方面是扩大公理体系，另一方面是重视证明中非常重视图形的直观作用. 因此，中学阶段学生学习几何证明并不在于认识公理系统对于几何证明的重要性，而是学习逻辑关系对于证明的重要性.

代数问题中的推理常常是“寓理于算”. 比如，求一元二次方程的根、求两曲线的交点、运用基本不等式等都有固定的程序. 代数中的严格性和可接受性又体现在哪里呢？第一，算法确定的多途径. 代数中有很多算法，这些算法有的是经过归纳得到的，比如四则运算定律；有的是经过推导得到的，比如求根公式；有的是人为规定的，比如非 0 的 0 次幂；等等. 这些多途径确立的算法一方面是体现在需要学生接受；另一方面，这些算法从不同的角度看是合理. 第二，运用算法解决问题主要考查学生运用算法的程序正确性和有关量的范围的确定. 因此，我们考试时常常注意学生的关键步骤是否正确和量的范围确定正确与否. 第三，选择算法的灵活性和结果的准确性. 这三个方面，既表现了代数推理的特点，也体现了代数推理中的严格性，同时要考虑学生的可接受性的要求.

2. 数学证明（推理）的认知过程

数学证明反映了人运用数学概念和有关前提来推出新的结论的思维活动. 这一过程有多种认知活动交织在一起. 比如，人要能理解推理所指对象之间的逻辑关系、证明结果的意义、证明的重要性等. 所以，总体来看，证明是为了帮助我们表达和理解思维活动.

(1) 理解证明的问题

证明常常发生在解决证明问题的过程中，因此证明认知活动第一个环节就是理解证明的问题. 这个过程中，思维活动需要操作某些概念，并理解结论. 比

① 李文林. 数学史概论. 北京：高等教育出版社，2002. 245

如，证明三角形三条高线相交于一点. 三角形、高线都是思维操作的基本概念，并能够理解这个结论所判断的关系. 另一方面，学生要能正确理解问题，需要对问题所表现的一般性、普遍性或者所涵盖的范围有所理解. 比如上述问题就是需要理解所证明的结论是针对一般三角形，而不是通常学生所犯错误那样所指的一般"标准"的锐角三角形. 这一点被证明是一个证明中的认知障碍. ①因为对于一般性的认识并不能由题目明显给出，而需要人建立关于证明的信念来确定. 并且，由于一般性认识往往我们通常所建立的信念相抵触而导致错误.

(2) 探究问题对象中的逻辑关系

探究问题对象的逻辑关系是能够完成一个证明最关键的认知活动. 这种活动与解决其他的如代数问题一样，需要调动学生的各种认知经验和知识. 从认知内容来看，学生是在操作各种概念并对其进行逻辑运算. 有时为了完成这种逻辑运算学生需要进行创造性地诸如作辅助线等构造新的对象. 这一过程中，学生有想象、直觉、猜想等活动，有综合运演，也有分析探求. 根据皮亚杰理论，儿童有具体运算和形式运算水平. 具体运算无法脱离具体对象，学生不会离开可以感知的具体对象，对形式的名题进行抽象的逻辑运算. 形式运算水平则可以在抽象水平上进行运算. 比如，能理解复杂的、抽象的、缺少具体感知的概念，在思维中构造思维对象，能用假设、演绎的方式来思考等认知活动. 因此，从认知水平来看，证明要求学生具有形式运算的认知水平，但是几何证明有时由于思维直接操作图形从而具有具体运算的特征. 因此，几何证明有帮助学生实现从具体运算向形式运算过渡的功能.

(3) 理解所证明的结论

证明也许完成了一个从前提到结论之间的逻辑的连接，但是如何理解所证明结论的意义，应该是更高层次的认知活动. 一个数学问题反映了对象之间的一种结构. 要对这种结构深入理解，常常需要从不同角度来认识结论. 下面几个例子可能在一定程度上反映了这种对结论认识的认知活动的复杂性，并在一定程度上反映了这种认知活动的重要性.

例1　证明：$\sqrt{x^2+1}+\sqrt{x^2+4}<\sqrt{x^2+2}+\sqrt{x^2+3}$（其中 x 是整数）. 在完成证明之后，对结论可能有如下几个理解：第一，结论是四个连续自然数之间的关系，这里 x^2 只具有形式上的意义，而没有实质上的意义. 第二，这四个数的大小关系与不等号的关系，即首尾两数和中间两数的关系. 第三，当把不等式变成差的关系时，如 $\sqrt{x^2+2}-\sqrt{x^2+1}>\sqrt{x^2+3}-\sqrt{x^2+4}$，就代表了另一种结构.

---

① 李士锜. PME：数学教育心理. 上海：华东师范大学出版社，2001. 131

第四，能不能推广呢？比如下面三种途径：(1)是否能够推广到 x 为实数；(2)分析不等式结构，可以看成不等式两边根号内的值之和相等，而两数的差异越大其算术平方根和就越小，这具有一般性吗？(3)两边和的个数可以增加吗？当个数增加后，如何理解或者设定各数之间的差异？

例2　比如对基本不等式 $a+b\geqslant 2\sqrt{ab}$ 的理解，我们知道，$a=b$ 时，不等式取等号；$a\neq b$ 时，不等号两边肯定不等. 那么二者的差异由什么决定呢？

例3　在几何中，我们知道“三角形两边之和大于第三边”. 可能有几个层次的理解：第一，本定理反映了公理“两点之间线段距离最短”；第二，本定理事实上只需要考虑较短的两边之和大于最长的边；第三，两边之和是如何发生变化的呢？即如以同一边的两个三角形的另外两边之和的大小由什么来决定，或者说与什么要素有关呢？事实上，这个问题深入探讨了两边之和与位置的关系，比如我们可以直观理解，把三角形的一个顶点看成是由一边上的点往外拉形成，越往外两边之和就越大. 进一步理解，我们知道椭圆上两点到焦点距离之和为定值，可见这一问题与以同边端点为焦点的椭圆位置有关.

(4) 理解证明的方法

理解证明的方法常常有两个层次：第一，是理解从条件到结论的途径和方式特点，即证明问题本身的方法；第二，理解证明方式结构的重要性，即是演绎结构与数学知识组织的关系. 显然，前一层次是微观的针对本问题的，是我们容易注意到和能够较易理解的；后一层次是宏观的整体的，需要我们在大量证明活动的基础上才可能有的认识. 下面对两个层次的认知活动分别述之.

从微观来看，证明一个数学问题就是在条件和结论的有关信息的启发下，激活相关知识和经验，通过数学思维把有关概念、命题按照其逻辑关系连接起来. 完成这一过程的途径有其特殊性，比如学生可能是受相关解题经验的诱导，可能是问题情境的启发，也可能从条件和结论的特征出发，通过运演直至成功，还可能是偶然一次失误中获得的思路. 总之，这些都是微观的活动，有其偶然性的成分，但是也有必然性的因素. 如果进一步对自己的活动作整体的分析，并加以认识，就会总结出一些个体的经验，从而积累解题经验，并把一些偶然性的活动变成必然性的方法.

从宏观来看，是要对证明方法作结构分析，即运用逻辑演绎的方法来证明问题为什么有效. 显然，这是在大量的证明问题的基础上作整体反思才可能提出的. 从整体上看，数学上的证明是从最少公理(前提)出发来完成一些特殊对象的关系演算. 数学证明的严格性是保证在前提和结论之间的，是由逻辑方法来保证的. 至于前提的真实性我们是无法证明的. 最初的学习中我们总是试图让学生认可前提的真实性，这些前提是建立在现实的基础上的. 对数学推理的逻辑结构认识不是一蹴而就的，而是在证明经验的基础之上. 通过对证明的逻辑结构作整体的认识，最后才会树立理性观念，也才会理解强调数学演绎证明方法的重要性.

（三）数学解题能力的发展

1. 数学解题的重要性

数学解题，是包括数学证明更广泛含义的数学活动. 无疑，它在我们国家的数学学习中是普遍存在并普遍受到重视的. 在理论研究中人们更愿意将解题说成"问题解决". 当然，这二者仍然是有区别的：解题主要是解习题，一般不需要多大创造性的常规性方法就可以完成；问题解决主要针对那些蕴涵丰富的情境信息和解决方法没有固定程序的问题. 二者的区分还没有一个确切的标准. 事实上，我们在教学和考试中仍然有追求"新题"的良好心向. 所以，我们毋宁说数学解题的范围更大一些. 如果把数学学习看成是学生理解数学知识、掌握数学方法、建构数学观念的话，那么我们认为数学解题是实现这些目标很好的方式. 具体分析，数学解题有如下几个方面的功能：

第一，有利于理解数学概念. 每一个数学题目都会蕴涵数学概念，当我做题的时候，我们在心智上需要操作数学概念，在操作过程中就更加细致和按照数学概念本来的含义进行理解. 比如，在讲完函数概念之后，我们常举一些例子来辨别哪些是函数，哪些不是函数. 这样，我们就对函数的有关特征进行了辨别和理解.

第二，有利于建立数学经验. 数学经验的心理实质是对数学对象操作的方式. 无论是何种数学解题都需要对数学对象进行心智上的操作，从而才能完成解题.

第三，有利于理解数学方法. 数学习题往往关注于数学问题本身，而剔除了其他背景信息. 因此，一些数学问题常常从数学本身渗透数学方法特征，诸如数形结合、分类思想、函数特征等.

总体上看，我国的数学解题对于学生初步学习数学知识和方法是比较有利的. 并且，这些特征属于中国数学双基教学经验的一个部分.

但是，数学解题也有自身的局限，如：封闭的数学习题信息太少，所激活的学生生活经验不够丰富，也因此数学情境不够新颖，方法的创新性不够，学生在面临新情境处理问题的能力不强. 所以，我国的数学解题训练更加突出着眼于技能训练，而对处理新情境和非数学问题，灵活运用数学知识来创造性解决问题能力的关注不够. 当然，这些局限并不是数学解题本身所固有的. 我们可以通过精心设置问题来避免. 因而，总体上看我国数学解题仍然是重要的，需要在保持中改造.

2. 数学解题活动的调节

在一个数学解题活动中，心智往往会进行复杂的认知活动，调动各种信息和经验. 但是这些活动、信息和经验有时并不总是对解题有用或有效. 因而，如何有效对这些内容进行管理并沿着解题的正确方向前进就显得很重要. 这种管理就是对数学解题活动进行调节的认知因素. 在传统的解题研究中我们称这一因素为解题策略，并且研究发现专家和新手在解题能力方面最主要的区别在于解题策略的运用能力不同.

对解题策略科学研究的国际先导是波利亚，他提出的"启发法"目的在于揭示如何沿着一条正确的道路实现解题. 具体地看，他通过对前人的数学活动经验的总结提出了具有启发意义的思维模式或解题策略. 因此，解题策略我们可以归结为：一种从条件到目标的可能途径的分析. 比如：解方程中的化归思想可以看成一种策略；数学方法中的"RMI"①在解题中的运用也可以看成一种策略；为了求得一个变量的最值，我们需要建立它与另一变量的函数关系，这也是一种策略.

关于解题的现代研究认识到解题是一个多环节的复杂过程，仅仅具有启发意义的解题策略常常并不是很有效. 相反我们应该注意另外一些重要的要素，如元认知和观(信)念等因素. ②这些因素是对解题活动起调节作用的因素. 尽管这些因素也并不能保证使解题活动顺利完成，但是这些因素的确是在一些解题活动中起到关键作用.

元认知是现代认知心理学的一个重要概念，粗略地理解为：对自己的(解题)活动的意识、分析，从而对认知活动作必要的调整. 这实际上可以看成在解题活动中不断反馈认知，即每一步解题活动伴随着我们对这一步的特点、目标的认识. 比如，我们在利用方程组来解直线与一个二次曲线的交点时，我们可能意识到这样会解一个二次方程组，进一步可能意识到这样最终可以化为一个一元二次方程，而这个二次方程的两根就是两个交点的横(或纵)坐标……这样，我们就可能对我们所选取的解题策略的走向有一种自觉的意识，从而不断主动调节解题的方向.

观(信)念是解题者的数学观、数学教育观及其对于自我解题能力的认识. 它是对解题活动调节的另一重要因素. 比如，在我国数学成绩好的学生在解题过程中常常更加充满自信，而成绩较差的学生则正好相反，特别是一个成绩较好的学生都未能作出的问题，也许他根本就不愿意一试. 这些因素常常对学生解题起

---

① 郑毓信. 数学方法论. 南宁：广西教育出版社，1996. 67 – 84

② 郑毓信. 数学教育思维与数学方法论. 成都：四川教育出版社，2001. 167 – 185

推动作用，并调动学生之间的数学交流.

3. 数学解题与数学认识

数学解题是数学学习的一项重要活动，因此也必然孕育着对数学的认识. 我们又如何通过数学解题来建立学生正确的数学认识呢？进而，通过这些正确的数学认识有利于促进数学解题的发展呢？

(1) 通过数学解题，对事物数量和形式化结构的认识

从小学到大学，每个学生可能都做过成千上万的数学题目，这些题目到底所指什么呢？仅仅是我们头脑里抽象建构的怪物吗？在小学，我们学过"工程问题"、"行程问题"等，我们概括了各种各样问题的模式，而这些模式后来都划归为一些解法或者公式之类. 但是我们认识了"有时我们可以把总量看成1"吗？在中学我们能够理解函数与现实模型的关系吗？我们能够理解"集合"的抽象化意义吗？能够理解中学几何为什么都集中探讨三角形的性质呢？这些都是反映数学对于事物数量化和形式化结构的认识. 也许，一个数学习题仅仅是一个构造的数量关系或形式化结构，但是这些结构的最初原型来源于现实，因此我们常常可以通过数学化的结构来处理现实问题的结构.

(2) 通过数学解题，对数学方法的认识

从宏观整体来看，数学方法与现实的联系是一种抽象方法、形式化方法；数学内部是证明的方法和演算的方法. 这些方法是相互联系的，只有抽象之后，数学才具有反映现实的一般关系，只有形式化后，对象之间的关系才变得可以演算，只有证明了之后，数学的结果才变得可靠. 通过解题可以加强对这些方法的认识吗？一个数学问题应该说可以从各个侧面反映这些方法的特性，在学习过程中我们应该挖掘这些侧面，使对这些方法的认识凸显出来. 比如，著名的欧拉解决"七桥问题"：先抽象，再形式化，最后将关系变成可以演算的程序（每一个点的出度和入度）. 从微观来看，解题中涉及转化、构造、变形等多种数学方法的使用. 这些方法事实上也是可以在处理一些现实问题中得到借鉴和启示. 所以有的教师经常给学生举现实中和数学中方法上的类比，比如，为了找到一个陌生人，我们通过一个熟人建立了联系，在这里数学上经常把一个陌生的问题与一个熟悉的问题相联系，从而使一个新问题得到解决.

总体上看，一切的数学学习活动最终应归结为对数学与现实世界的关系的认知和认识.

三、用理论的眼光来分析数学学习实践

理论的分析也许永远也无法与我们的实践一致，但是我们永远需要带着理

论的眼光来看我们的实践，来分析我们的实践. 因此，我们认为应该在实践中积极发展我们对数学学习的认识，有以下几个方面值得注意：

第一，收集各种数学学习现象，并适当分类. 实践是理论的出发点和动力源泉. 在实践中有很多生动的学习现象，有些属于学习的认知水平问题，有的属于学生兴趣问题（在本讲中未能专门讲到兴趣问题，事实上，这是我国数学学习中一个重要的课题，也是数学学习中的非智力因素和动力因素），有的属于文化传统问题，有的属于班级文化问题等.

第二，探讨现象背后的原因. 也许一个现象的背后有多种原因，但是理论的思维常常为促进我们去抓住主要因素而丢弃次要因素.

第三，利用对问题的理论认识来促进实践，形成"实践—理论—实践"的不断反馈，不断循环发展的模式.

案例分析

【案例】

"正弦定理"教学

一、复习引入

师：在直角△ABC 中，已知 $C=90°$，$BC=a$，$AC=b$，$AB=c$，如何用 a、b、c 来表示 $\sin A$、$\sin B$、$\sin C$、$\cos A$、$\cos B$、$\cos C$？

生：$\sin A=\frac{a}{c}$，$\sin B=\frac{b}{c}$，$\sin C=1$；$\cos A=\frac{b}{c}$，$\cos B=\frac{a}{c}$，$\cos C=0$.

二、探究新课

1. 定理的发现过程

问题：只有测角仪器和米尺以及计算器等测量工具，请问你如何测量出分别位于河两岸的 A、B 两点的距离？

画示意图（略），再引导和提示学生想办法测得 AB. 大致有以下两种思路.

思路一：在点 A 同岸边选择恰当的点 C，使 $\angle C=90°$，再测量出 AC（即 b）和 $\angle BAC$，从而解直角三角形；

思路二：在点 A 同岸边选择一点 C，测出 AC（即 b），再测出 $\angle ACB$ 和 $\angle BAC$ 的大小.

师：显然，思路一中的 AB 可利用直角三角形中的边角关系来求出. 那么，思路二又应如何处理呢？

（学生思考.）

师提示：观察刚才我们回顾的解直角三角形，能否得到如下关系：

$$\sin A=\frac{a}{c},\sin B=\frac{b}{c},\sin C=\frac{c}{c}\Rightarrow\frac{a}{\sin A}=\frac{b}{\sin B}=\frac{c}{\sin C} \quad ①$$

$$\cos A=\frac{b}{c},\cos B=\frac{a}{c}\Rightarrow\frac{b}{\cos A}=\frac{a}{\cos B} \quad ②$$

生：能，但它适用于直角三角形.

师：这两个关系式能不能推广到任意三角形呢？

（学生半信半疑的动手画起三角形来，试图验证教师提出的问题.）

师：对，自己动手画一个三角形，度量出三边长度和三个内角的度数值，利用计算器计算一组$\frac{a}{\sin A},\frac{b}{\sin B},\frac{c}{\sin C}$的值，另一组$\frac{b}{\cos A},\frac{a}{\cos B}$的值，改变三角形形状，观察各组比值的变化.

生：①成立，②不成立.

师：我现在用几何画板演示，请同学们观察在三角形形状变化的过程中，$\frac{a}{\sin A},\frac{b}{\sin B},\frac{c}{\sin C}$和$\frac{b}{\cos A},\frac{a}{\cos B}$值的情况.（略）

生：同样是①成立，②不成立.

师：那么，我们猜想：在任意$\triangle ABC$中，都有$\frac{a}{\sin A}=\frac{b}{\sin B}=\frac{c}{\sin C}$成立. 但猜想毕竟只是猜想，需要严格证明才能成为定理.

2. 探索定理的证明，并得出定理证明的过程

如图 3－1，在$\triangle ABC$中，$BC=a,AC=b,AB=c$，求证：$\frac{a}{\sin A}=\frac{b}{\sin B}=\frac{c}{\sin C}$.

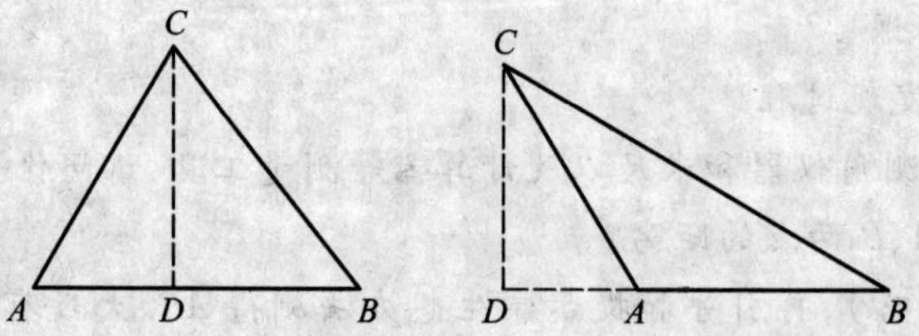

图 3－1

（1）证法一（从特殊联想到一般）

师：如何证明？前面，我们通过什么特殊情况的边角关系联想并发现这个一般三角形的边角关系？

生：从特殊的直角三角形的边角关系联想到一般三角形边角关系．那猜想的证明也可以从特殊的直角三角形入手．

师：很好！为了利用直角三角形中的$\frac{a}{\sin A}=\frac{b}{\sin B}=\frac{c}{\sin C}$成立，怎样在斜三角形中构造出直角三角形？

引导学生构造如图 3－1 所示的直角三角形，并得出：

过点 C 作 $CD\perp AB$，交 AB 或 AB 延长线于点 D．

从而得证

$$b\cdot\sin A=CD,a\cdot\sin B=CD\Rightarrow b\cdot\sin A=a\cdot\sin B\Rightarrow\frac{a}{\sin A}=\frac{b}{\sin B},$$

同理可证$\frac{a}{\sin A}=\frac{c}{\sin C}$，于是证得结论$\frac{a}{\sin A}=\frac{b}{\sin B}=\frac{c}{\sin C}$成立．

（2）证法二（由三角形的高联想到面积）

师：证法一是通过作$\triangle ABC$ 的高来构造直角三角形的，通常情况，由$\triangle ABC$ 的高会想到三角形的什么？

生：$\triangle ABC$ 的面积！

师：如图 3－1 所示，$\triangle ABC$ 的面积有哪些表示方法？可否用其面积来证明？

生：可以．（学生叙述证法二，教师板书．）

如图 3－1 所示：

$$S_{\triangle ABC}=\frac{1}{2}AB\cdot CD=\frac{1}{2}c\cdot b\sin A=\frac{1}{2}c\cdot a\sin B\Rightarrow b\sin A=a\sin B\Rightarrow\frac{a}{\sin A}=\frac{b}{\sin B}.$$

同理可证$\frac{a}{\sin A}=\frac{c}{\sin C}$，于是证得结论$\frac{a}{\sin A}=\frac{b}{\sin B}=\frac{c}{\sin C}$成立．

（3）证法三（利用向量证明）

师：还有其他能反映角度和长度关系的量吗？也就是即有大小，又有方向的量．

生：有，向量．

师：在$\triangle ABC$ 中如何构造出向量及向量的数量积呢？

在教师的引导下，学生大致出现了三种思路（限于篇幅过程略）：

思路①：$\overrightarrow{AC}+\overrightarrow{CB}=\overrightarrow{AB}\Rightarrow(\overrightarrow{AC}+\overrightarrow{CB})\cdot\overrightarrow{AB}=\overrightarrow{AB}\cdot\overrightarrow{AB}\Rightarrow b\cdot\cos A+a\cdot\cos B=c.$

思路②：$\overrightarrow{AC}+\overrightarrow{CB}=\overrightarrow{AB}\Rightarrow(\overrightarrow{AC}+\overrightarrow{CB})^2=\overrightarrow{AB}^2\Rightarrow b^2+a^2-2ab\cdot\cos C=c^2.$

思路③：$\overrightarrow{AC}+\overrightarrow{CB}=\overrightarrow{AB}\Rightarrow(\overrightarrow{AC}+\overrightarrow{CB})\cdot\overrightarrow{CD}=\overrightarrow{AB}\cdot\overrightarrow{CD}\Rightarrow a\cdot\sin B-b\cdot\sin A=0$

$$\Rightarrow b\cdot\sin A=a\cdot\sin B\Rightarrow\frac{a}{\sin A}=\frac{b}{\sin B},$$

同理可证$\dfrac{a}{\sin A}=\dfrac{c}{\sin C}$.

师：显然，思路①、②“失败”. 我们总结其原因，会发现根源在于 $\sin A=\cos\left(\dfrac{\pi}{2}-A\right)$. 在图形中，角$\dfrac{\pi}{2}-A$是哪两个向量的夹角？

生：是图 3－2 中向量$\overrightarrow{AC}$与向量$\overrightarrow{DC}$或向量$\boldsymbol{j}$的夹角.

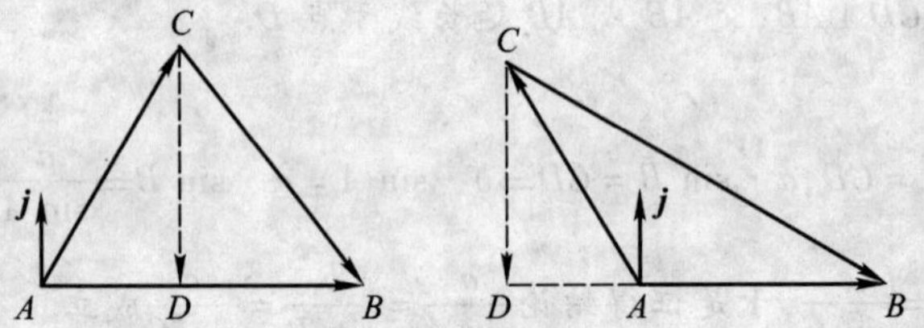

图 3－2

师：好！我们来进行$(\overrightarrow{AC}+\overrightarrow{CB})\cdot\overrightarrow{CD}=\overrightarrow{AB}\cdot\overrightarrow{CD}$或$(\overrightarrow{AC}+\overrightarrow{CB})\cdot\boldsymbol{j}=\overrightarrow{AB}\cdot\boldsymbol{j}$的计算.

师：在上面计算和证明的基础上，用向量证明正弦定理的真正本质和关键是什么？

用幻灯片给出一种准确的证明方法.（略）

3. 定理的理解与记忆

引导学生结合三角形图像，体会公式的对称美、和谐美，强化学生对正弦定理的记忆效果.（略）

并让学生运用正弦定理解决本节课开始时提出的“测量出分别位于河两岸的 A 处和 B 处的距离”等实际问题（思路二）.（用幻灯片给出解答过程）

练习（略）

三、课堂小结，作业布置

师：这节课我们学习了正弦定理，在推导过程中，有几点体会值得我们总结：

（1）在探索正弦定理的结论和定理证明的方法中我们都使用了合情推理，希望大家在以后的学习中多加运用与体会.

（2）在用多种方法证明正弦定理的推导过程中，我们利用几何图形的关系去寻找三角形边角关系，这是重要的数形结合的思想方法，用处很大.

（3）在利用向量工具证明正弦定理中，我们遭遇了“失败”，但通过分析产生“失败”的真正根源，我们找到了解决问题的办法.

(4) 体会到了正弦定理中公式的对称美、和谐美，并能逐渐运用正弦定理解决这样的问题：在任意三角形中，已知一组边及其对角，再知另一边（或角），求其余边或角.

思考题：在 Rt$\triangle ABC$ 中 $\frac{a}{\sin A}=\frac{b}{\sin B}=\frac{c}{\sin C}=c$，那么在一般三角形中，设 $\frac{a}{\sin A}=\frac{b}{\sin B}=\frac{c}{\sin C}=K$，那么这个 K 会等于多少呢？

【点评】

本节课的重点是推导和掌握正弦定理，难点是用向量法推导正弦定理. 整个过程集中体现了推理证明的全过程，即从对直角三角形边角关系的回顾，对实际问题的分析、任意三角形边角关系的猜想、实验验证，对直角三角形与任意三角形间联系的认识，再到正弦定理的多种证明，最后是定理的运用. 这一过程，学生调动了多种认知因素，诸如分析、猜想、转换、调整等. 从这些活动表现的方法来看，有逻辑推理与合情推理的过程. 从认识活动的结果来看，学生理解了所要证明的定理，完成了定理证明过程，认识并欣赏了证明的结果，认识了三种证明方法. 这些正好是一个证明问题的全部认识结果.

资源链接

1. 李志厚主编. 学习论与新课程学习理念研究. 广州：广东教育出版社，2004

本书的第一章第四节“研究试图：学习论研究的问题和方法”，阐述了研究学习的框架与思维方法.

2. 李士锜. PME：数学教育心理. 上海：华东师范大学出版社，2001

本书的第三、五、六、七、八章，对数学学习的理解、语言、概念、证明等特殊的数学认知活动作了心理学的分析.

3. 郑毓信，肖柏荣，熊萍. 数学教育思维与数学方法论. 成都：四川教育出版社，2001

本书从方法论的角度和心理学的角度论述了数学解题、数学概念、数学非逻辑成分等数学学习活动，进行了理论分析，特别是提出了有关教学含义.

教学反思

【反思文章】

建构主义学习理论及其在数学教学中的应用①

建构主义的思想来源于认知加工学说以及皮亚杰和布鲁纳等人的思想. 例如，皮亚杰和布鲁纳等人的认知观点——解释如何使客观的知识结构通过个体与之交互作用而内化为认知结构，都是建构主义思想发展的重要基础，为此了解上述理论是深刻理解建构主义必不可少的环节，更是指导数学教学的重要理论依据.

建构主义学习理论运用到数学教学中可培养学生的应用意识. 数学的结果、定理和理论既重要又有用，而且最好的结果还是精美而深刻的. 通过其定理，数学向科学既提供了真理的基础，也提供了正确性的标准. 除定理、理论外，数学还提供特有的思考方式，包括建立模型、抽象化、最优化、逻辑分析、从数据进行推断以及运用符号等，它们是普遍适用并且强有力的思考方式. 应用这些数学思考方式的经验构成了数学能力——当今技术时代日益重要的一种智力，它使人们能批判地阅读、识别谬误、探察偏见、估计风险、提出变通办法. 因此，此时的应用意识主要是指善于从数学的角度，用数学语言、知识、思想方法去描述、理解、思考和解决各种问题的心理倾向性.

在中学数学课程中，培养应用意识的做法可从三方面展开：一是将数学知识应用在数学课内，通过一些简单的应用可以直接引起学生的学习动机，让学生看到数学知识的用处；二是将数学应用在其他学科的学习中，通过数学与其他学科的联系，使学生深刻认识到数学的思想方法对于科学发展的作用；三是将数学应用于实践活动中，通过运用数学知识解决实际问题，培养学生的应用意识.

通过对各种数学活动进行深度的分析，可以发现它至少分为三个阶段：(1) 借助于观察、试验、归纳、类比、概括等手段来积累事实材料；(2) 由事实材料中抽象出概念体系，以及由此而演绎地建立起来数学理论；(3) 数学理论应用的阶段.

传统的数学教学过于重视第二阶段，结果造成学生所学的数学知识不

---

① 本文是天津师范大学数学科学学院陈宏发表在《科教文汇》2007年11期论文的节选.

能学以致用,不知数学理论的来龙去脉.为克服这些不足，现代数学教学提倡上述三个阶段对学生的数学学习具有同等重要的作用.同时，按照建构主义的观点，数学教学应为学生创设问题情境，以便学生能够积累内容丰富并且容易理解的事实材料.这样才能按照现代人们对数学科学的理解——数学是关于模式和秩序的科学，从而提出数学教学应该培养学生学习建立模式的各种方法.当然，大多数人学习数学的目的不仅仅是为了领会或理解数学，而是为了使用数学.因此，解释、应用与拓展所学习的数学理论就应是数学学习的最终目的.

【反思探究】

建构主义学习观认为学习不应被看成是学生对教师所传授知识的被动接受,而是一个以学生已有知识经验为基础的主动建构过程.教师传递给学生的不是知识而是信息,信息只有学习者在一定的社会文化背景和情境下,利用必要的学习资源,通过与教师、同学的协商、交流、合作和本人的主动建构才能内化为学生原有认知结构中的知识.对高度抽象的数学学科来说,怎样才能更好地让学生把新的数学知识纳入自己的认知结构当中？这是所有数学教师在教学中必须面对的问题.

第4讲
数学教学理论与新课程教学实践

思考研讨

1. 如何认识“数学化”、“再创造”？如何用建构主义理论指导数学教学？

2. 在当前课程改革中，如何较好地处理双基与创新的关系？

3. 高中数学课程实行模块化后会给教学带来哪些变化？高中数学的传统内容在这次课程改革中有哪些变化？

理论概述

一、高中新课程中的现代数学教学理论简介

20世纪80年代以来，世界各国都在进行数学教育的改革，提出了很多新的改革思路. 许多数学教育家，如弗赖登塔尔、波利亚和斯托利亚尔等也提出了不少现代数学教学的观念，归纳起来，大致有以下几个方面.

（一）“数学化”、“再创造”

数学化就是指人们运用数学的方法观察现实世界，分析研究各种具体现象并加以整理组织，以发现其规律的过程. 简单地说，数学地组织现实世界的过程就是数学化.

数学的产生与发展本身就是一个数学化的过程. 人们从手指或石块的集合形成数的概念，从测量、绘画形成图形的概念，这就是数学化. 可以说，整个数学体系的形成就是数学化的结果. 数学化的对象有两类：一类是现实客观事物；另一类是数学本身. 对客观事物数学化的结果是数学概念、定理、公式、法则和为解决具体问题而构造的数学模型等. 对数学本身进行数学化，既可以是某些数学知识的深化，也可以是对已有的数学知识进行分类、整理、综合和构造，以形成不同

层次的公理体系和形式体系.

因此在教学中我们也应通过“数学化”的途径来进行,这样才能使学生真正获得充满着联系的、富有生命力的数学知识,使学生不仅理解这些知识,而且能够应用.弗赖登塔尔提出,与其说让学生学习数学,还不如说让学生学习“数学化”;与其说是学习公理系统,还不如说是学习“公理化”;与其说是学习形式体系,还不如说是学习“形式化”.

数学化是一种组织与构建的活动,它运用已有的知识与技能发现未知的规律、关系和结构.根据特雷弗斯的理论,将数学划分为水平和垂直两种.水平方向的数学化指的是将某一个问题向水平方向扩展,如将一个现实问题转化为数学问题.垂直方向的数学化指的是将某一个问题向垂直方向深入,例如由特例推广建立一般公式等.

弗赖登塔尔根据这两种数学化的侧重点不同,将数学教学分为机械的、经验的、结构的、现实的四种教学模式.数学教育最早的传统做法就是机械的途径,教师将各种结论灌输下去,学生获得的只是知识的堆砌,可以说很少包含数学化的思想.以后逐渐有所进步,较多地考虑到实际的经验,进入的经验途径,即较多地顾及数学化的水平成分,但这些知识又往往流于琐碎零星、不成体系,较少注意垂直方向的数学化.“新数学”运动则采用了构造的途径,强调数学的演绎结构,以结构主义的思想来组织整个数学教学,从一个极端走向另一个极端,忽视了数学的现实性.因此数学教育的正确途径应该是现实的数学化途径,让学生在直观与抽象的结合过程中,提高数学知识水平,掌握数学技能与方法,并运用这些来观察、比较与识别现实世界中的具体问题,并在类比、归纳的实际经历过程中,建立数学模型,或是找出其共性与规律,形成数学的抽象与概括,也就是学会“数学化”.

弗赖登塔尔这样阐释“再创造”:“将数学作为一种活动来进行解释和分析,建立在这一基础上的教学方法,我称之为再创造方法.”也就是说,数学知识应由学生本人在数学活动中自己去发现或者创造出来,而不是由教师“灌”给学生.学生学习数学的过程应该是自己的探索、发现、再现人类已有知识的过程.在这里要注意,“再创造”与“发现学习”并不等同,这里所说的创造既包括新知识的发现又包含了对数学发现的重新组织.

弗赖登塔尔关于“再创造”的论述内容相当丰富,他认为:

1. 数学是最容易创造的一种学科.它实质上是人们常识的系统化.教师不必将各种规则、定律灌输给学生,而是应该创造合适的条件,提供很多具体的例子,让学生在实践的过程中,自己去发现或是“再创造”出各种运算法则和各种定律.

2. 每个人都应该按照自己的特点重新创造数学知识.个人学习数学的进程

和数学发展的历史有着相似之处. 每个人在学习过程中都可以根据自己的体验，用自己的思维方式重新创造有关的数学知识.

3. 每个人有不同的“数学现实”，因而可达到不同的水平. 这里“数学现实”是指客观现实与人们的数学认识的统一体，是人们用数学概念、数学方法对客观事物的认识的总体. 其中既含有客观世界的现实情况，也包含学生个人用自己的数学水平观察这些事物所获得的认识. 教师应当针对各个学生数学现实和思维水平的不同，通过适当的启发，引导学生加强反思，使学生的创造活动由不自觉的状态发展为有意识的活动.

4. “再创造”应当贯穿于数学教育的全过程. 数学教育的整个过程学生都应该积极参与，教师的任务就是为学生提供广阔的天地，听任各种不同的思维、不同的方法自由发展，绝不可以对内容作任何限制，更不应对其发展设置任何预先的圈套.

数学教学要通过数学活动让学生亲身经历对现实进行数学化的过程，使数学变成他们自己“再创造”的产物，而不是成人强加给他们的东西.

让学生经历“数学化”、“再创造”的活动过程，正是为学生的感受、体验和思考提供了有效的途径. 让学生置身于适当的学习活动中，学生从自己的经验和认知基础出发，在教师的指导或引导下，通过观察、实验、归纳、类比、抽象概括等活动，去发现或猜测数学要领或结论，进一步去证实或否定他们的发现或猜测. 通过这种“数学化”、“再创造”的活动过程获得的数学知识，与被动接受、强化储存获得的数学知识相比，效果不可同日而语. 在经历“数学化”、“再创造”的活动过程中，学生能更好地感受、体验，形成自己对数学概念、结论的理解，更好地认识、理解和获得抽象的数学概念、结论，认识数学，认识数学的价值.

（二）建构主义的数学教学理论

瑞士心理学家、哲学家皮亚杰提出，人的认识并不是对外在的被动的、简单的反映，而是一种以已有知识和经验为基础的主动建构活动的观点，被看成是现代建构主义的主要代表人物之一. 1986 年，在伦敦举行的第十届数学教育心理学会（PME－10）的分组会上，冯 · 格拉斯菲尔德（Von Classfield）等发表了题为“合成单位及构成它们的运算”的研究报告. 然而引起人们普遍兴趣的是支持这一研究的理论框架——认识建构主义（Constructivism）. 自此以后，建构主义成为继“大众数学”、“问题解决”之后国际数学教育界最热门的话题之一.

建构主义的基本观点是人对于客观世界的认识依赖于自身的“解释结构”（认知结构），即认识就是一种建构的活动. 建构主义者认为，世界是客观存在的，由于每个人的知识、经验和信念的不同，每个人都有自己对世界独特的理解. 知识并非是主体对客观现实的、被动的镜面式的反映，而是一个主动的建构过程. 学习就是学习者以自身已有的知识和经验为基础的主动的建构活动.

建构主义理论强调，学生并不是空着脑袋走进教室的. 在以往的学习中，他们已形成一定的经验. 当遇到问题时，他们往往基于相关的经验，依靠他们的知识能力，形成对问题的解释. 教学中教师不能无视学生的经验，要把它作为新的知识的增长点；教学不应只是简单的知识的传递，而应是知识的处理和转换；教师也不是简单的知识呈现者，他应该重视学生对各种现象的理解，倾听他们的看法，引导学生丰富和调整自己的理解.

建构主义认为，学习不是知识由教师向学生的传递，而是学生建构自己知识的过程，学生对知识的建构是主动的. 学习并不是知识的简单积累，它包含新、旧经验的冲突而引发的观念转变和结构重组，是新旧经验的双向相互作用的过程. 而且需要强调的是，学生在学习过程中的主观能动作用，使每个人在其自身环境中所建构知识从一开始就很不相同，个体在认知上的差异又会影响其后的学习过程. 按照建构主义的学习观念，在教学中学生应该成为学习的主体，作为建构过程的主体，学生应该为自己的学习过程提供原动力，制订相应的学习计划，选择对自己学习最有效率的方法，自我调控自己的学习过程.

在实际数学教学中，我们常常会发现这样的现象，教师总是抱怨课堂上讲过的一模一样的习题，在考试中出现时学生仍然做不出来. 依据建构主义观点分析：学生学习活动的本质不是对于教师所授予知识的被动接受，而是一个以学生已有的知识和经验为基础的建构过程. 通常意义上的"懂"仅仅表明是"我通过了"，即学生认为教师的方法正确，但不是"理解". "理解"应是指学习者根据已有的知识和经验对教师所讲的内容重新加以解释、重新建构其意义.

在建构主义的理论之下，教师应该怎样去做呢？事实上，在一个以学生为主体的环境中，教师的工作变得更富有挑战性了. 教师要从知识的灌输者转变为学生知识建构的促进者，教师教学的目的要转变为帮助学生顺利完成知识的建构过程. 因此，在教学中，教师要想方设法在各个环节中使学生主动学习，积极思考. 例如，在复习提问时，不应仅是复习上节课的内容，而应复习所有与新知识的学习有关的内容，在新知识的教学过程中，教师要在恰当时机揭示新、旧知识的联系，这样才有利于学习建构知识. 数学教师应把学习者原有的知识经验作为新知识的生长点，引导学生从原有的知识经验中生长新的知识经验. 在建构主义的课堂上，教师不是知识的呈现者，也不是知识权威的象征，应重视学生对各种现象的理解，倾听他们时下的看法，思考他们这些想法的由来，并以此为据引导学生丰富或调整自己的理解. 总之，教学不是教师简单地去告诉学生就可以奏效和完事的. 数学教学不再是一种"授予—吸收"的过程，而是在一定社会环境中学生作为主体的主动建构过程. 在教学中，教师应当成为学生学习活动的促进者，应当深入地了解学生真实的思维活动，为学生的学习活动创造一个良好的学习环境.

建构主义形成了一系列教学策略,如支架教学策略、认知学徒策略、抛锚式教学策略、随机进入教学策略、社会建构教学策略等.而贯穿这众多策略的核心是以学生为中心、以学习活动为中心、以学生主动性的知识建构为中心的思想.

支架式教学被定义为:“支架式教学应当为学习者建构对知识的理解提供一种概念框架.这种框架中的概念是为发展学习者对问题的进一步理解所需要的,为此,事先要把复杂的学习任务加以分解,以便于把学习者的理解逐步引向深入.”支架式教学是以前苏联著名心理学家维果茨基的“最近发展区”理论为依据的.维果茨基认为,在测定儿童智力发展时,应至少确定儿童的两种发展水平:一种是儿童现有的发展水平,一种是潜在的发展水平,这两种水平之间的区域称为“最近发展区”.教学应从儿童潜在的发展水平开始,不断创造新的“最近发展区”.支架教学中的“支架”应根据学生的“最近发展区”来建立,通过支架作用不停地将学生的智力从一个水平引导到另一个更高的水平.

抛锚式教学要求建立在有感染力的真实事例或真实问题的基础上.确定这类真实事例或问题被形象地比喻为“抛锚”.由于抛锚式教学要以真实事例或问题(锚)为基础,所以有时也被称为“实例式教学”或“基于问题的教学”.它的主要目的是使学生在一个完整、真实的问题背景中,产生学习的需要,通过学习者的主动学习、生成学习和教师的嵌入式教学以及学习共同体中成员间的互动、交流,即合作学习,学习者亲身体验从识别目标到提出和达到目标的全过程.抛锚式教学要求学生解决面临的现实问题,所以学习过程就是解决问题的过程,即由该过程可以直接反映出学生的学习效果.学生若能顺利地解决所给的实际问题,就说明达到了学习水平,学生如果在解决问题时遇到困难,则会通过问同学、问教师等方法排除困难,继续解决该问题.建构主义认为,学习者要想完成对所学知识的意义建构,即达到对该知识所反映事物的性质、规律以及该事物与其他事物之间联系的深刻理解,最好的办法是让学习者到现实世界的真实环境中去感受、去体验(即通过获取直接经验来学习),而不是仅仅聆听别人(例如教师)关于这种经验的介绍和讲解.

随机进入教学的基本思想源自建构主义学习理论的一个新分支——“弹性认知理论”(cognitive flexibility theory).由于事物的复杂性和问题的多面性,要做到对事物内在性质和事物之间相互联系的全面了解和掌握,即真正达到对所学知识的全面而深刻的意义建构是很困难的.往往从不同的角度考虑可以得出不同的理解.为克服这方面的弊病,在教学中就要注意对同一教学内容,要在不同的时间、不同的情境下、为不同的教学目的、用不同的方式加以呈现.换句话说,学习者可以随意通过不同途径、不同方式进入同样的教学内容学习,从而获得对同一事物或同一问题的多方面的认识与理解,这就是所谓“随机进入教学”.显然,学习者通过多次“进入”同一教学内容,将能达到对该知识内容比较全面而深入的掌握.这种多次进入,绝不是像传统教学中那样,只是为巩固一般的知识、技能而实施的简单重复.这里的每次进入都有不同的学习目的,都有不同的问题侧重点.因此多次进入的结果,绝不仅仅是对同一知识内容的简单重复和巩固,而是使学习者获得对事物全貌的理解与认识上的飞跃.如高中解析几何中求曲线方程这一问题,通常在曲线和方程这节后才被提到一个重要地位上来,实际上我们可以根据随机进入原理,在探索直线方程时就创设情境.揭示“用代数方法来研究几何问题”这一核心思想,以使学生对这一内容在不同背景中进行探索和理解,获得多种意义的建构,并逐步认识、掌握解析几何的基本思想.

(三)问题解决

用数学问题解决取代数学解题的提法始于1980年美国数学教师联合会的《关于行动的议程——80年代数学教育的建议》的文件.该文件提出“必须把问题解决作为80年代中学数学的核心”.现在,世界上几乎所有的国家都已将提高学生问题解决的能力作为数学教育的主要目标之一,问题解决已成为国际数学教育研究的一个热点.

什么是问题解决?人们看法并不一致,一般有以下几种含义:

(1)“问题解决”是数学教育的一个目的.NCSM在1988年的《21世纪的数学基础》报告里提到:“学习数学的主要目的在于问题解决.”

(2)“问题解决”是一个过程.所谓“问题解决”就是学生学习数学的活动过程,是以学生已有的知识和能力为基础的主动建构过程,是通过数学思维不断数学化的过程,是一个探索、再发现、再创造的过程.

(3)“问题解决”是心理过程.“问题解决”指人们在日常生活和社会实践中,面临新情况、新课题时,发现它与主客观需要的矛盾而自己却没有现成的对策时,所引起的寻求处理问题办法的一种心理活动.

(4)“问题解决”是能力.1982年英国《Cockcroft报告》就把“问题解决”看成是“数学用于各种情况的能力”.数学教育的目的是培养学生的数学能力,而“问题解决”能力正是数学能力的核心,它是其他基本能力的组合和发展.

(5)“问题解决”是一种教学形式.英国《Cockcroft报告》里给教师提出的建议中,第一条就是“应在教学形式中增加讨论、研究、问题解决和探索等形式”.“问题解决”教学形式提倡教师与学生、学生与学生之间的讨论和交流,解决未解决的问题,培养学生的思维能力,树立数学观念.

实施“问题解决”的教学过程,一般有如下几个步骤①:

---

① 唐瑞芬.数学教学理论选讲.上海:华东师范大学出版社,2001.192

(1) 创设情境提出问题,激发学生对结论的迫切追求的欲望.

(2) 引导学生感知数学问题.

(3) 探求数学问题的解决趋势和途径.

(4) 对数学问题进行回味和评价.

把"问题解决"作为数学教学焦点,著名的数学家、数学教育家乔治·波利亚在这方面做出了很大的贡献,写出了《怎样解题》、《数学与猜想》、《数学的发现》三本名著,对世界数学教育产生了深刻的影响.波利亚强调解题训练,他说:"中学数学教学的首要任务就是加强解题的训练".他站在一个教师的角度来研究指导学生怎样解题的方法,并归纳成一张"怎样解题"表(见表 4-1).这是波利亚解题思想的核心,我们来看一下.

表 4-1 "怎样解题"表①

第一,你必须弄清问题	弄清问题 未知数是什么?已知数据是什么? 条件是什么?满足条件是否可能?要确定未知数,条件是否充分? 或者它是否不充分?或者是多余的?或者是矛盾的? 画张图引入适当的符号. 把条件的各个部分分开.你能否把它们写下来?
第二,找出已知数与未知数之间的联系.如果找不出直接的联系,你可能不得不考虑辅助问题.你应该最终得出一个求解的计划.	拟订计划 你以前见过它吗?你是否见过相同的问题而形式稍有不同? 你是否知道与此有关的问题?你是否知道一个可能用得上的定理? 看着未知数!试想出一个具有相同未知数或相似未知数的熟悉的问题. 这里有一个与你现在的问题有关且早已解决的问题. 你能不能利用它?你能利用它的结果吗?你能利用它的方法吗?为了能利用它你是否应该引入某些辅助元素? 你能不能重新叙述这个问题?你能不能用不同的方法重新叙述它?回到定义去. 如果你不能解决所提出的问题,可先解决一个与此有关的问题.你能不能想出一个更容易着手的有关问题?一个更普遍的问题?一个更特殊的问题?一个类比的问题?你能否解决这个问题的一部分?仅仅保持条件的一部分而舍去其余部分,这样对于未知数能确定到什么程度?它会怎样变化?你能不能想从已知数据导出些有用的东西?你能不能想出适于确定某未知数的其他数据?如果需要的话,你能不能改变未知数或数据,或者二者都改变,以使新未知数和新数据彼此更接近? 你是否利用了所有的已知数据?你是否利用了整个条件?你是否考虑了包含在问题中的所有必要的概念?

① [美]波利亚.怎样解题.涂泓,冯承天译.上海:上海科技教育出版社,2002.

第三，实现你的计划 ｛ 实现计划
实现你的求解计划，检验每一个步骤.
你能否清楚地看出这一步骤是正确的？
你能否证明这一步骤是正确的？

第四，验算所得到的解 ｛ 回顾
你能否检验这个论证？你能否用别的方法导出这个结果？
你能不能一下子看出它来？
你能不能把这结果或方法用于其他的问题？

这四个步骤中，“弄清问题”是认识问题并对其进行表征的过程；“拟订计划”是关键环节和核心内容，“实现计划”是解题的主体工作，但较为容易，“回顾”是最容易被忽视的一个步骤，但它是提高解题学习效率的重要一环.

“怎样解题”表实质上就是试图诱发灵感的“智力活动表”.“怎样解题”表中的指导性意见具有普适性.不仅适用于“不太能独立工作”的人，而且适用于那些能独立解题的人；不仅适用于数学学科，而且可适用于其他学科.例如，未知数是什么？已知数是什么？条件是什么？这些问题都是普遍适用的，对于所有各类问题(代数的或几何的，数学的或非数学的，理论的或实际的)，我们提出这些问题都会取得良好效果.波利亚解题训练的方式是引导学生按照“表”中的问题和建议思考问题，探索解题途径.试图引导学生逐步掌握解题过程的一般规律.这与“题海战术”的“题型 + 解法”的训练方式是截然不同的.

在高中新课程的教学中，我们要注意汲取波利亚的“问题解决”有关理论中有益的方面，杜绝题海战术.选择有意义但又不太复杂的题目去帮助学生深入发掘题目的各个侧面，使学生通过这道题目，就如同通过一道大门进入一个崭新的天地，而不是用大量的例行公事的题目及运算来训练学生.

在高中新课程教学中实施“问题解决”教学法时应注意不仅仅教问题解决的具体办法，还要改进学生对“问题解决”的态度.在教学全过程中要由学生经历问题解决的全过程，由学生自己去发现、去创新.同时注意设计“好”的数学问题，除常规题外还应设计开放题、情境题、应用题、建模题等.

(四) 中国数学“双基”教学理论

中国数学教育有许多特点，但以双基教学为主要特征.数学双基指数学基础知识和基本技能.其内涵不只限于双基本身，还包括在数学双基之上的发展.启发式、精讲多练、变式练习、提炼数学思想方法等，都属于“发展”的层面，却又和数学双基密切相关.

中国数学双基教学是关于如何在双基基础上谋求学生发展的教学理论.其

基本特征有以下四个方面①：

1．记忆通向理解．没有记忆就无法理解，理解是记忆的综合，数学双基强调必要的记忆．如九九表的记忆与背诵，使之成为算法直觉，这样中国学生在数字计算上就有明显的优势．理解是逐步达到的．对一些运算规则，能够理解的要操练，一时不能完全理解的也要操练，在操练中加深理解．

2．速度赢得效率．中国数学教学特别强调运算的速度．只有使基本的运算的基础的思考化为直觉，才能赢得时间去做更高级的数学思维活动，保证学生把注意力集中在"问题解决"的高级思维之上．

3．严谨形成理性．西方的一些数学教育理论偏重于依赖学生的日常生活经验．而中国的数学学习，则注重理性的思维能力．但我们要注意不要过度形式化．

4．重复依靠变式．中国的数学教学强调反复训练，注意进行一定的重复以形成技能．但中国的重复不是简单的重复，而是"变式练习"，在变化中进行重复，在重复中获取变化．中国的"变式教学"有概念变式、过程变式、问题变式等多种方式．

中国的数学双基教学，在纵向上有三个层次：

1．双基基桩．对于程序性的数学基础知识和基本技能，中国有成套的教学方法，保证学生能够熟练掌握这些十分枯燥的双基，使学生基础打得扎实，形成条件反射．

2．双基模块．将主要知识点经过配套知识点的联结，成为一条"知识链"，然后通过"变式"形成知识网络，再经过数学思想方法的提炼，形成立体的知识模块．对于这部分的教学，有着许多行之有效的经验，如使用典型例题，通过变式形成问题串，然后提高到数学思想方法的高度加以总结．

3．双基平台．双基平台是双基模块的组合、深化及发展，综合几个"双基模块"，形成数学知识之间的相互联结．通过双基平台的建立，使学生能够居高望远，看清一些数学问题的来龙去脉，获得解题的策略．

中国的数学双基教学已经形成了深厚的传统，它是植根于中国文化的一个和谐的教学系统．在进行新课程改革的过程中，我们要继承这一优良传统，但要注意在此基础上进行发展，特别是和创新能力的培养密切结合．双基必须与时俱进，要处理好基础与创新的关系．

二、普通高中数学新课程改革面临的问题

对于数学课程来说，目前出现的一个最突出的现象是：教师、学生普遍反映

① 张奠宙．中国数学双基教学．上海：上海教育出版社，2006．3－4

负担重；对于标准和教材的要求难于把握；对于评价特别是高考心里没底. 认真分析产生这一现象的原因，可以反映出高中数学新课程推进中的一些主要问题.

(一) 对于《标准》的理解问题

教师对《标准》在整体上的把握还有所欠缺，主要表现在：

1. 忽视贯穿在整个高中数学课程中的几个核心思想

什么是贯穿高中数学课程中最基本的东西，这是每个高中数学教师必须认真反复思考的问题. 在新课程的教学中，必须把握课程中的核心思想，新课程中的双基本身就是数学知识、数学方法、数学思想的集合体. 高中数学课程中的函数思想、算法思想、空间观念、随机思想等核心思想贯穿于高中数学课程的始终，像"无形的网络"把整个高中数学内容有机联系起来. 下面以函数思想为例说明.

函数研究的是两个变量之间的数量关系：一个变量的取值发生了变化，另一个变量的取值也发生变化，这就是函数表达的数量之间的对应关系. 其中有三点是重要的：一是变量的取值是实数；二是因变量的取值是唯一的；三是必须借助数字以外的符号来表示函数. 这些就是函数定义的核心思想. 关于符号表达，无论是借助解析式，还是利用图像或者列表都是可以的.

要表达函数必须借助数字以外的符号. 利用符号表达是具有一般性的，因此函数表达是数字表达的抽象和深化. 同时，利用符号进行运算和推理，所得到的结论也是具有一般性的. 正因为这一点，使得人们能够借助函数构建模型，能够更好地刻画现实世界中的数量关系，并且通过数量关系的研究来解释现实世界. 这不仅仅体现在自然科学和工程技术上，也逐渐广泛地体现在人文社会科学上：世界万物之间的联系与变化都有可能以各种不同的函数作为它们的数学模型. 这些又促使数学家们深入地研究各种函数的性质、运算以及与空间形式的关联，使得数学经历了从常量到变量、从有限到无限、从低维到高维的发展，一批新的数学分支应运而生. 因此，无论是从数学的应用还是从数学本身的发展来说，函数的重要性怎么说都不过分. 函数是对现实世界数量关系的抽象，是具有一般性的，是建立数学模型的基础. 因此通过建立模型、分析模型、求解模型、解释规律等过程，引导学生理解函数才是最好的学习途径.

2. 对必修课程与选修课程的关系及具体内容的界定不够清晰

选择性是这次课程改革最大的变化之一. 1990 年的教学《大纲》中，将普通高中的课程分为必修课和选修课两部分，设计了文科系列和理科系列的课程. 在《标准》中加大了选择性的力度，这是这一轮课程改革最大的变化之一. 理解新的数学课程《标准》，一定要认真的体会选择性. 这是设计课程《标准》的一个基本理念.

有些数学内容在必修和选修中都有，必须搞清它们之间的关系. 比如立体几何，在必修 2 中仅要求学生掌握“立体几何初步”，这部分以三个载体（三视图、直观图、点线面位置关系）帮助学生认识空间图形及其位置关系，建立空间想象能力，并在几何直观的基础上，初步形成对空间图形的逻辑推理能力. 这对所有学生来说属于基本要求，但对希望在理工等方面发展的学生来说，还需学习“空间中的向量与立体几何”. 这部分内容借助向量定量地研究空间图形的位置关系与度量问题，必修中的内容会在这里得到应用，而以前的定理、计算等内容在这都会用新的方法处理. 在教学中，教师应注意不同内容的定位差异，不要在必修课程中就要求学生达到选修水平，加重学生负担.

3. 对于《标准》中一些新增内容不熟悉，或停留在单纯知识的层面

新标准下，几乎没有一个中学教师能熟悉每个专题和模块，很多内容对中学数学教师来说都是陌生的. 现学现教是对学生不负责的做法，因此教师应提前熟悉这些新增内容. 比如必修课中的算法内容，可以先看教材内容，再做遍书上的每个题目，然后参考教辅用书、期刊杂志或网络上的相关内容，并做必要的笔记.

4. 对选修 3 系列、选修 4 系列的内容有畏难情绪

作为学习者，学习知识是重要的. 同样的，开阔视野、增长见识也是不可忽视的，有时这些是无形的，是在不经意中积淀的，但是它们的作用确是长久的、巨大的. 选修 3 和选修 4 为学生开阔视野、增长见识提供了一个开阔的空间.

选修 3 和选修 4 系列中有很多内容来自大学数学，有些甚至大学数学中也没有，因此很多学校和教师有较大的畏难情绪，这可以理解，但这不能成为忽视甚至不开设这些课的理由.

对于选修 3、选修 4 的开设，教师应制订一个“开设部分选修 3、4 课程”的计划，提高自己的数学素养. 可以先开设一个自己熟悉的专题，同时选择一个学习的专题，制订一个学习计划，包括：专题结构、内容理解、问题思考、习题解答、知识拓展、读书报告，以及学生可能出现的问题，等等. 然后再开设自己学习的专题，积累经验；同时再学习一个新专题. 如此下去，逐渐形成自己的特色.

数学教研组可以制订“数学学科选课发展规划”，根据不同教师的特点、爱好，分工合作，可以组织相同专题的备课小组. 经过二三年的建设，逐渐形成本校选课特色. 同时利用校外的资源，建立校际合作关系或利用网络资源，建立交流网络平台.

选修 3 和选修 4 不应成为摆设，应看成是提高教师数学素养的平台和途径，通过开设它们达到提高教师和学生数学素养的目的.

(二) 教材差异问题

教材的差异问题主要体现在以下几个方面:

1. 有的教师还不能把握"标准实验教材"和"《大纲》教材"的差异,往往习惯"《大纲》教材"的要求和教法,这是可以理解的,但需要根据《标准》的要求做适当的调整. 要更好地把握"标准实验教材"和"《大纲》教材"的差异,不能仅仅局限于教材之间的比较,要从《标准》和《大纲》的比较上来思考.

2. 由于种种原因,新编实验教材和《标准》还存在着一定的差异,这一情况在不同教材中都有反映. 有的内容的练习和习题超出了《标准》的要求,使得教师感到无所适从,于是索性加码加点,造成教师和学生的负担都加重. 我们应相信,随着一标多本的出现,今后高考命题将不会以教材为本,而是以标准为本.

3. 不同版本的实验教材之间也存在着内容多少、难度深浅等方面的差异,有的教师就按照最多的和最深的教材讲(简单地做了"并集"),加重了自己和学生的负担. 一般说来,教学应按照所教版本进行,如另外的处理方式对解题可能产生影响,则可适当地告诉学生. 对于新增内容,教师在备课时可参考其他版本,加深理解,但应注意适度,适合所教学生,要考虑到学生的接受能力和课时量. 要认识到,不是把自己知道的都教给学生才是好教师.

4. 实验教材的培训还不很到位,造成教材与实际教学的差异. 使得新课程理念难以落实,特别是具体的操作性问题,培训更显不够. 解决这一问题需要建立一个持续的教材培训机制,这是给出版社和编写组提出的一个富有挑战性的问题.

(三) 教学中的问题

教学中存在着两个最突出的问题:(1) 围绕着考试的"题型教学"没有得到改变;(2) 高容量、高强度的课堂教学和练习压得学生"透不过气"来. 很多教师希望改变这种状况,但是非常担心,一旦改变是否会影响学生的学业成绩.

新课程实施中,教师应更多地关注学生通过对数学概念、原理及其相互联系的内在理解,更好地把握高中数学,从而使学生在高考中取得好成绩成为教学的自然结果,而不是像过去那样搞大运动量的机械训练. 在追求高考好成绩的过程中,不能涸泽而渔,以消耗学生资源(包括智力、身心资源)为代价换取高分,要关注学生的可持续发展.

新课改的成果如何,与评价机制即高考怎么考密不可分. 我们可以预计在课程改革这个全国教育的大方向面前,高考只会改变得越来越符合新课程的要求,新高考应该与目前的课堂教学相匹配.

对数学学科来说,教师追求的不应是学生会解几道题,而是学生在掌握数学知识的过程中,培养他们对数学的兴趣、情感,特别是理性精神!

三、高中数学新课程教学实施意见

针对前面提到的一些问题，对于新课程教学提出以下意见.

（一）吃透课程标准，理解模块教学

教师在新课程教学的备课时，不光要备教材，更要学习研究《标准》，避免出现对课标已不要求的内容费时费力；要求降低的内容提高要求；要求的重点内容强化力度又不够. 因此，认真研究新课标、钻研新教材是摆在我们每一位高中教师面前的一项重要的任务. 虽然教材大部分内容没变，但毕竟增加了部分新知识，当然更重要的是，要转变教学观念，改变教法，尽快与《标准》提出的全新的课程观、教学观、学习观的要求相吻合.

新课程实行模块教学是为了最好地实现学生对课程的选择性，满足学生的个性化的发展需求，这是一个重大的改革，是先进理念的体现. 同时模块也是相对较为完整的一个学习单元，而不仅仅是知识体系的链接. 学生在模块课程中所获得的不再是一个个孤立的知识点，而是一种在主题统摄之下的结构化的知识框架，这是一种结构化的课程体系. 因此教师在教学中要深入理解各模块的主题，所有的教学活动都围绕主题开展，避免学习过程过于发散，导致主题的迷失. 对各模块进行合理的组合，把握好模块主题的呈现方式与呈现时机，力求以新颖的方式、在恰当的时机向学生呈现每个模块的主题，促进学生对主题的理解.

过去教师备课可能只是备知识点，就是这一节课有多少个知识点，我把它备到了，然后拿例题去演算. 这是我们平时上课容易操作的形式. 但在模块教学中应从不同的维度来整体把握这个课程，实行单元备课，这个知识点的前后联系的情况，以及知识的前后联系，还有学生到底有什么样的知识水平. 在这种情况下，还要备一些方法. 这样也能有效地解决课时紧张的问题. 比如斜率这个概念在数学 2 中首次出现，这时是理解为直线上点的纵坐标对横坐标的变化率，在数学 4 中再次用三角函数的正切来定义斜率，到数学 5 时再用向量学习到直线和 x 轴正方向的夹角. 到了微积分，再次出现斜率的概念. 那么在讲这个概念之前，就要想清这样的联系，在教学中就要注意怎样挖掘这个概念的一个深度，也就是说从不同的维度去想这个概念，在不同的学习时段把握好标高.

（二）优化课堂教学，转变学习方式

在新课程理念中有很多新的教学方法，如探究式、发现式、问题式、合作式教学法. 我们在教学中要注意各种教学方法的有机结合，而不仅仅是套上一个新课程理念的名称而已. 应该说在现行的班级授课制下，接受学习仍然是学生学习的主要方式，但我们要改进这种学习方式，一是在接受学习中通过创设适当的教学

情境提高学生的学习兴趣,二是辅以发现式、探究式等新的教学方法.探究性学习不排除接受性学习,且探究性学习也离不开接受式学习,两者看似矛盾,实际却是相辅相成的,探究过程是在已有知识体系的支撑下提出问题—假设、猜想—分析、论证.两者是互补关系,相得益彰.

在数学概念与理论的教学中,要引导学生亲历知识的发生、发展过程,即数学模式的建构过程,以培养学生的原创性思维.教学中要注意以问题引导学生学习,让学生通过探索、反思、修改、完善,经历曲折和反复,使学生真正理解一个数学问题是怎样提出来的,一个数学概念是如何形成的,一个结论是怎样探索和猜测到的,以及是如何应用的.通过问题激发学生的兴趣与思维的积极性,给学生尝试成功的机会,让学生从中体验数学的过程和品尝成功的快乐.

教学中要注意把自主学习和合作学习相结合.根据建构主义理论我们认为学生要获得知识必须通过自己主动去建构,因此教学中要强调学生的自主学习,但同时我们要注意课堂教学应在学生自主获取,理解数学概念和原理的基础上,鼓励他们对自己所获得的知识及思考进行交流和分享,这样做的好处一是促进学生对数学知识更深入的理解,二是形成一个良好的"学习共同体",以促进全班学生共同发展.

对于现代信息技术手段的使用,在教学中要分清主次,应认识到这一手段是为学生更好地理解数学知识及原理服务的.信息技术可以促进某些数学对象的形象化、数学关系的显性化,对于提高学生的数学思维有很大的促进作用,可以提高学习效率.但不能一味地追求"高科技",盲目的滥用.教学中要发挥信息技术手段的长处,真正实现信息技术与数学教学的有机整合,提高学生对数学本质的认识.

总之教学要讲求效益,教师要有时间与效益的观念.要从学生整体利益出发,提倡为学生节省时间,每一道习题都要有明确的训练目的,教师在课堂上的每一句话都必须一言中的,反对课堂中无效的教学行为.提倡爱护学生身心健康,反对用过分耗费学生的时间、精力去换取成绩.提倡教师最大限度地因材施教,分层教学,反对缺乏针对性的低效教学.

(三)重视思想方法,关注数学文化

数学教学绝不是解题教学,在教学中要注重数学思想方法的渗透.数学思想方法是中学数学教学的深层内容,既是数学教学的基本内容,又是中学生应该掌握的重要思维方法,掌握数学思想方法可以使学生受益终生.《标准》中明确指出双基包括数学概念和结论中蕴含的数学思想和方法.但应注意到数学思想方法尽管蕴含于数学知识之中,但若不将其显性化,学生也是难以领悟的.因此教师在教学过程中必须不断渗透有关的数学思想方法,才能使学生在数学学习过程中领悟到数学思想方法.

众所周知，数学思想的本质是哲学思想.数与形的结合体现了事物的普遍联系；化归思想体现了矛盾的转化思想；分类讨论体现了具体问题具体分析的思想；另外，从特殊到一般、从简单到复杂、从具体到抽象等又都是认识事物和解决问题的一般规律.在数学教学中应当以问题为载体，教师应通过对问题的分析和解决，及时升华出数学思想，总结出一般规律.学生学习和掌握的是这种思想和规律，而不仅仅是孤零零的一个个问题的解题思路.否则，学生只见树木，不见森林，难以进行知识的迁移.

在进行数学思想方法的教学中需遵循以下原则：渗透性原则、反复性原则、系统性原则、明确化原则.渗透就是要把教材内容蕴含的数学思想方法与教材内容有机地结合起来，使学生在潜移默化的过程中领悟并学会运用这些数学思想方法去解决问题；对同一数学思想方法应该注意其在不同知识阶段的再现，以加强学生对数学思想方法的认识；在反复渗透的过程中，利用适当的机会，对某种数学思想方法进行概括、强化和提高，并对它的内容、名称、规律以及运用方法适度明确化；同时，应在整个高中教学中明确各阶段对数学思想方法的要求，最终建立数学思想方法的结构体系.

数学是人类文化的重要组成部分，是人类社会进步的产物，也是推动社会发展的动力.《标准》要求：数学课程应帮助学生了解数学在人类文明发展中的作用，逐步形成正确的数学观.体现数学的文化价值是高中数学新课程的一个基本理念.

在教学中我们可以结合教学内容，不失时机地介绍数学文化的相关内容，将数学成果的介绍与学生的学习、实践融为一体等，让学生通过学习不仅在数学知识和能力方面得到提高，而且能够感受到数学文化的熏陶，逐步地认识数学的科学价值和人文价值，提高科学文化素养.同时，我们应注意对数学深层次文化内涵的渗透.教学时不仅关注数学自身的每个知识点，而且要把它放在一个更大的背景下认识数学文化的价值，以良好的数学文化价值观来审视数学，使数学教学真正体现数学的文化价值.如通过数系的扩充让学生领略“数”的内涵是如何随着数扩展而丰富多彩，数概念的扩展是如何遵循和谐统一这一美学创造原理的.因此要在平时的每堂课上将数学文化的渗透落实在知识点上，让学生在数学学习中默默感受数学文化的力量，提高对数学的欣赏水平，形成正确的数学观.

案例分析

【案例】

高三立体几何复习课(由云南民族中学唐敏老师执教)①

学生经过一段时间的复习,对高中立体几何中的一些基本定理的应用和基本问题的解决方法已经比较熟悉.对于立方体之类的题型,也已经有了一定的接触.解决这一类问题基本上都要涉及三垂线定理以及直线与平面的位置关系.这节习题课的目的就是使学生通过学习,掌握空间直线与平面的位置关系的判断和证明.

这节习题课从一个问题开始(课前已经把印有相关内容的答卷发给每位学生).

立方体有 8 个顶点和 12 条棱,取各棱的中点与顶点,共 20 个点(如图 4-1).在这 20 个点中,任取两点作一条直线,取不在一条直线上的三个点作一个平面.请同学们找出一条直线和与该直线垂直的一个平面,要求尽可能多的举出例子.

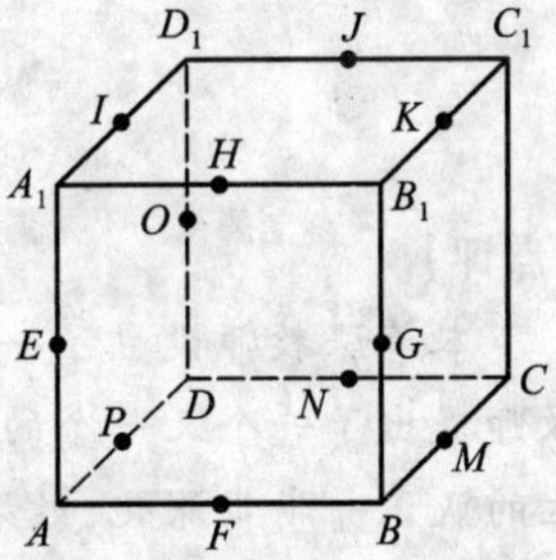

图 4-1

学生按小组形式活动,在答卷上画出了若干图形.教师巡视指导,从中挑选出几种具有代表性的图形画在黑板上(如 4-2 图).

第一阶段,教师针对五个图形提问:这五个图是否都满足要求?如果是,给予证明;如果不是,说明原因.经过热烈讨论,学生口述证明,教师进行归纳总结.

第二阶段,学生从图形中可以发现,这几个图所表示的情况有些是重复的,只是观察的角度不同罢了.由此,下一步就得解决,怎样避免出现重复的情况.

第三阶段,在找与一已知直线垂直的平面时,学生发现,与一直线垂直的平面有许多个,而且这些平面都互相平行.因此,找到一个与已知直线垂直的平面,就可以得到几个都与该直线垂直的平面.

最后,教师进行总结.解决这类问题的思路是:找直线→找与已知直线垂直的两条相交直线→由两条相交直线作平面→找平行平面.

---

① 吕传汉等.中小学数学情境与提出问题教学探究.贵州:贵州人民出版社,2002. 270-278

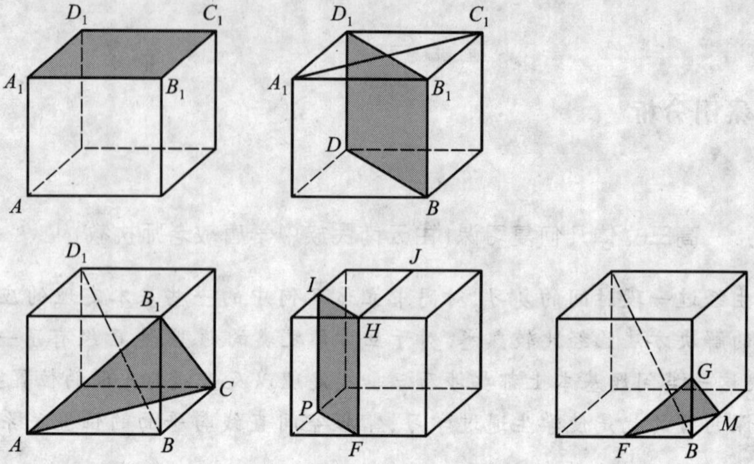

图 4 – 2

【点评】

本节课教师设置了一个较为开放的情境，为了帮助学生解决情境中的问题，教师提出了一个又一个的问题，就像是给学生提供了一个又一个的脚手架，使学生的认识一步步深化，效果很好.

第一阶段的讨论让学生明确了证明线线垂直、线面垂直、面面垂直的一般方法. 同时在学习的过程中掌握了“否定一个命题只需要举出一个反例”的证明方法.

学生自己总结出的问题，主要是找直线. 而为了避免出现类似情况，就得对这些直线进行分类. 通过活动发现，分析在面上和不在面上的共十条直线就可以解决问题了. 由此，找直线与平面垂直，转化为找与已知直线垂直的两相交直线即可.

教师提出的问题(或支架)呈递进式，后一问题是前一问题的深化，通过这种支架，使学生对相关知识的理解一步一步加深，最终达到教学目标.

资源链接

1. 唐瑞芬. 数学教学理论选讲. 上海：华东师范大学出版社，2001. 13 – 67

本书从理论到实践的不同侧面探讨数学教学的基本原理，在第一章中详细阐述了“现实数学”、“数学化”、“再创造”、“初等化”、“建构主义”等教学理论.

讲解深入浅出，每一理论后均附有实例予以说明，适合中学教师继续教育使用.

2. 张奠宙. 中国数学双基教学. 上海：上海教育出版社，2006. 50 – 120

这是我国系统研究“数学双基教学”的第一部学术专著. 本书由国内外著名数学教育专家以及一线数学教师执笔写成，在理论和实践上对“数学双基教学”的历史形成、文化背景，阐述其特征，借助一系列的调查测试，以及大量的教学案例，反映了当前“数学双基”的现状.

3. 张金良，朱成万. 对浙江省高中数学新课程实验的调查与思考. 教学月刊（中学版），2007(3)：5 – 10

本文通过对参加浙江省高一（下）新课程课前备课培训会的 186 位教师进行现场问卷调查，对课程标准、实验教材、教学情况作了全面调查并得出六个结论，同时提出六点思考意见，文后并附调查问卷，可供大家参考.

教学反思

【反思文章】

新课改的思考①

新课程理念的春风已刮遍教坛这方热土，而改革效果究竟如何？笔者就此进行了观察，发现其中隐藏着另外一种声音：当心新课改从一种极端走向另一种极端.

不可否认，新课改的初衷得到了许多教育界有识之士的认可，希望能给教师，尤其是学生更大的学习空间. 但新课程的理念“关注每一个学生”在实际操作中却很难实现，而且客观上更难做到，试想在一个四五十甚至七八十人的课堂中任课的教师真能做到关注每一位学生吗？而它提倡的自主探索和小组合作同样很难落实，反而有可能产生新的“两极分化”：强的更强，弱的更弱，甚至有的学生可能因此而放任自流.

反响更强烈的是课堂教学，比如说，新课程把“教学方式的转变”的成败视为新课改成功与否的标志之一. 而在“教学方式的转变”中，特别将“自主、合作、探究”作为重点进行倡导. 但是，“自主、合作、探究”的课堂是怎样的课堂呢？这就需要每位教师进行长期的实践. 我们看到许多“新课改公开课”、“研讨课”，一讲“合作”就是“小组”，什么课都是小组讨论，什么问题都要通过小组讨论解决，

① 吴雷冰，浙江文成玉壶中学.

而很少考虑这样的话题是否有讨论的价值.从组织形式上来说,小组合作学习是一种先进的学习模式,是一种小型的学习组织,但我们在课堂上常常看到小组学习处于一种“无政府状态”,没有游戏规则,乱哄哄一团,很少有实质性的讨论.结果,“小组讨论”成了课堂上的“放羊”.更有教师认为“新课程的课就是要新”,于是在课堂上花样百出,变来变去的手法奥妙无穷,却明显忽视了基础知识与基本技能的教育.这样的课,学生高兴是高兴了,快乐是快乐了,但是没有用,教师在课后还得用更多的时间去补课,因为学生在课上并没有掌握什么.一位资深的教育工作者忧虑地说:“千万不要出现被新课程耽误的一代孩子啊!”的确不无道理.新课程的价值取向是民主,新课程呼唤新型的师生关系,有些教师就认为现在的课只要“放”就是好课,却忽略了课堂的秩序——秩序的重构不是打破了再重构,而是在建设的过程中发展.

但是,新课改不是天外的“飞碟”.从历史的角度看,新课程是一项长久的事业,它不可能一蹴而就,更不可能“一抓就灵”,它需要在长期的实践中不断地完善与丰富.教育其实是一项寂寞的事业,教育的业绩总是在寂寞中创造的,国外的课程改革也没有在一两年间就“取得辉煌”的,历史需要时间的积淀.撒下汗水,将收获希望;不懈努力,开拓进取,新课改就会有更加辉煌的明天.

【反思探究】

课程改革不能割裂课程历史.双基是中国数学教育的优势和传统,在新一轮课程改革中,不能从一个极端走向另一个极端.新教材的特点是:突出学生是主体,教师为主导;突出双基,删除过时的内容并且补充适合学生发展和社会进步的新内容,注重对数学思维能力的提高;强调发展学生的数学应用意识;体现数学的文化价值;注重现代信息技术与课程的整合.较好的把握了新的课程标准对高中数学内容的要求.在教学中,要求教师以课标为纲,创造性地使用教材,即用教材教而不是教教材,还应该确保双基的落实.高中数学新课标指出:“我国的数学教学具有重视基础知识教学、基本技能训练和能力培养的传统,新世纪的高中数学课程应发扬这种传统.”“随着时代和数学的发展,高中数学的基础知识和基本技能也在发生变化,教学中要与时俱进地审视基础知识和基本技能.”教师应深刻理解课标对双基的要求,注意双基的发展变化和新的内涵,围绕落实双基,设计教学过程,设计教学评价,设计练习与测试.在新课程的实施中,使数学教学更有效地扎实双基、发展思维、培养能力,提高教学质量.

在新课程教学实践中,如何把握双基与创新的关系?课堂教学中集体讲授与小组讨论两种教学方式如何有机结合?教师主导与学生主体两者之间怎样真正体现在课堂教学中?这些都是值得我们深思的问题.

第5讲
高中新课程与数学教师的素养

思考研讨

1. 谈谈你对高中数学教师“数学素养”的认识?
2. 联系实际分析自己在哪些专业素养方面还有待提高?
3. 如何提升高中数学教师的专业素养?

理论概述

《普通高中数学课程标准(实验)》提出的高中数学课程的总目标是:“使学生在九年义务教育数学课程的基础上,进一步提高作为未来公民所必需的数学素养,以满足个人发展与社会进步的需要.”要理解和把握好总目标,就必须研究一个核心概念:数学素养.

一、什么是数学素养

数学素养是课改中出现频率较高的一个词,但什么是数学素养,课程标准没有给出明确的定义.下面的内容有助于大家理解数学素养的内涵:

南海科协副主席,南海电大教授邱崇光先生认为:

数学素养属于认识论和方法论的综合性思维形式,它具有概念化、抽象化、模式化的认识特征.具有数学素养的人善于把数学中的概念、结论和处理方法推广应用于认识一切客观事物.

由 OECD(经济合作组织)组织的“国际学生评价项目”(Programme for International Student Assessment,PISA)这样界定数学素养:

数学素养是一种个人能力,学生能确定并理解数学在社会中所起的作用,得出有充分根据的数学判断和能够有效的运用数学.这是作为一个有创新精神、关心他人和有思想的公民适应当前及未来生活所必需的数学能力.

基于以上对数学素养的认识与界定,PISA 在对学生数学素养的测评时主要从四个领域展开,即数学技能、主要的数学概念、数学课程因素、数学情境.其中,数学技能和主要的数学概念为主要领域,涉及评价的范围和熟练程度;数学课程因素和数学情境则是次要领域,是为了确保测评具有充分的覆盖面以及所选择的评价任务的平衡分布.

数学素养是数学学科所固有的内蕴特性,是在人的先天基础上,通过后天学习,将获得的数学知识技能、数学思想方法、数学能力、数学观念和数学品质融于身心的一种比较稳定的心理状态.

二、高中数学教师的专业素养

要完成高中数学课程标准的总目标,要提高高中学生的数学素养,显然必须提高高中数学教师的数学素养,这是新课程对每一个高中数学教师的基本要求.基础教育课程改革,使中学数学教育在其目标、课程、内容、方法手段、评价等方面都发生了变化.面对 21 世纪数学教育改革的挑战,高中数学教师在提高数学素养的同时,还必须更新教育观念,广泛摄取各种新知识,不断提高教学能力和科研能力,不断提高数学教师的专业素养,这已成为世界各国发展数学教育的重要课题.高中数学教师的素养应包括思想态度、知识、能力等几个方面,大致有以下内容:

(一)思想态度方面

数学教师不仅要教学生知识,更重要的是教学生做人,教师的一言一行都在影响着学生的发展,因此,数学教师同样应该:

在政治方面,具有明确的政治方向,热爱祖国,拥护共产党,拥护社会主义;

在态度方面,要热爱教育事业,热爱数学教学,有强烈的事业心;

在思想方面,应具有科学的世界观和积极的人生观,具有现代的数学观和数学教育观;

在工作方面,应有实事求是,认真负责,勇于创造的精神;

在道德和心理品质方面,要热爱学生、尊重学生,做学生的良师益友;

在性格方面,要开朗乐观,善于和同事合作与交流;乐于助人,具有健康的心理和自我调控能力.

(二)数学教师的知识方面

理想数学教师的知识结构是由广博的科学文化基础知识,精深的数学专业知识和系统的数学教育科学知识三个部分组成.

1. 普通科学文化基础知识

数学与生产、生活和科学技术有着密切的联系，数学教学中如创设问题情境，生动的比喻和联想，知识的应用，研究性学习等都可能需要涉及普通文化知识. 同时，我们强调数学与信息技术的整合，与其他学科的联系，这些都要求高中数学教师对人文社会科学、自然科学以及文化各方面的知识有所知晓，要求教师兴趣广泛，并且懂得唯物辩证法和古今中外的科学思想.

2. 广博而扎实的数学专业知识

大学教授和博士的数学知识常常集中于某个分支，在这个分支，他们的知识非常丰富，但对中学数学教师的要求却不一样，普通高中数学教师，其数学素养应该是非常广泛的，不仅通晓初等数学理论，而且熟悉数学科学其他的各个方面，如数学史、数学思想方法、数学哲学等. 此外，还应对每一个大的数学分支都有所涉猎，懂得这些分支的基本概念与原理、基本的思想与方法、主要解决的问题以及理论产生的历史背景等. 在即将进入的新课程中，高中数学安排了很多以前未开设的课程，如数列与差分、球面上的几何、对称与群、开关电路与布尔代数、统筹法与图论初步等，这些都要求高中数学教师进一步学习数学知识，提高数学理论素养，以适应新课程的教学要求（本篇下面的专题和本套书的《高中数学新课程教学研究》，针对高中新课程增加的内容，专门安排了提高数学教师知识理论素养的内容）.

3. 系统的数学教育科学知识

中学数学教学是一项非常复杂的工程，21 世纪的数学教师，应是具有数学专业和教育专业的复合型人才. 因此，他们除具备精深的数学专业知识，具备足够的数学素养外，还应具有数学教育心理学素养和数学教学理论素养，还应提高数学教育学、数学教育哲学、数学教育心理学、数学教学论、数学学习论、数学教学评价等数学教育理论学科的知识素养和应用技巧.

（三）数学教师的能力方面

数学教师的能力可分为数学能力、数学教育能力和数学教育研究能力三个层面.

1. 数学能力

数学教师的数学能力主要包括：数学运算能力、数学思维能力、数学审美能力、数学表达能力、数学学习能力.

2. 数学教育教学能力

数学教师的数学教育教学能力主要包括：

分析处理数学教材的能力（不仅包括对教材内容的处理驾驭能力，还包括对不同版本教材内容的比较、分析、选择和使用）；数学教学设计能力（在分析教材和学生学情的基础上,教学前需对教学进行总体规划);数学教学实施能力(对教学设计的落实,包括评价学生情况、处理课堂中的问题、及时调整教学设计等,需要教师具有情感交际能力,心理换位能力和移情理解力,数学组织、监控能力和运用现代教育技术的能力等);数学教学评价能力(这是与数学教学设计能力和数学教学实施能力紧密联系在一起的使教学顺利进行的前提和基础,通过评价来设计、调整、反思整个教学活动);数学教学反思能力(这是新课程非常注重和提倡的能力,数学教师教学的优劣不单单取决于理论知识的多寡,更重要的是实践经验与教师缄默化知识的积累.教师要从新教师和经验型教师成长为研究型教师,没有对教学的反思是不可能的).

3. 数学教学研究能力

一名数学教师的教学研究能力应包括:

搜集资料、开发信息、选择和提出课题的能力;设计实验过程和运用自然科学研究方法、现代化手段进行研究的能力;科学论证和撰写论文、报告的能力;创造性开发、转化教育科学研究成果的能力.

三、高中数学教师专业素养提高的途径

我国基础教育课程改革不仅是教学内容、教学方法方面的改革,更主要的是教学目标、教学理念的更新.随着改革的逐步推进,广大教师认识到传统的教学思想和教学方法越来越不能实现教学的目标任务,教师职前培养的功效是有限的,必须与时俱进,不断提高自己的专业素养,才能保证新课程的教学质量.教师的专业发展是世界教师教育改革和发展的趋势,也是我国教师教育中的一项重要内容.

目前,我国教师专业发展的途径主要有:在职培训、攻读学位和自学反思等.对每一个教师来说,一定要把握好培训和进修的机会,努力提高自己的专业素养.本书作为高中数学教师的培训丛书,下面几讲和本套书的《高中数学新课程教学研究》,将集中对高中数学课程标准实验教材即将开设的部分新课做一些研究,力图在知识上和思想方法上给教师们以尽可能多的帮助,以提高我们的数学素养,满足新课程教学的要求.但培训和进修的机会毕竟是有限的,更多的更可行的还应是自己的日常学习,要树立不断提高自己素养的信念,主动学习,密切关注教育教学的新成果、新理论,并将它们用于指导我们的教学,通过日常每一堂课的教学、同事的教育经验交流和自我反思,汲取“往往是隐形的、情境化的,难以用语言表达的”体会和经验,丰富和提高自己的专业素养.

案例分析

【案例】

《向量数量积的物理背景与意义》教学设计①

一、教学目标

1. 知识与技能

(1) 了解数量积的物理背景——“力做功”,让学生通过熟悉的物理背景感知数学问题,便于学生接受和理解.

(2) 理解两个向量夹角的概念,会求两个向量的夹角.

(3) 理解向量在轴上正射影的概念,会求向量在轴上的正射影.

(4) 理解向量数量积的定义及其性质,并能用定义及性质解决简单问题.

(5) 应用向量的数量积处理有关长度、角度及垂直问题.

2. 过程与方法

(1) 通过引进“力做功”这一物理背景,加强课程整合的能力.

(2) 借助物理背景,感知数学问题,探究知识的来龙去脉.

(3) 通过学习数量积定义及性质,提高应用知识解决问题的能力.

3. 情感、态度与价值观

(1) 通过学生的主动参与,师生、生生的合作交流,提高学生的学习兴趣,激发学生的求知欲,培养探究精神.

(2) 树立学科之间相互联系、相互促进的辩证唯物主义观点.

(3) 掌握数形结合以及转化的数学思想,培养学生探索的能力和创新的精神.

二、教学重点与难点

重点:向量的数量积的定义及其性质;

难点:对向量数量积的定义及其性质的理解和应用.

三、教学方法

通过创设情境,激发学习热情;由问题入手,引出向量夹角及向量在轴上正射影两个预备知识;教师讲解数量积的概念;师生、生生交流探索发现数量积的几何意义及性质;通过 8 个判断题进行概念的深化;通过 3 个例题发展认知,巩

① 济南市教研室编. 数学教学案例分析. 济南:山东教育出版社,2005. 220

固提高；通过反馈练习查缺补漏；最后总结反思，求异探新.

四、教学过程

教学环节	教学内容	师生互动	设计意图
提出问题	【问题1】前面已经学过：向量加法、减法、实数与向量的乘法，它们的共同特点是什么？与实数的运算有没有区别？ 【问题2】如图1，一个力 $\boldsymbol{F}$ 作用于一个物体上，使该物体获得位移 $\boldsymbol{S}$. 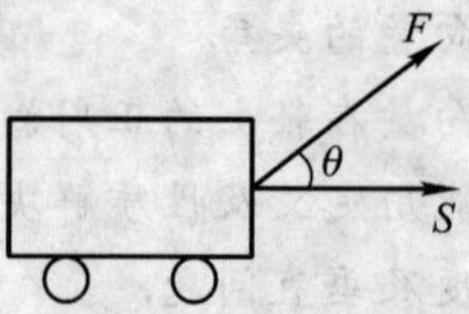 图1 （1）如何计算这个力所做的功？ $W=\|\boldsymbol{S}\|\ \|\boldsymbol{F}\|\cos\theta$. （2）如何从数学的角度来理解这个公式呢？ ① θ 的意义是什么？ ② $\|\boldsymbol{F}\|\cos\theta$ 的意义是什么？ ③ $\|\boldsymbol{S}\|\cos\theta$ 的意义是什么？	教师提出复习问题，学生思考，请一至两个同学回答，教师做简单讲评. 教师创设问题情景，学生积极思考，可以相互讨论.	向量的加、减、数乘的共性是结果仍然都是向量，然而数量积不是. 通过力做功这个物理背景，使学生带着问题进入下一步的学习，从而激发学生的学习兴趣. 下面将围绕①②③三个问题展开教学.
概念形成	1. 两个向量的夹角 已知非零向量 $\boldsymbol{a}$ 与 $\boldsymbol{b}$，作：$\overrightarrow{OA}=\boldsymbol{a}$，$\overrightarrow{OB}=\boldsymbol{b}$，则 $\angle AOB=\theta(0\leqslant\theta\leqslant\pi)$ 叫 $\boldsymbol{a}$ 与 $\boldsymbol{b}$ 的夹角. 记作：$\langle\boldsymbol{a},\boldsymbol{b}\rangle$.（如图2） （1）注意在两向量的夹角定义中，两向量必须是同起点的. 范围 $0\leqslant\theta\leqslant\pi$. （2）当 $\theta=0$ 时，$\boldsymbol{a}$ 与 $\boldsymbol{b}$ 同向. （3）当 $\theta=\pi$ 时，$\boldsymbol{a}$ 与 $\boldsymbol{b}$ 反向. （4）当 $\theta=\dfrac{\pi}{2}$ 时，$\boldsymbol{a}$ 与 $\boldsymbol{b}$ 垂直，记 $\boldsymbol{a}\perp\boldsymbol{b}$.	教师先讲解两个向量夹角的概念. 师生共同探讨加深对概念的理解. （1）非零向量. （2）向量同起点. （3）范围. （4）特殊情况.	为了解决 θ 的意义是什么的问题，教师给出概念，师生共同探讨，加深概念的理解，最后由教师强调易出错的问题.

续表

<table>
<tr><th>教学环节</th><th>教学内容</th><th>师生互动</th><th>设计意图</th></tr>
<tr><td></td><td colspan="3">

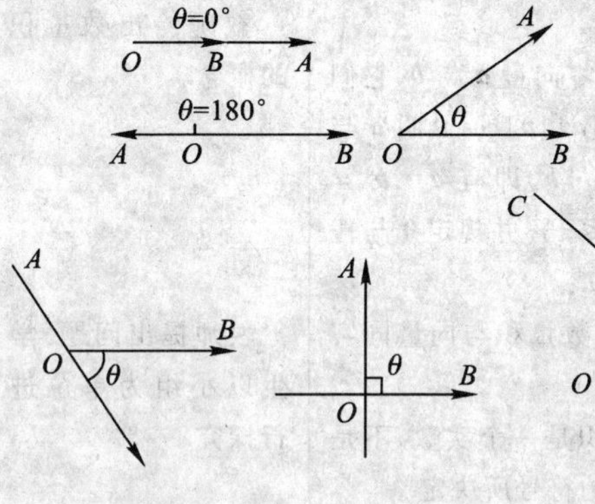

图2

</td></tr>
<tr><td>概念形成</td><td>

2. 向量在轴上的正射影

(1) 概念：已知向量 $\boldsymbol{a}$ 和轴 l，作 $\overrightarrow{OA}=\boldsymbol{a}$，过点 O,A 分别作轴 l 的垂线，垂足分别为 O_1,A_1，则向量 $\overrightarrow{O_1A_1}$ 叫做 $\boldsymbol{a}$ 在轴 l 上的正射影.(如图3)

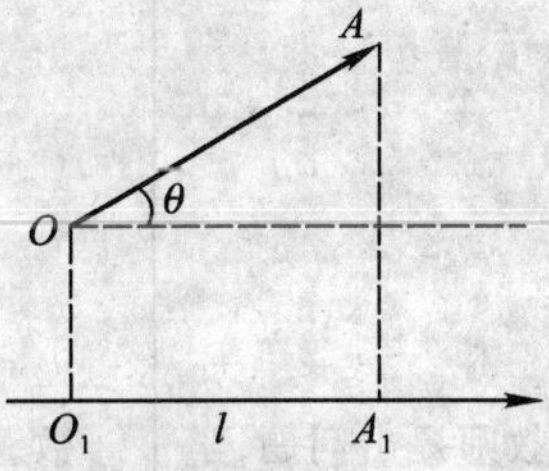

图3

(2) 正射影的数量：

$a_l=|\boldsymbol{a}|\cos\theta$

(3) ① $\theta=0$ 时，$a_l=|\boldsymbol{a}|>0$；

② $0<\theta<\frac{\pi}{2}$ 时，$a_l=|\boldsymbol{a}|\cos\theta>0$；

③ $\theta=\frac{\pi}{2}$ 时，$a_l=0$；

④ $\frac{\pi}{2}<\theta<\pi$ 时，$a_l=|\boldsymbol{a}|\cos\theta<0$；

⑤ $\theta=\pi$ 时，$a_l=-|\boldsymbol{a}|<0$.

</td><td>

为了解决 $|\boldsymbol{F}|\cos\theta$ 的意义是什么的问题，教师给出向量在轴上的概念.

在正射影的概念的基础上给出正射影的数量的概念.

在两个概念的基础上，学生自主探索发现夹角和正射影数量的关系. 教师可来回巡视，进行指导.

</td><td>

由于概念比较抽象，所以采取教师讲解，师生交流的方式.

区别正射影与正射影的数量两个概念.

学生在已有知识的基础上，自主探索发现，发展认知，提高自主学习的能力.

</td></tr>
</table>

续表

教学环节	教学内容	师生互动	设计意图
概念形成	3. 数量积的定义 概念:已知两个非零向量 $\boldsymbol{a}$ 与 $\boldsymbol{b}$,它们的夹角是 θ,则数量 $\|\boldsymbol{a}\|\|\boldsymbol{b}\|\cos\theta$ 叫 $\boldsymbol{a}$ 与 $\boldsymbol{b}$ 的数量积,记作 $\boldsymbol{a}\cdot\boldsymbol{b}$,即有 $\boldsymbol{a}\cdot\boldsymbol{b}=\|\boldsymbol{a}\|\|\boldsymbol{b}\|\cos\theta$,$(0\leqslant\theta\leqslant\pi)$. 并规定 $\boldsymbol{0}$ 与任何向量的数量积为 0.	教师给出数量积的概念.	由于概念比较抽象,所以采取教师直接给出的方式.
	探究:两个向量的数量积与向量同实数积有什么区别? 两个向量的数量积是一个实数,不是向量,符号由 $\cos\theta$ 的符号所决定.	教师提出问题,学生以小组为单位进行探究.	对于比较复杂的问题. 合作学习将有利于提高学生的学习效率.
	探究:两个向量的数量积与实数积有什么区别? ① 在实数中,若 $a\neq0$,且 $a\cdot b=0$ 则 $b=0$;但是在数量积中,若 $\boldsymbol{a}\neq\boldsymbol{0}$,且 $\boldsymbol{a}\cdot\boldsymbol{b}=0$,不能推出 $\boldsymbol{b}=\boldsymbol{0}$. 因为其中 $\cos\theta$ 有可能为0. ② 已知实数 $a,b,c(b\neq0)$,则 $ab=bc\Rightarrow a=c$,但是 $\boldsymbol{a}\cdot\boldsymbol{b}=\boldsymbol{b}\cdot\boldsymbol{c}\nRightarrow\boldsymbol{a}=\boldsymbol{c}$. ③ 在实数中,有 $(a\cdot b)c=a(b\cdot c)$,但是 $(\boldsymbol{a}\cdot\boldsymbol{b})\cdot\boldsymbol{c}\neq\boldsymbol{a}\cdot(\boldsymbol{b}\cdot\boldsymbol{c})$. 4. 数量积的几何意义 数量积 $\boldsymbol{a}\cdot\boldsymbol{b}$ 等于 $\boldsymbol{a}$ 的长度与 $\boldsymbol{b}$ 在 $\boldsymbol{a}$ 方向上投影 $\|\boldsymbol{b}\|\cos\theta$ 的乘积.	教师提出问题,学生思考.	
	5. 数量积的性质 设 $\boldsymbol{a}\cdot\boldsymbol{b}$ 为两个非零向量,$\boldsymbol{e}$ 是与 $\boldsymbol{b}$ 同向的单位向量. 1° $\boldsymbol{e}\cdot\boldsymbol{a}=\boldsymbol{a}\cdot\boldsymbol{e}=\|\boldsymbol{a}\|\cos\theta$. 2° $\boldsymbol{a}\perp\boldsymbol{b}\Rightarrow\boldsymbol{a}\cdot\boldsymbol{b}=0$. 3° 当 $\boldsymbol{a}$ 与 $\boldsymbol{b}$ 同向时,$\boldsymbol{a}\cdot\boldsymbol{b}=\|\boldsymbol{a}\|\|\boldsymbol{b}\|$;当 $\boldsymbol{a}$ 与 $\boldsymbol{b}$ 反向时,$\boldsymbol{a}\cdot\boldsymbol{b}=-\|\boldsymbol{a}\|\|\boldsymbol{b}\|$. 特别的 $\boldsymbol{a}\cdot\boldsymbol{a}=\|\boldsymbol{a}\|^2$ 或 $\|\boldsymbol{a}\|=\sqrt{\boldsymbol{a}\cdot\boldsymbol{a}}$, 4° $\cos\theta=\dfrac{\boldsymbol{a}\cdot\boldsymbol{b}}{\|\boldsymbol{a}\|\|\boldsymbol{b}\|}$. 5° $\|\boldsymbol{a}\cdot\boldsymbol{b}\|\leqslant\|\boldsymbol{a}\|\|\boldsymbol{b}\|$.	教师提出问题,学生以小组为单位进行探究.	数量积的性质是本节课的重点和难点,所以学生先讨论交流,然后听教师讲解,最后归纳整理.

续表

教学环节	教学内容	师生互动	设计意图
概念深化	① 若 $\boldsymbol{a}=\mathbf{0}$,则对任一向量 $\boldsymbol{b}$,有 $\boldsymbol{a}\cdot\boldsymbol{b}=0$,(√) ② 若 $\boldsymbol{a}\neq\mathbf{0}$,则对任一非零向量 $\boldsymbol{b}$,有 $\boldsymbol{a}\cdot\boldsymbol{b}\neq 0$.(×) ③ 若 $\boldsymbol{a}\neq\mathbf{0}$,$\boldsymbol{a}\cdot\boldsymbol{b}=0$,则 $\boldsymbol{b}=\mathbf{0}$.(×) ④ 若 $\boldsymbol{a}\cdot\boldsymbol{b}=0$,则 $\boldsymbol{a}$、$\boldsymbol{b}$ 至少有一个为零.(×) ⑤ $\boldsymbol{a}\neq\mathbf{0}$,$\boldsymbol{a}\cdot\boldsymbol{b}=\boldsymbol{a}\cdot\boldsymbol{c}$,则 $\boldsymbol{b}=\boldsymbol{c}$.(×) ⑥ 若 $\boldsymbol{a}\cdot\boldsymbol{b}=\boldsymbol{a}\cdot\boldsymbol{c}$,则 $\boldsymbol{b}=\boldsymbol{c}$ 当且仅当 $\boldsymbol{a}\neq 0$ 时成立.(×) ⑦ 对任意向量 $\boldsymbol{a}$、$\boldsymbol{b}$、$\boldsymbol{c}$,有 $(\boldsymbol{a}\cdot\boldsymbol{b})\cdot\boldsymbol{c}\neq\boldsymbol{a}\cdot(\boldsymbol{b}\cdot\boldsymbol{c})$.(×) ⑧ 对任意向量 $\boldsymbol{a}$,有 $\boldsymbol{a}^2=\|\boldsymbol{a}\|^2$.(√)	教师出示 8 个判断题,学生自己独立做出答案,教师提问个别同学进行回答,根据回答情况进行强调和纠正.	通过题目加强对概念的理解.
应用举例	例 1　已知 $\|\boldsymbol{a}\|=3$,$\|\boldsymbol{b}\|=6$, 当① $\boldsymbol{a}/\!/\boldsymbol{b}$,② $\boldsymbol{a}\perp\boldsymbol{b}$,③ $\boldsymbol{a}$ 与 $\boldsymbol{b}$ 的夹角是 60°时,分别求 $\boldsymbol{a}\cdot\boldsymbol{b}$. 例 2　已知 $\|\boldsymbol{m}\|=10$,$\|\boldsymbol{n}\|=12$,$\boldsymbol{m}\cdot\boldsymbol{n}=-60$,则 $\boldsymbol{m}$ 与 $\boldsymbol{n}$ 的夹角是多少? 例 3　证明:平行四边形的两条对角线平方和等于它的各条边的平方和.	教师出示三个例题,学生先自主完成,也可让学生到黑板上板演.最后由教师进行有针对性的讲解.对每一类题目进行总结.	设计三个例题,是为了加强对数量积的定义和性质的应用.对于例题,一定要进行总结和反思,这样能力才有所提高.
反馈练习	1. 已知在△ABC 中,$\|\overrightarrow{BC}\|=5$,$\|\overrightarrow{CA}\|=8$,$\angle C=60°$,求 $\overrightarrow{BC}\cdot\overrightarrow{CA}$. 2. 已知 $\|\boldsymbol{a}\|=12$,$\|\boldsymbol{b}\|=9$,$\boldsymbol{a}\cdot\boldsymbol{b}=-542$,求 $\boldsymbol{a}$ 和 $\boldsymbol{b}$ 的夹角 θ. 3. $\|\boldsymbol{a}\|=5$,$\boldsymbol{a}$ 和 $\boldsymbol{b}$ 的夹角 $\theta=120°$, (1) 若 $\boldsymbol{a}\cdot\boldsymbol{b}=-10$,求 $\|\boldsymbol{b}\|$; (2) 若 $\boldsymbol{a}\cdot\boldsymbol{b}=5\lambda\ (\lambda<0)$,求 $\|\boldsymbol{b}\|$.	学生独立完成,教师核对答案.	通过反馈练习,学生自我检验所学的效果,找出问题,进行弥补.

续表

教学环节	教学内容	师生互动	设计意图
归纳总结	1. 两个向量的夹角. 2. 向量在轴上的正射影及正射影的数量. 3. 数量积的定义. 4. 数量积的几何意义. 5. 数量积的性质. 6. 运用数量积的定义及性质解决问题.	先让学生小结,然后由教师强调补充.	由学生小结体现学生为主体,又使学生养成自我总结,自我反思的习惯.
课后作业	1. 阅读课本,写出本节的知识框架. 2. P116,1、2 题. 3. 完成基础训练上的题 6.	1、2 对全部学生要求. 3 对学习有余力的同学要求.	对不同层次的同学进行不同的要求,有助于提高他们的学习效率.

【点评】

本节课由学生熟悉的物理学上力做功的公式逐步引出两个向量的夹角、射影及向量的数量积等概念,使学生从一开始就感受到数学就在我们身边,数学是解决物理和其他现实世界中实际问题的重要工具,渗透了新课程的理念,有助于调动学生学习的兴趣和积极性.

由于本节课涉及的概念较多,授课教师采用了层层推进,逐个突破,最后解决本质问题的方法,通过类比、变式、提出问题引导学生探究等形式,让学生直接参加到学习过程中来,参与了概念形成的全过程,对学生今后的发展和自主学习能力的培养有积极意义.

另外,我们还看到,对不同的概念,教师采用了不同的处理方式,根据学生实际情况,很抽象、学生理解有困难的概念,教师直接给出;较简单的概念,师生共同探索.但无论采取哪种方式,都十分注重学生对概念本质的理解,通过探究、练习、合作交流、小结等环节,让学生真正完成本节课的目标.

资源链接

1. 王尚志主编. 数学教学研究与案例. 高等教育出版社,2006

第二章(第 40 - 184 页)高中数学新课程必修内容的定位与变化,第三章(第 184 - 313 页)选修 1、2 课程的定位与变化,第四章(第 313 - 331 页)选修 3 课程的作用和定位,第五章(第 332 - 360 页)选修 4 课程的定位,这四章分别对高中数学课程标准实验教材分册进行了分析,就各部分的定位、作用、教学要求、重难点等进行了阐释,尤其是结合例题和案例,生动具体,对高中数学教师数学素养的提高有积极的作用.

2. 徐斌艳主编. 数学课程与教学论. 浙江教育出版社,2003

第二章(第 28 - 101 页)基于数学思想方法的课程教学. 作者在概述了数学思想方法后,分别就化归思想方法、数形结合思想方法、类比思想方法和构造思想方法等结合具体数学实例进行了阐述,对高中数学教师准确理解、掌握和应用于教学实际,提高数学素养有积极意义.

3. 傅海伦主编. 数学新课程理念与实施. 山东教育出版社,2004

第 26 - 37 页,高中数学新课程与教师的发展. 作者在这里从高中数学新课程要求教师转换角色,高中数学新课程为教师的教学方法改革和自身专业水平的提高构建了平台,高中数学新课程要求教师改变常规教学行为,高中数学教师如何适应新课程的教学以及数学教师的主要任务几个方面提出了自己的看法,结合第 38 - 41 页,新课程理念下高中数学教师的职业素质结构,可以帮助高中数学教师更好地联系教学实际提高专业素养.

教学反思

【反思文章】

案例学习——教师提高专业素质的方式之一

新的课程标准,新的教学内容,新的教学理念,新的教学方式和新的师生关系都是我们在高中新课程教学中遇到的新问题. 作为高中数学教师,面对大量的新问题,我们迫切需要迅速提高专业素养,以解决这些问题. 通过教学实践,我们认为,在职进修是重要的,但全体教师都停下教学去进修显然是不现实的,于是,我们在学校试行了案例学习.实践证明,提高教师专业素养一方面要注重学科内容的专业知识、教育学、心理学的科学原理与技术的培养;另一方面,也要重视反思性实践,因为教师的专业程度是凭借"实践性知识"来加以保障的.虽然实践性知识,比起理论知识来说缺乏严密性和系统性,却是一种活的知识,是教师亲身实践的作为一种"案例知识"而积累并传承的,这些知识是通过日常教育实践的创造与反思过程才得以形成的.我们常说,教学是一门艺术,教学有法而无定法,教学是灵活的没有固定模式的活动,要求针对教学内容、学生情况、教师特点和教学环境的不同作出灵活应变的决策.所以,教师专业建设和专业发展就必须注重于在实际的教学情境中通过实践积累经验,形成具有个性特点的案例知识,并且通过集体的相互影响,通过各种形式的教研活动和交流活动将个性化的隐性实践知识转化为社会化的教师专业知识.

校本教研是案例学习的好形式.通过案例,我们可以看到就在身边的实实在在的例子,他们是生动的,又是质朴的.我们能感到,能看到,能学到,还能提出自己的疑惑和问题,可以一起探讨,一起改进.在这样的活动中,我们每一个教师都是教师,又都是学生,在这样的活动中,我们还像学生一样体会到了交流与学习的乐趣.

【反思探究】

我们引用两段话作为对如何提高教师专业素养的启示:①

顾泠沅在谈到学校数学教育的研究集中在数学知识的传授和一般理论的研究时认为:"人们终于发现,在理论与实践结合的中介环节上却相对薄弱,囿于经验的描述与紧迫的时代需求不相吻合,追求理想的假设与常态的学校生活差距太大.于是……各路人马纷纷走出误区,一线的教师开阔理性视野、提升教学能力与水平成为趋势,理论工作者走进学校课堂寻找解决教学问题的大策略成为时尚."

案例教学的专家 Judith Shulman 认为:"教师所写的、其他教师可能会面临的现实世界问题的案例是对实践反思的一种强有力的工具.它们有助于教师从他人的现实故事中学会预测和解决问题."

"在过去的十年里,教育工作者把案例教学看做是改进教学的最有前途的一种教学方式.我们的实践和研究表明,案例讨论有助于参与者架起理论与实践的桥梁……案例和案例讨论能够培养教师灵活的教学理解和判断能力."

---

① [美]Katherine K. Merseth. 教学的窗口:中学数学教学案例集. 鲍建生等译. 上海:上海教育出版社,2001. 7

教学策略篇

- 数学建模教学研究
- 数学文化教学研究
- 数学教学中如何开展研究性学习

第6讲
数学建模教学研究

思考研讨

1. 什么是数学建模？一般步骤是什么，基本方法有哪些？

2. 为什么要学习数学建模？

3. 怎样在中学设计和开展数学建模和数学知识应用的活动？

理论概述

一、数学模型

（一）实体

众所周知，我们人类所居住的自然界，从基本粒子到太阳，从河川到高山，数不尽的草木鸟兽，真是千奇百怪，千变万化！我们把这些客观存在的事物及其形态统称为实体.科学的任务在于去认识实体，描述实体，变革实体，为人类自身谋利益.那么，如何才能达到科学认识的目的呢？我国著名数学家华罗庚教授提出："在定量研究客观事物时，科学工作者的责任首先是建立模型以抽象出实体的主要特征，其次是逐步改进模型使其愈来愈准确地描述实体."

（二）模型

所谓模型，是一种过程或行为的定量或定性的代表，通过它可以认识所代替的原型的性质和规律.模型的种类繁多，它可以是物质的，也可以是思想的.思想模型也不是单一的，它又可以分为不同种类，如形象模型和符号模型.例如，地球仪和地图是地球表面的模拟物，它们都是模型.

（三）数学模型

1. 数学模型及其特征

“所谓数学模型就是利用数学语言模拟现实的模型，即把某种事物系统的主要特征、主要关系抽象出来，用数学语言概括地或近似地表述出来的一种数学结构. 数学模型是对客观事物的空间形式和数量关系的一种近似的反映.”①

按广义理解，一切数学概念、数学理论体系、数学公式、方程式和算法系统都可以称为数学模型. 人们因计数产生了算术，而算术正是计算盈亏，分享猎物等实际问题的数学模型；实数为度量的数学模型；几何则是物体外形和宇宙空间的数学模型等.

按狭义理解，那些反映特定问题的数学结构即狭义的数学模型就是运用数学的符号、公式和方程等数学语言，表现出客观事物的特征、本质和规律的一种数学结构. 我们在现实世界中都可以找到这些数学模型的现实原型. 例如，二元一次方程是鸡兔同笼问题的数学模型. 在应用数学中所说的数学模型一般是指狭义的理解.

数学模型大量表现为数学公式和结构图形的形式. 无论是代数公式，还是结构图形，它们作为客观事物的数学模型，必须至少满足以下三个条件：

第一，既是反映现实原型的本质特征和关系，又要加以合理的简化；第二，在数学模型上，要能够对所研究的问题进行理论分析、逻辑推导，并要能得出确定的解；第三，在数学模型上求得的解要能回到具体研究对象中去解决实际问题.

伽利略以 $S=gt^2/2$ 表述了自由落体运动的规律；刻卜勒以 $D^3/T^2=K$ 刻画了行星绕日运行中公转周期和其与日间距之间的关系的规律；牛顿用 $F=G\cdot Mm/D^2$ 描绘了世界上一切物体间引力相互作用的规律；爱因斯坦通过 $E=MC^2$ 这一公式预见了一种潜在的巨大新能源；麦克斯韦用一组偏微分方程概括了光和电磁的全部现象……所有这一切都说明了数学模型所具有的特征. 否则，自然规律将呈现出何等的混沌状态，又有谁能够明了它的本质在哪里呢！正因为数学模型为一切富有想象力的思维提供了极为简明便捷的条件，自然规律才像山涧流水那样透彻，科学才有如此迅速的进步.

2. 数学模型的种类

自然现象按质分类，大体可以归为四类：必然现象、或然现象、突变现象和模糊现象. 在长期的实践过程中，人们从现实世界中抽象出四种类型的数量关系和结构形式，并将它们在相对独立的思维领域中加以逻辑研究，从而形成了四大部类数学理论：经典数学、随机数学、模糊数学和突变理论. 这样，人们在解决具体自然现象方面的问题时，就有了现成的数学工具，就可以将实际问题提炼成能够用相应的数学方法来处理的数学模型. 因此，根据数学模型的性质和建立数学模

---

① 陈昌平. 数学教育比较与研究. 上海：华东师范大学出版社，1995. 502

型的方法不同,可以对数学模型作不同的分类.

(1) 必然现象的数学模型,用于描述自然界中的必然现象.这类现象的产生和变化服从确定的因果关系.必然现象的数学模型通常用经典数学的各种方程式、关系式和网络图来表示,尤以微积分方程用得最多.这是最常见的最普遍的一类数学模型.

(2) 或然现象的数学模型,用于描述自然界中的或然现象,用概率论、过程论和数理统计等方法建立或然现象的数学模型,就能描述这类现象各种可能结果的分布规律.

(3) 突变现象的数学模型,用于描述自然界中的突变现象,阐明事物质变过程中出现突变和渐变的原因,揭示事物的质变方式是如何依赖条件而变化的.

(4) 模糊现象的数学模型,对自然界中存在的各种模糊现象、模糊信息进行定量的描述和处理.

3. 数学模型的例子

由于中学数学主要涉及经典数学理论和随机数学理论,因此,我们在这里只给出必然现象的数学模型和或然现象的数学模型的例子.

(1) 必然现象的数学模型的例子

指数函数模型——古莲子的年代

在我国辽东半岛普兰店附近的泥炭层中发掘出的古莲子,至今大部分还能发芽开花,这些古莲子是多少年以前的遗物呢?要测定古物的年代,可用放射性碳^{14}C,动植物死亡后,停止了新陈代谢,^{14}C不再产生,且原有的^{14}C会自动衰变,经过5 570年(叫做^{14}C的半衰期)它的残余量只有原始量的一半,经过科学测定知道,若^{14}C的原始含量为a,则经过t年后的残余量a_1与a之间满足

$$a_1 = a \cdot e^{-kt}$$

现测得出土的古莲子中^{14}C的残余量,占原量的87.9%,试推算古莲子的生活年代.

说明:按照这个办法,可测得马王堆古墓约是2 130年前的遗物,推测得知它是汉代古墓;半坡村遗址是5 800年前的遗物;美洲古人遗迹约是12 000年前的遗物,这说明早在哥伦布发现新大陆前很久,美洲大陆就已有古人在生活了.

(2) 或然现象的数学模型的例子

抽签现象的数学模型

在乒乓球比赛中,双方究竟谁先发球,一般说来都是通过抽签来决定的.双方先后投掷同一个抽签器(它是一个一面是红圈另一面是蓝圈的塑料圆片),对于投掷者来说,抽签器出现红圈与蓝圈的概率对每一个人都是公平的.只要事先约定一下就可以了.这是为什么呢?

抽签现象属于只有一个成员的大数现象这一类,概率论为之提供了数学模

型. 这类现象的最简明的例子，就是投掷硬币. 让我们做一个投掷硬币的小实验吧. 你将5分钱的硬币10次、20次地投掷在地上，其图案面和文字面出现的次数完全是随机的. 然而，你无偏倚地投掷十万次，它就会呈现出一定的规律性，即二者的机会都接近5万次，约占总次数的一半左右，概率为$\frac{1}{2}$.

几何概率模型①

设在平面上有某一区域G，而区域g是它的某一部分，在区域G内任意投掷一点，求这点落在区域g内的概率. 这里，“在区域G内任意投掷一点”这句话应该理解为：被投掷的点落在区域G内任一点处都是等可能的，并且落在区域G的任何部分内的概率只与这部分的面积成比例而与其位置和形状无关. 于是，在区域G内任意投掷一点而落在区域g内的概率可以定义为

$$P=\frac{g\text{ 的面积}}{G\text{ 的面积}}$$

一般的，假设试验的基本事件有无穷多个，但是可用某种数量特征（如长度、面积等）来表示其总和，设为S；并且其中的一部分，即随机事件A所包含的基本事件数，也可用同样的数量特征来表示，设为s；则随机事件A的概率定义如下：

$$P(A)=\frac{s}{S}$$

【例】 甲乙二人相约在某一段时间T内在预定地点会面. 先到的人应等候另一人，经过时间$t(t<T)$后方可离开. 求甲乙二人会面的概率，假定他们在时间T内的任一时刻到达预定地点是等可能的.

解：设甲乙二人在时间T内到达预定地点的时刻分别为x及y，则它们可以取区间$[0,T]$内的任一值，即

$$0\leqslant x\leqslant T, 0\leqslant y\leqslant T$$

而二人会面的充分必要条件是

$$|x-y|<t$$

我们把x及y表示为平面上一点的直角坐标，则所有基本事件可以用边长为T的正方形内的点表示出来，而二人会面所包含的基本事件可以用这个正方形内介于二直线$x-y=\pm t$之间的区域（图6－1中的阴影部分）内的点表示出来. 因此，所求概率等于阴影部分的

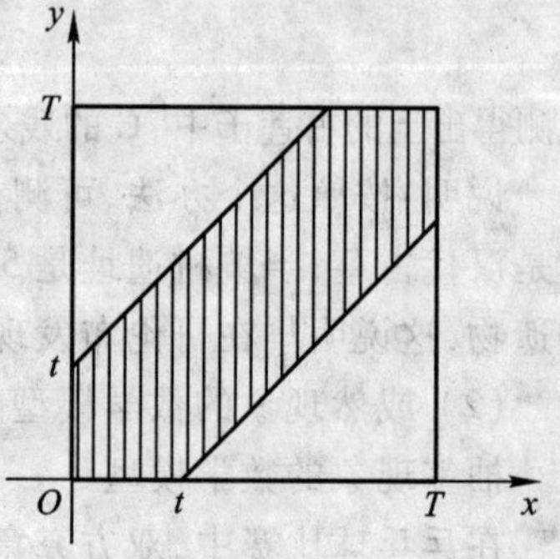

图6－1

① 沈恒范. 概率论讲义（第二版）. 北京：高等教育出版社，1982. 12－13

面积与正方形面积的比：

$$P=\frac{T^2-(T-t)^2}{T^2}=1-\left(1-\frac{t}{T}\right)^2.$$

二、数学建模

（一）数学建模(Mathematical Modeling)

数学建模是建立数学建模的过程的缩略表示.数学建模可以说是一种数学的思考方法，是对现实的现象通过心智活动构造出能抓住其重要且有用的特征的表示，常常是形象化的或符号的表示.从科学、工程、经济、管理等角度看数学建模就是用数学的语言和方法，通过抽象、简化，建立能近似地刻画并“解决”实际问题的一种强有力的数学工具. Modeling 一词在英文中有“塑造艺术”的意思，从而可以理解从不同的侧面、角度去考察问题就会有不尽相同的数学模型，因而数学建模的过程又带有一定的艺术的特点.数学建模最重要的特点在于它是一个要接受实践的检验、需要多次修改和渐趋完善的过程.

本质上说，在物理和生物世界中的任何现实情形，无论它是天然的或者是与技术和人的干预有关的，只要它可以用定量的术语来描述，就能通过建立模型使它服从解析的规律.例如，最优化和控制可用来对工业问题、交通模式、河流中沉积物的输送和其他情形建立数学模型等；信息和通讯理论可以用来对信息传输、语言特征和其他类似的问题建立数学模型；维数(量纲)分析和计算机模拟可以用来对大气环流模式、工程结构中的压力分布、地形的形成和发展以及在科学和工程中许多其他过程建立数学模型.

（二）数学建模的基本步骤

虽然对于不同类型的问题有着不同的数学建模方法，但是数学建模的思维过程和基本步骤则大体相同.一个完整的数学模型的建立，一般包括以下具体步骤：对现实问题进行抽象分析，建立数学模型；对建立的模型进行推理和演算，数学地求得模型的解；把模型的解返回到现实问题中去检验数学模型的符合程度或获得现实问题的解.具体地讲，可以分为五个步骤：

1. 对所研究的问题即现实原型，要分析其对象及关系结构的性质，以确定所要建立数学模型的类别和所要选用的数学方法.

2. 确定能够反映所要研究问题的基本量和关系，分辨哪些量和量的关系是主要的，哪些是次要的，可忽略而不计的.必要时要做一些假设.

3. 进行数学抽象，对实际系统合理简化，取主舍次，简化到能够进行数学描述的程度，进而理想化、数学化，即用数学语言、关系符号表示各种量的关系，从而抽象为一个数学模型.

4. 对模型进行数学推导和计算,得出数学结果或参数估计.

5. 检验模型. 把数学模型(结果)应用于原型,或得出实际问题的解,或得到检验:基本符合原型的模型是一个成功的模型,否则就要重新考虑,找出问题的原因所在,重新建立模型.

6. 模型应用,把所得到的数学模型应用到实际问题中去.

应该指出建立模型是一个过程,不是一种死板的步骤,如果在讨论和验证时发现模型确实合理,当然可将模型投入应用,如果发现模型不合理,那就必须修改假设,重新建模,重新求解,再作验证. 这一过程可以循环往复,直至获得满意的结果为止.

我们可以用图 6－2 来说明数学建模这一过程:

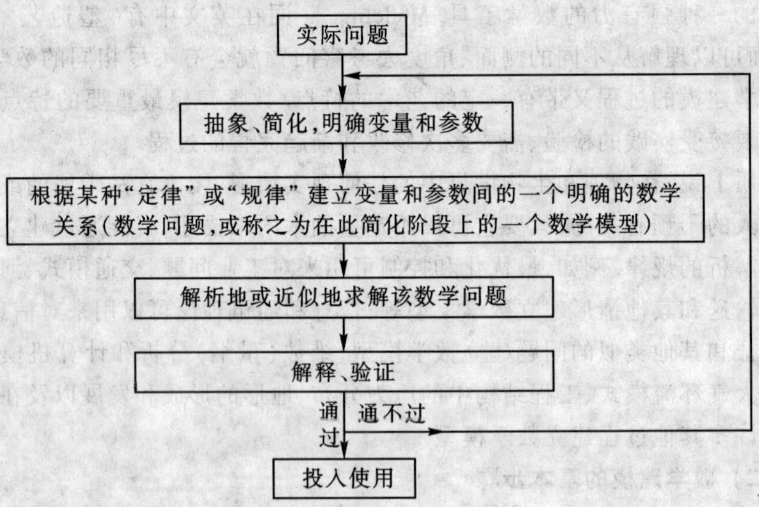

图 6－2　数学建模的主要过程

由此可见,建立数学模型是对问题进行具体分析的科学抽象过程,是一个化繁为简,化难为易的过程,是一个不断修正完善的过程.

从对数学模型的要求,建立数学模型的过程来看,这是一个非常复杂的高级心理活动与实践活动的过程,并且具有极强的应变能力. 根据实际问题,在实践和感性认识的基础上,利用人脑有意识的逻辑思维能力,深入研究和认识问题的具体细节,又充分利用人脑有意识和下意识活动能力,发挥想象、联想、猜想、直觉、灵感等非逻辑思维的作用,在整个建模过程中,这两种思维总是相互渗透、相辅相成,同时应用聚合效应,不断转换,飞跃升华.

(三) 数学建模常用的方法

适合中学水平的数学建模的两类常用方法：

1. 利用物理、化学、生物学、经济学、社会学原理建立起数学模型的方法称为机理建模方法. 例如，利用牛顿运动定律建立系统的运动方程.

2. 直接利用观察数据，根据一定的优良性准则在模型集中找出与数据拟合得最好的模型.

在数学建模过程中，常常需要确定一个变量依存于另一个或更多的变量的关系，即函数. 但实际上确定函数的形式(线性形式、乘法形式、幂指形式或其他形式)时往往没有先验的依据，只能在收集的实际数据的基础上对若干合乎理论的形式进行试验，从中选择一个最能拟合有关数据，即最有可能反映实际问题的函数形式，这就是统计学中的拟合回归方程问题.

下面看一个例子.

【例】 "人口问题"是我国最大的社会问题之一，估计人口数量和发展趋势是我们制定一系列相关政策的基础. 根据人口统计年鉴，可查得我国从 1949 年至 1994 年人口数据资料(见表 6－1).

表 6－1

年份	1949	1954	1959	1964	1969	1974	1979	1984	1989	1994
人口数(百万)	541.67	602.66	672.09	704.99	806.71	908.59	975.42	1 034.75	1 106.76	1 176.74

【分析】

(1) 在直角坐标系上可作出数据的散点图.

(2) 估计出这一图像近似地可看作一条直线.

(3) 用以下几种方法(之一)确定直线方程，并算出 1999 年人口数.

方法一：先选择能反映直线变化的两个点，如(1949，541.67)，(1984，1 034.75)两点确定一条直线，方程为 $N = 14.088t - 26\ 915.842$ 代入 $t = 1999$，得 $N \approx 12.46$ 亿.

方法二：可以多取几组点对，确定几条直线方程，将 $t = 1999$ 代入，分别求出人口数，再取其算数平均值.

方法三：可采用"最小二乘法"求出直线方程.

(四) 数学建模举例

用一个例子说明数学建模的具体过程.

【例】 一个星级旅馆有 150 个客房. 经过一段时间的经营实践，旅馆经理得到一些数据：每间客房定价为 160 元时，住房率为 55%；每间客房定价为 140

元时，住房率为65%；每间客房定价为120元时，住房率为75%；每间客房定价为100元时，住房率为85%．欲使每天收入最高，问每间住房的定价应是多少？

经分析，为了建立旅馆一天收入的数学模型，可作如下假设：

假设一　在无其他信息时，不妨设每间客房的最高定价为160元．

假设二　根据经理提供的数据，设随着房价的下降，住房率呈线性增长．

假设三　设旅馆每间客房定价相等．

建立模型

【分析】 根据题意，设 y 表示旅馆一天的总收入，x 为与160元相比降低的房价．

由假设二可得，每降低1元房价，住房率增加为

$$\frac{10\%}{20}=0.005$$

因此

$$y=150(160-x)(0.55+0.005x) \qquad ①$$

由于 $0.55+0.005x\leqslant 1$，可知

$$0\leqslant x\leqslant 90$$

我们的问题是：当 $0\leqslant x\leqslant 90$ 时，求 y 的最大值点，即求解

$$\max_{0\leqslant x\leqslant 90}\{y=150(160-x)(0.55+0.005x)\}$$

解模型

把①左边除以 (150×0.005) 得

$$y_1=-x^2+50x+17\ 600$$

由于常数因子对最大值运算没有影响，因此可化为求 y_1 最大的值点，利用配方法得

$$y_1=-(x-25)^2+18\ 225$$

显然当 $x=25$，y_1 最大，因此可知

$$x=25(\text{元})$$

最大收入对应的住房定价为

$$160-25=135(\text{元})$$

相应的住房率为

$$0.55+0.005\times 25=67.5\%$$

最大收入为

$$150\times 135\times 57.5\%=13\ 668.75(\text{元})$$

讨论与验证

1．容易验证，此收入在已知各种定价对应收入中是最大的（见表6－2）．事

实上,如果为了便于管理,那么定价 140 元/(天·间)也是可以的,因为此时它与最高收入只差 18.75 元.

表 6-2

定价	160 元/(天·间)	140 元/(天·间)	120 元/(天·间)	100 元/(天·间)	135 元/(天·间)
收入	13 200 元	13 650 元	13 500 元	12 750 元	13 668.75 元

2. 如果定价是 180 元/(天·间),住房率应为 45%,其相应收入只有 12 150 元. 因此假设一是合理的. 事实上二次函数在[0,90]之内只有一个极值点 25.

由此可见,在中学开展数学建模活动不仅有利于提高学生学习数学的积极性,培养学生的数学思维能力,而且可以为学生的个性发展和创造力的发展提供极好的场景. 因此,在中学里逐步开设数学建模活动有其深远的意义.

三、中学数学建模活动的开展

(一) 在中学开展数学建模活动的意义和作用

1. 学习数学建模对研究数学应用问题具有重要意义

第一,数学是研究现实世界中数量关系和空间形式的科学. 它与生产活动、其他学科有着密切的关系. 数学是认识世界和改造世界不可或缺的工具. 数学建模是数学应用的必由之路. 尤其 21 世纪是迈向知识经济的时代,科学技术的竞争十分激烈. 而数学是科技发展必不可少的组成部分. 许多科学技术问题说到底是数学问题.

第二,实际问题需要我们对研究对象提供分析、预报、决策或控制的定量结果.

事实上,数学模型已成为技术工作者经常谈论的名词. 炼钢厂的工程师们希望有炼钢过程的数学模型,以实现计算机自动控制;气象工作者需要天气预报的数学模型;从事城市规划工作的专家需要建立一个包括人口、交通、能源、城市环境的数学模型,为领导决策提供科学依据;金融工作者需要计算期权定价的数学模型. 总之,社会和人类发展对数学建模的需要是说不尽、道不完的.

2. 数学建模课的开设顺应了当前素质教育和教学改革的需要

传统的数学教学总给人一种印象,似乎教学研究的内容仅仅是从公理、公式、定义出发的逻辑推理. 实际上,有用的数学技术和其他科学技术一样,都是从观察开始的,都需要形象思维作为先导. 数学建模恢复了数学研究收集数据、建立模型、求取答案、解释验证的本来面目,因此凡学过数学建模的学生都认为数学建模不是一门传统的课程,他们所接受的培养是前所未有的. 因此近 20 年来,增设数学建模课程已成为各国政府实行数学教育改革的首选目标.

数学建模的学习和实践活动不仅仅提高了学生学习数学的积极性，培养了学生的形象思维能力，而且为学生的个性发展和创造力的发展提供了极好的场景. 因此，在中学里逐步开设以数学建模为思想内容的数学应用课程，其意义更为深远.

（二）怎样在中学开展数学建模的活动?

我们认为数学建模的教与学的活动宜采用课内外相结合的方式开展.

1. 数学建模与日常数学课堂教学的结合

教师可以将一些较小的数学应用和数学建模问题，通过把问题解决的过程分解后，放到正常教学的局部环节上去做，并且注意经常这样做. 比如在新知识的引入、复习课时，可以用一点时间穿插介绍一个数学应用或数学建模的问题，让学生在课堂上通过讨论仅完成“问题数学化”的过程（比如建立起相应的方程或不等式），而把问题的具体求解过程留给学生在课外完成. 较大或较难的问题可与假期作业和数学小论文的写作结合起来，放到假期或给学生一个较长的时间来完成.

“结合”的内容应该和日常的教学内容、教材的要求比较近，以便于学生的理解和对教材知识的掌握. 下面是一个供参考的案例.

【例】 如果商店每年销售某种机器零件 48 000 件，为了保证供应，要有计划地进货. 若销售量是均匀的，每批进货量相同. 已知每个零件每月储存费用是 0.02 元，每批进货的手续费是 160 元，求全年总费用 C 与每批进货量 x 之间的函数关系，并求每批进货量为多少时，全年总费用最小.

解：设每批进货量为 x 件，则全年进货批数为 $\frac{48\ 000}{x}$，进货手续费为 $\frac{48\ 000}{x}\cdot 160$. 因为销售是均匀的，即平均库存量是进货量的一半，故全年库存费为 $x/2\cdot 0.02\cdot 12=0.12x$，全年的总费用为 $C(x)=48\ 000/x\cdot 160+0.12x=7\ 680\ 000/x+0.12x\geqslant 1\ 920$ 元，当且仅当 $x=8\ 000$，等号成立.

答：$C(x)=\frac{768\times 10^4}{x}+0.12x$，当每批进货 8 000 件时，$C_{最小值}=1\ 920$ 元.

其实，结合现行数学教材的数学知识应用与建模的切入点还有许多. 教师也可以自己根据所教的内容，结合自己的知识领域，收集、设计一些数学应用和数学建模方面的问题，用于课堂教学.

2. 组织开展课外的数学应用与数学建模活动

（1）充分利用数学课外活动和选修课. 这是一种数学建模活动容易上手和控制的形式，它与我国目前数学建模教学刚起步的现实相适应，教师和学生都能从中取得经验、积累素材. 活动的内容可以是师生一起研讨数学建模问题，其中包括一起观察实际现象、采集实际数据、讨论求解方案、让学生宣讲求解的结果和数学建模小论文等. 在课外的数学应用与数学建模活动中，常常可以通过教师为学生创设的问题情境，让学生在解决问题的过程中学数学、用数学，从而培养、提高学生的观察能力、创造能力和良好的思维品质. 问题环境设计不单单是问题本身的设计，而且还包括问题的引入方式、利用方式、预计解决方式、连锁引发新问题的方式等. 怎样设计好问题环境应是教师进行教学设计的重点和难点.

(2) 组织学生写数学应用和建模方面的小论文. 四川省成都七中在组织学生开展课外的数学应用与数学建模中作了有益尝试，并取得了可喜的成绩. 高 2005 级 15 班的同学在教师的指导下选择了"分期付款的方案选择"作为研究课题，在进行了市场调查后，确定了 14 个消费者关心的数据，并在建立模型时考虑三个因素：① 不影响消费者的正常生活；② 共付金额尽量少；③ 付款总时间尽量短. 通过将模型编制成计算机程序的方式进行方案评估，由消费者提供必要的数据，再由计算机进行评估并替消费者做出正确的选择. 计算机程序编制后，通过了 100 多次的实际数据测试. 在实际应用中，计算机程序都为消费者提供了最优方案.

高 2003 级 6 班同学通过观察夏季游泳池的蓄水情况后发现，在人多时游泳池中水溢出造成资源的浪费，若游泳池蓄水过少，在人少时又达不到标准水位. 然后确定研究课题"游泳池该如何放水". 调查数据包括：游泳池的长、宽，最浅处的标准深度，最深处的标准深度；不同时刻游泳池中的人数和当时的池水深度；不同几天的气温和当天不同时刻游泳池中的人数. 建立了相应的数学模型：确定气温与人数的关系，人数与水面离池边高度的关系. 最后得出游泳池事先放水的体积与各相关参数的数学模型. 同学们通过应用所得到的数学模型得出了以下结论：就成都地区而言，在酷暑季节每次节水可以达到 9 吨左右. ①

这样的研究还包括课题"超市中收银台数量的优化问题"、"围棋比赛中共有多少种对阵情况"等.

教师可以为学生写数学应用和建模方面的小论文提供一些参考选题，如：

- 关于停车场的设计
- 路口换灯的时间与车流量的关系
- 皇后问题的计算机解决方案
- 分形图形与计算机
- "兄弟日"及其联想
- 封阳台的学问
- 十速自行车的变速原理
- 常见桥拱类型及优缺点分析
- 关于变速自行车齿轮比的调查与求解讨论

① 叶其孝. 中学数学建模. 长沙：湖南教育出版社，1998. 66－68

- 少儿终身平安保险和储蓄
- 火车上锁孔形状改进之我见
- 帮邮递员设计路线
- 关于九连环的讨论
- 搬家时大衣柜能过拐角吗?
- “碧浪”洗衣粉哪一种包装赚钱多?
- 对私人购车的预测和讨论
- 电视塔高和信号覆盖范围的计算
- 邮政有奖明信片值得买吗?
- 两栖车辆登陆地点的选择

总之,在数学建模活动中教师应把学生当做活动的主体,不要只把问题解决的过程展示给学生看,活动的设计应有利于发挥学生的主动性、创造性和协作精神,让学生能把学习知识、应用知识、探索发现、使用计算机工具和数学模型的求解更好地结合起来,使学生在数学建模的过程中学数学、用数学,得到“微科研”的体验.从而达到学好数学、提高素质、增长才干的目的.

案例分析

【案例】

怎样使饮料罐制造用材最省?

教学目的:通过一个实际的例子,说明数学模型的定义、建立数学模型的步骤过程等.

教学重点与难点:重点与难点在于如何将实际问题经过加工(假设、简化、抽象等),将其变为一个数学问题或数学表达式(如函数、方程、不等式、图像、表格等).

教学过程:先给出数学模型的一般概念,然后用具体事例分析它.

问题:怎样使饮料罐制造用材最省的问题.

首先,把饮料罐假设为正圆柱体(实际上由于制造工艺等要求,它不可能正好是数学上的正圆柱体,但这样简化确实是近似的、合理的).在这种简化下,我们就可以来明确变量和参数了,例如可以假设:

V—罐装饮料的体积

r—半径

h—圆柱高

b—制罐铝材的厚度

l—制造中工艺上必须要求的折边长度

上面的诸多因素中,我们先不考虑 l 这个因素. 于是:

$$V=\pi r^2 h$$

由于易拉罐上底的强度必须要大一些,因而在制造上其厚度为罐的其他部分厚度的 3 倍. 因而制罐用材的总面积 $A=3\pi r^2 b+\pi r^2 b+2\pi rhb=(4\pi r^2+2\pi rh)b$,每罐饮料的体积是一样的,因而 V 可以看成是一个常数(参数),解出 h:

$$h=\frac{V}{\pi r^2}$$

代入 A 得:

$$A=A(r)=2\pi b\left(2r^2+\frac{V}{\pi r}\right)$$

从而知道,用材最省的问题就是求半径 r 使 $A(r)$ 达到最小.

$A(r)$ 的表达式就是一个数学模型. 可以用多种精确或近似方法求 $A(r)$ 的极小值及相应的 r. 例如,用微积分的办法易得:

$$\frac{\mathrm{d}A}{\mathrm{d}r}=2\pi b\left(4r-\frac{V}{\pi r^2}\right)=0\Rightarrow r=\sqrt[3]{\frac{V}{4\pi}}$$

从而求得:

$$h=\frac{V}{\pi}\sqrt[3]{\left(\frac{4\pi}{V}\right)^2}=\sqrt[3]{\frac{(4\pi)^2V^3}{\pi^3V^2}}=4\sqrt[3]{\frac{V}{4\pi}}=4r$$

即罐高 h 应为半径 r 的 4 倍. 当你拿起可口可乐、百事可乐、健力宝等饮料罐测量一下时,高 h 和半径 r 的比几乎与上述计算完全一致!

其实这一点也不奇怪,这些大饮料公司年生产的罐装饮料都高达几百万罐,甚至更多,因而从降低成本和获取利润的角度,这些大公司的设计部门一定会考虑在同样工艺条件、保证质量前提下用材最省的问题. 但是又有很多饮料罐不是这样的,这其中的原因留待同学们作出调查后去思考.

另外,还可以把折边 l 这一因素考虑进去,然后得到相应的数学模型,并求解之,最后看看与实际符合的程度如何.

小结:

1. 数学模型就是利用数学语言模拟现实的模型,即把某种事物系统的主要特征和主要关系抽象出来,用数学语言概括地或近似地表述出来的一种数学结构. 数学模型是对客观事物的空间形式和数量关系的一种近似的反映.

2. 一个完整的数学模型的建立,一般包括以下具体步骤:对现实问题进行抽象分析，建立数学模型；对建立的模型进行推理和演算，数学地求得模型的解；把模型的解返回到现实问题中去检验数学模型的符合程度或获得现实问题的解.

练习：

1. 某报纸每份 0.25 元，每次发行 120 000 份，设每份提价 0.01 元，发行量就减少 4 000 份. 要使销售总收入不低于 30 000 元，求每份报纸的最高提价?

2. 如果商店每年销售某种机器零件 48 000 件，为了保证供应，要有计划地进货. 若销售量是均匀的，每批进货量相同. 已知每个零件每月储存费用是 0.02 元，每批进货的手续费是 160 元，求全年总费用 C 与每批进货量 x 之间的函数关系，并求每批进货量为多少时，全年总费用最小.

3. 在一次降雨中，用如图 6－3 所示的圆台形的容器盛得的雨水正好是桶的深度的 1/5，求降雨量.

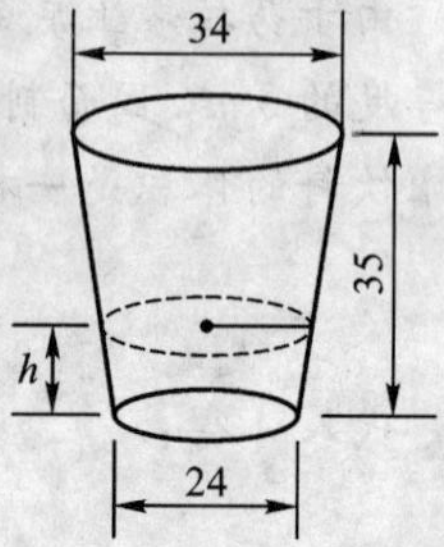

图 6－3

【点评】

本节课教师引导学生通过对一个现实生活中的真实问题的探究，经历了数学知识与现实生活联系的过程. 体会到数学不仅是一种抽象的、模式化的学科，而且在日常生活中无处不在用数学、学数学，从而激发了学生的学习兴趣. 在这一教学的过程中，学生经历了数学知识的应用过程，体验到数学知识的各种层次关系和各种表达方式，加深了学生对知识理解的深度，提高了思维洞察力.

数学建模的教学，重在让学生经历建模的全过程，重在学生的参与. 在这个过程中，可能学生的方法不是最好的，得到的结果不是最佳的，但都不要紧，探究、参与、动手、动脑、合作、交流，同时学会方法，这才是教学的真正目的.

本次数学建模的教学活动中的问题情境是教师给出的，因此一个明显的不足是忽略了对学生提出问题的能力培养.

由于以前学生经历数学建模的活动机会较少，加之数学建模能力较弱，因此，教师在活动过程中不得不给予学生过多的讲解和指导，以至于削弱了学生的主动参与.

以上这些在今后的数学建模教学活动中应予以关注.

资源链接

1. 王希平. 高中数学应用问题指南. 成都：四川辞书出版社，1998

本书的内容基本上与高中数学教材章节同步，既可作为课外第二课堂专题讲座的材料,也可渗透到各章节的教学之中去学习,还可作为学生的课外读物或教师的资料性读物.

2. 叶其孝. 中学数学建模. 长沙:湖南教育出版社,1998

本书为广大中学师生介绍什么是数学建模,还请有实践经验的优秀教师介绍怎样组织数学知识应用和数学建模的教学活动.

3. 刘永振. 数学方法. 沈阳:辽宁人民出版社,1985

本书介绍了作为科学研究工具的数学——数学方法的形成、演变、功能和用场,阐述了数学方法模型的类型及提炼模型的注意事项.

4. 陈昌平. 数学教育比较与研究. 上海:华东师范大学出版社,1995

本书的第二篇主要讨论数学思想有哪些应用,在学校中应怎样进行数学思想教学,并介绍了数学模型方法和数学模型在中学数学中的作用.

5. 七市高中选修教材编写委员会. 数学应用与建模. 北京:三联书店,2003

本书的第一部分“数学应用”收集了国内外最新的数学应用问题;本书的第二部分“数学建模”是关于如何开展数学建模活动的专题讲座,可以由教师对学生开设专题讲座或同学们自学.

6. 袁震东,蒋鲁敏,束金龙. 数学建模简明教程. 上海:华东师范大学出版社,2002

本书是一部系统学习数学建模的教程. 该书吸收了国内外数学建模方面的成果,可作为中学数学教师职后培训教材.

教学反思

【反思文章】

谈中学数学建模教学①

本人结合当前的一些实际情况以及本人的教学体验,总结得出:在中学数学教学中适当开展数学建模教学,对增强学生的应用意识,培养学生的创新、创造能力有一定的影响作用.

一、数学建模教学的认识

1. 数学建模的定义

所谓数学建模就是指应用建立数学模型来解决各种各样实际问题的方法,

① 本文作者是广东省五华县华阳中学教师余颂元.

也就是通过对实际问题的抽象、简化，转化为数学问题，并应用某些“规律”建立数学模型，求解该数学问题，解释验证所得到的解，从而确定能否用于解决实际问题的多次循环，不断深化的过程.

在中学开展数学建模教学，可以把学生所学的数学知识与我们周围的现实世界适当联系起来，使学生在了解到数学的妙用的同时，更能进一步激起他们学习数学的热情，从而更好地掌握数学的思想和方法，达到培养他们各种能力的目的. 这是素质教育的需要，也是提高学生数学素质的有效途径.

2. 开展数学建模教学的意义

(1) 在中学开展建模的教学，可使学生体会数学与自然及人类社会的密切联系，体会数学的应用价值. 培养学生的应用意识，增加对数学的理解和应用数学的信心.

(2) 在中学开展建模教学，可使学生学会用数学的思维方式去观察、分析现实社会，去解决日常生活中的数学问题. 进而形成勇于探索，敢于创新的科学精神.

(3) 以建模为手段，激发学生的学习积极性，学会团结协作，建立良好的人际关系，相互合作的工作能力.

3. 数学建模教学存在的问题和困难

数学建模教学存在的问题和困难，主要是在中学数学教学中，数学建模教学得不到应有的重视. 相当一部分教师认为数学主要是培养学生的运算能力和逻辑推理能力，视应用问题为“不好的数学”. 至于如何从数学的角度出发，分析和处理学生周围的生活及生产实际问题更是无意顾及，以致学生应用意识淡薄. 很多走向社会的学生认为，他在中学所学的数学在他以后的工作生活中“没有用处”.

二、实施数学建模教学的具体做法

用数学建模解决实际问题，首先经过观察、分析、筛选、区分获得的信息，洞察实际问题的数学结构提炼出数学模型，然后再把数学模型纳入某种知识系统中去处理，这不仅要求学生有一定的抽象而且要有相当的观察分析、综合、类比、推断等能力，学生的这种能力的获得不是一朝一夕的事情，需要把数学建模意识贯穿在教学的始终. 为将数学建模活动融入平时的教学中，根据我的体会需要做好以下三点：

1. 在课堂上适当引用应用性例题，进行数学建模示例，培养学生的应用意识.

结合当地教材让学生掌握基本的数学模型和引入建模思想. 如在比例问题的应用教学中可引入以下一个实际问题作为例题进行教学：

例　4 月份小王与小李在银行的储蓄额是 3:5，到了 6 月份小王的储蓄额增加了 28 元，而小李的储蓄额却减少了 14 元，结果他们两位的储蓄额正好相等，问小李 4 月份的储蓄额是多少？

本题涉及储蓄方面的知识，学生对所提出的问题都很感兴趣. 教师顺势引导学生掌握建立数学模型的方法，培养学生的应用意识.

2. 适当选编应用性习题，对学生进行数学建模训练，培养学生的创新、创造能力. 教材中实际应用方面的习题较少，教师在实际教学中，应给学生提供发现问题、用数学来解决问题的经验和范式.

例　解不等式$\frac{8}{(x-1)^3}+\frac{10}{x-1}<x^3+5x<6$.

建立模型：此不等式是一个高次不等式，由于$\frac{8}{(x-1)^3}+\frac{10}{x-1}$与$x^3+5x$具有一定的相似性，故建立函数$f(t)=t^3+5t$，则上述不等式可变为$f\left(\frac{2}{x-1}\right)<f(x)<f(1)$，由于$f(t)=t^3+5t$关于$t$是单调递增的，所以不等式可化为$\frac{2}{x-1}<x<1$，因此解为$(-1,1)$.

当然，数学建模对学生来说是一个逐步的学习和适应的过程. 通过逐步的建模训练，就可逐步地培养起学生的创造能力.

3. 开设数学实验教学，让建模教学走到实践中去，为培养学生的创新、创造能力打好基础.

数学建模教学更强调学生积极主动地参与，要把教学过程变成学生的自觉学习与活动的过程. 教师应指导学生利用数学课外活动时间，把所学的数学知识与实际问题联系起来，并尽量运用数学建模的方法去寻求解决. 例如：在学完三角函数知识后，教师可以组织学生进行一次测量活动. 活动之前教师就要布置思考题：只给出测角仪和皮尺两种工具，如何测量某一山峰的高度？而在实地测量时，就要让学生自己动手来解决问题. 结果学生所设计的测量方案往往有几种，而所得到的结果都一致. 类似的这种课外活动可给学生一个充分准备的时间和充足的想象空间，从而可以培养他们的创新精神.

总之，数学建模教学的目的并不是为了给学生扩充大量的数学课外知识，也不是刻意为了解决一些具体问题，而是为了通过逐步的数学建模教学，培养学生的应用意识、数学能力和数学素质.

【反思探究】

如何在中学数学教学中适当开展数学建模教学，以培养学生学数学、用数学的数学意识和创新实践能力？这是在新一轮数学课程改革实施过程中广大一线数学教师普遍关注的问题. 广东省五华县华阳中学余颂元老师结合他本人的教学体验对中学数学建模教学问题进行了探索和实践，给人以启发并可引发我们对此作进一步深入地探究和思考.

第一，作为数学教师，我们必须准确把握数学模型及其特征、数学模型的种类、数学模型和数学模型方法的作用和意义.

第二，我们必须明确数学建模是一种数学的思考方法，是对现实的现象通过心智活动构造出能抓住其重要且有用的特征的表示，常常是形象化的或符号的表示. 从科学、工程、经济、管理等角度看，数学建模就是用数学的语言和方法，通过抽象、简化建立能近似地刻画并“解决”实际问题的一种强有力的数学工具. 由此，我们在中学开展数学建模教学，并不意味着教师只是给学生提供示范要求学生亦步亦趋，作简单模仿. 这与增强学生的应用意识，培养学生的创新、创造能力是相悖的. 数学建模的教学活动要求展现教师一个现实生活中具有真实情境的数学问题，充分体现了“数学来源于生活，但又高于生活”的特点. 培养了学生学数学、用数学的数学意识.

第三，数学建模涉及数学知识和能力的方方面面，其教学是一个系统工程. 数学建模能力是一项综合能力，仅仅依靠一堂课的教学还难以实现数学建模能力的高效提高，难以达到学会学习之目的. 因此，在数学建模的课堂教学活动之前师生要做充分的准备，教师特别要对学生做以下一些数学建模所需要能力的专门训练：

1. 双向翻译的能力. 即将实际问题翻译成数学问题的能力和用处理后得到的数学结果解释实际问题的能力.

2. 自学能力. 实际问题往往涉及专业性的知识或以前从来未学过的知识，需要现学现用.

3. 查阅资料的能力. 对于需要建模的事物我们大部分不熟悉，需要去了解，而资料是一个重要途径，要利用好图书馆和网络资源.

4. 实地考察、实验的能力. 有时我们可以亲自实地考察、实验，获取第一手的数据资料.

5. 向他人虚心请教的能力. 我们应虚心地向教师、父母、同学、工人师傅等请教.

6. 使用计算机的能力. 许多计算、统计、作图可以利用计算机完成.

如何在中学数学教学中培养学生这些能力，是我们做深入研究的问题.

第四，数学建模往往涉及较多的物理学等其他学科的知识，又具有一定的开放性，因此课堂教学有一定的局限性，它或许对较优秀的学生很适宜，但对较一般的学生有一定的难度. 因此，数学建模的教学就有一个由简到繁的过程. 建议初始阶段的教学采用一些相对简单的问题，例如，某城市现有人口总数 100 万人，如果年自然增长率为1.2%，写出该城市人口总数y(人)与年份x(年)的函数关系.又如，某工厂生产某种产品的固定成本(固定投入)为0.5万元，已知每生产100件这样的产品需要再增加可变成本(另增加投入)0.25万元.据市场调研分析，此种产品的年需求量为500件，销售的收入函数为$R(x)=5x-\frac{1}{2}x^2$，($0\leqslant x\leqslant 5$)(单位：万元)，其中x是产品售出的数量(单位：百件).试将表示为年产量的函数.

第五，培养学生提出问题的能力是数学建模的教学活动的重要方面.教师应善于引导学生会发现现实生活中有许多的类似问题.例如，当你到民航售票处去买国际机票时，你在机票上会看到像"免费交运的行李为两件，每件最大体积(三边之和)不得超过62英寸(158 cm)，但两件之和不得超过107英寸(273 cm)，每件重量不得超过32公斤"的说明.试计算一下三边之和为158 cm的长方体(我们通常用的箱子、装货的纸箱都是这种形状的)，要使之符合要求，何种最大的长、宽、高应是多少？(试证明为正方体)再到市场上去调查一下有多少箱子是这样的，为什么？在马路上见到的油罐车上的油罐为什么不是正圆柱形，而是椭圆圆柱形？何种一定用材最少的油罐的尺寸应是什么？这些问题都会激起学生的思考和应用数学的兴趣.

值得注意的是，数学建模的教学的评价涉及学生的高层次数学思维能力的评价，需要用到多元评定的方法.对此，我们需要积极开展数学建模教学的评价实践探索.

第7讲
数学文化教学研究

思考研讨

1. 数学文化的内涵是什么?
2. 高中为什么要设置数学文化课程?
3. 数学文化在高中数学课程中的特点是什么?
4. 如何将数学文化内容与高中数学课程各模块融合?

理论概述

一、数学文化的内涵

一般的,我们将人类在社会历史发展过程中所创造的物质财富和精神财富的总和,称为文化,其中特指精神财富,如文学、艺术、科学等.而数学科学一直以来以研究现实世界的数量关系和空间形式为主要载体,它依赖于人类实践活动,尤其是思维活动,因此数学应当被看做是人类文化的有机组成部分.作为一线的数学教师可以从数学对象的特性、数学家的行为方式及数学发展的传统和动力等几方面理解数学文化的内涵所在.

(一) 数学对象的抽象性

在现实世界中我们可以看到一栋楼房、二辆汽车、无数颗星星等客观事物,但在数学中我们研究的基本概念却是上述事物中所蕴涵的共同数量关系,即数量"一"、"二"、"无穷".此外数学研究的"圆"、"三角形"、"长方体"等概念同样是从客观实在中抽象出来的产物.因此我们可以说数学对象是人类抽象思维的产物,它直接依赖于人类思维创造活动.数学对象的这种抽象性特征清楚地刻画了数学对象的文化属性.

此外还有一些数学概念并非是对客观事物或现象的直接抽象，而是对某些基本概念再次进行抽象的结果，是一种抽象之上的抽象. 例如“无穷小量”这个概念，牛顿认为无穷小量是一种可以变化的无穷缩小的量，从物理角度讲这种变化是存在的，但在数学计算中它是无意义的. 而莱布尼茨则将无穷小量看作是一种假想的对象，认为它可以无限地变小. 由此可以看出数学中存在的一些概念是经过多层次、多角度的抽象构建过程获得的，与客观实在存在较大的距离. 这种多次的抽象被称为“思维的自由创造”，它让我们看到了“不可想象性”的事实，推动数学概念的深入发展.

数学对象无论是对于客观实在的直接抽象，还是源于数学家“思维的自由创造”，抽象的思维过程都是一种知识的建构过程. 这种抽象建构与其他科学理论的抽象不同，也就是说数学抽象有自己的特殊性，而这些特殊性决定了数学特有的文化属性：

(1) 从前面的分析我们可以看出数学抽象建构的是客观事物或现象的量性特征，而放弃了它们的质的内容.

(2) 数学抽象的程度在一定意义上超过了其他自然科学. 前面所述的“思维的自由创造”正好可以引证这一点.

(3) 从方法上看数学抽象本身是一种“建构”活动. 数学对象不是对客观物体或现象量性规律的直接研究，而是人类抽象思维的产物. 而抽象思维的产物又会继续成为数学研究的直接对象. 这种概念引概念的多次抽象建构活动形成了数学，建构过程中的某种约定决定了数学对象的性质，它是一种形式上的约定，具有相对的独立性，在不断衍生的过程中使数学对象具有更为普遍的意义，而这种普遍共性就是一种文化特性.

(二) 数学共同体

美国文化家克罗伯(A. Kroeber)和克拉克洪(C. Klukhohn)认为：文化由外显的和内隐的行为模式构成，这种行为模式通过象征符号获得和传递. 其中外显的行为模式主要依靠相对的群体来完成，而内隐的行为模式则是传统的观点及其所代表的价值. 对于数学活动而言，数学家构成的群体和这个群体所遵循的相对稳定的数学传统在一定的意义上即体现了数学文化.

数学家构成的特有群体称为“数学共同体”. 理解这个概念应首先明确“科学共同体”的意义. 美国著名科学史学家、哲学家库恩认为：“科学共同体是由一些具有专业知识的实际工作者组成的，他们由所受教育及专业训练的共同因素结合在一起，专门探索一些共同的目标. 其特点是内部交流比较充分，专业方面的认识比较一致."①由此我们可以理解数学家不是单一的活动个体,他们之间必然存在着群体联系,而这种联系是为了某种共同的目标或利益.他们在群体中的行为受一定的传统观念的限制,同时反过来又不断衍生出新的传统观念.

(三) 数学传统

文化的核心是传统观念,数学传统与数学共同体的"行为方式"相对应.要理解数学传统的内涵,我们先了解科学哲学中"范式"的概念.库恩指出:"范式是一个科学共同体的成员所共有的东西;反之,科学共同体正是由具有同一范式的成员所组成."②他进一步用"专业质基"来阐释"范式",包括四种成分:(1)共同的符号;(2)关于特定模型的共同信念;(3)共同的价值观念;(4)范例.

相应的,德国学者曼赫顿斯认为数学的"专业质基"包括以下成分:

(1) 关于特定模型的共同信念——数学观;

(2) 共同的价值观念——理论的表述方式、研究问题与方法的评价标准;

(3) 范例——成功实践的典型事例;

(4) 共同的概念和符号;

(5) 标准的问题.

可以看出"范式"突出强调群体对于个体活动的规范和启发作用,表现为一定的观点和信念.基于这一认识,我国南京大学郑毓信教授提出"数学传统"的概念,它是指相应的数学共同体在"什么是数学"和"应当如何去从事数学研究"这样一些基本问题上的共同认识,也即是一种总的观念和信念.具体分析为:

(1) 核心思想,指关于数学本质的总的认识,即数学观.

(2) 规范性成分,指应当如何去从事数学研究的一些具体规范或准则.它对数学家的研究活动具有较强的制约作用.

(3) 启发性成分,指对新的研究活动有重要的启示意义或潜在影响的观念.

二、高中设置数学文化课程的价值

由于现行高中数学课程目标中对数学人文价值的重视不够,造成教学实践中数学文化课程的开展存在理论与实践的严重分歧.数学教材中设置了阅读材料给出了对应教学内容的数学史方面的相关内容,这在理论方面体现数学文化的要求.但是教师在实际教学过程中由于多种原因将这一部分忽略了,一般作为学生的自学内容.因此学生不可能形成全面的数学观,认识与欣赏数学.《普通高中数学课程标准(实验)》提出数学文化课程的重构,"让学生了解数学与人类

① T. Kuhn. The Structure of Scientific Revolution. The University of Chicago Press, 1970. 177

② T. Kuhn. The Structure of Scientific Revolution. The University of Chicago Press, 1970. 176

社会发展之间的相互作用，体会数学的科学价值、应用价值、人文价值、美学价值，开阔视野，寻求数学进步的历史轨迹，激发对于数学创新原动力的认识，受到优秀文化的熏陶，领会数学的美学价值，从而提高自身的文化素养和创新意识."

（一）养成数学的观念或信仰

数学文化的核心是数学传统，而数学传统反映"专业质基"，其中的核心思想是关于数学本质的认识和理解. 我们学习数学的主要目的就是解决什么是"数学"这一问题. 高中数学课程是在义务教育阶段数学学习的基础上对数学的深入认识，在这一阶段学生需要形成较为成熟的数学观念，以帮助他们去认识数学的多重价值，形成理性思维、发展智力和创新意识.

所谓正确的数学观念是关于"什么是数学"的总的看法，它的形成依赖于主体对数学概念、定理、事实等的理解和应用. 前面我们阐释了数学对象具有较高的抽象性，数学理论来源于多次抽象的思维自由创造. 因此学生要形成全面的数学观念就必须了解数学抽象的内容和经历抽象建构的过程. 高中数学教学中开展数学文化教学，不是让教师只传授数学概念本身的字词含义、数学定理的条件和结论的构造，而是要对于数学概念、定理的背景知识和发展过程进行一定探索讨论，让学生经历数学概念的抽象建构过程，体会数学的模式观念.

《立体几何》是高中数学的重要学习内容，其内容主要来源于欧氏几何. 整个章节的学习可以让学生了解与现实世界对应的几何关系，帮助学生建构空间观念、推理意识，形成空间想象能力、逻辑推理能力. 但是欧氏几何并不是几何学的全部，学生应该通过了解不同几何学的异同和相关的历史故事来形成完整的几何观. 因此教师在教学过程中引入欧几里得的《几何原本》和"非欧几何"的话题是可以达到这一教学目标的.

罗巴切夫斯基针对《几何原本》的第五公设提出：过直线外一点做此直线的垂线和平行线，两者所形成的角不是直角，而是比直角小. 简言之，过直线外一点有两条以上的直线与已知直线平行. 我们可以利用欧氏几何中的对象构建模型进行证明.

(1) F. 克莱茵模型

在平面中克莱茵定义(如表 7－1)：

表 7－1

罗氏几何元素	欧氏几何元素
点	平面上一个圆内的点
直线	圆内的弦(不包括处于圆周上的点)
平面	圆的内部

如图 7 - 1 所示.

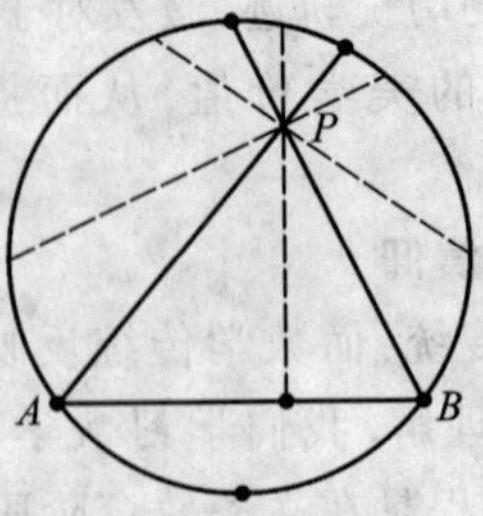

图 7 - 1

模型解释:过圆内不在已知弦 AB 上的点 P,PA 和 PB 过 P 而不与已知弦 AB 相交,即 PA、PB 都平行于直线 AB.

(2) 庞加莱模型(如表 7 - 2)

表 7 - 2

罗氏几何元素	欧氏几何元素
点	上半平面上的点(不包含界面直线 a 上的点)
无限远点	直线 a 上的点或上半平面上的无限远点
直线	上半平面上圆心在直线 a 上的半圆或垂直于直线 a 的半直线(这种半直线可以看作圆心在上的无限远点的半圆)
两直线的交角	两半圆在交点的两切线的交角;一半圆与一垂直于直线 a 的半直线的交点的切线与半直线的交角;垂直于直线 a 的二半直线的交角(此时两线平行)

如图 7 - 2 所示.

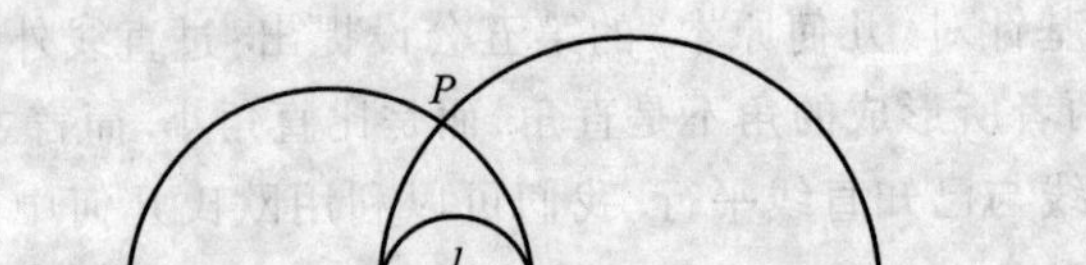

图 7 - 2

模型解释:过点 P 作两个圆心在直线 a 上的半圆代表罗氏几何中的直线,半圆 l 表示已知直线,过点 P 的两半圆与 l 相切于直线 a 上的点,因为直线上的点不是罗氏几何的点,因此过点 P 的两半圆与 l 不相交,即表明过点 P 至少可以作出两条直线与已知直线平行.

黎曼平行公设：已知直线 a 外一点 A，则在直线 a 与点 A 所在平面上没有一条直线过 A 而与 a 不相交.

我们利用球面模型证明黎氏几何公理系统相容性（如表 7－3）.

表 7－3

黎氏几何元素	欧氏几何元素
平面	球面
一个点	球面上同一直径的两个端点——一对对径点
直线	球面上的每个大圆

如图 7－3 所示.

模型解释：在球面上过大圆 a（已知黎氏直线）外一点 A 与球心 O 可作任意多个平面 a_i，过 a_i 与球面相交有任意多个大圆 b_i（黎氏直线），每一个 b_i 必与 a 相交，且两交点是同一直径的两端点（黎氏直线交点）.

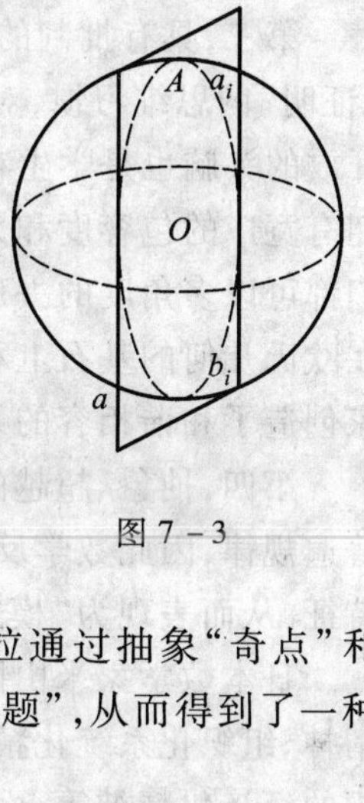

图 7－3

对平行公设作出不同变化形式的“罗氏几何”和“黎氏几何”（椭圆几何）的并存看起来自相矛盾、玄妙荒谬，但在逻辑上它们又是相容的，这体现了数学抽象的独立性和建构的自由性. 在课堂上合理的介绍它们可以极大的调动学生的求知欲，了解数学理论的建构过程，体会数学的系统性、严密性.

此外，数学问题及其解决的思维方法在一定程度上不同于其他科学，体现出“模式”的含义，它对于学生构成数学观念十分重要. 例如图 7－4 所示，著名的“哥尼斯堡七桥问题”，它起源于一个有趣的游戏，而数学家欧拉通过抽象“奇点”和“偶点”等概念将它合理的建构成一般意义上的“一笔画问题”，从而得到了一种数学“模式”，并用以解决更多的数学问题.

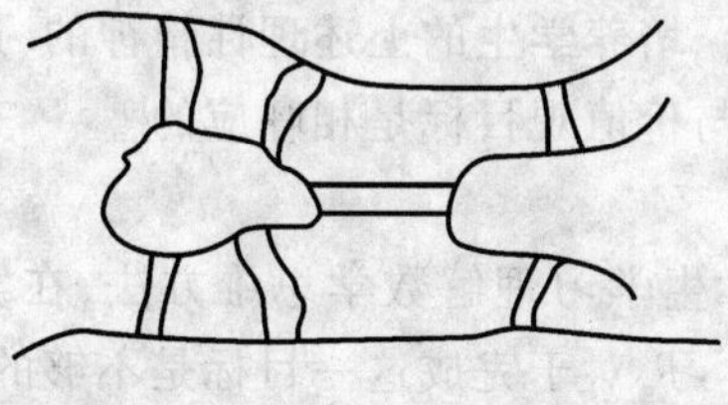
能否一次无重复地走过七座桥？

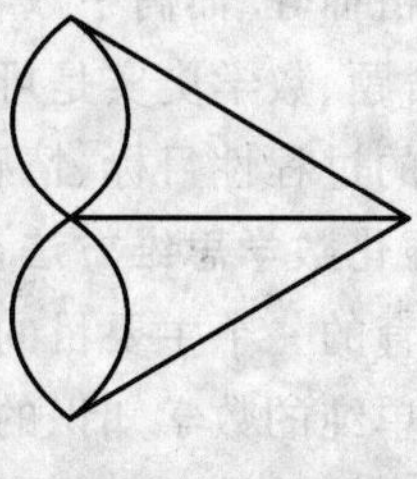
能否一笔画出上述图形？

图 7－4

（二）理解数学理性精神

数学传统中的规范性成分是指导数学家从事数学研究的一些规范和准则.结合高中数学课程的自身特点这些规范和准则可以被理解为数学的理性精神.东方数学文化传统中相对注重数学的社会效应，对数学内部的理性发展和整体认识则研究较少.我国著名的数学著作《九章算术》就是由日常农业生活中的问题衍生出相应的数学结论，并用以指导农业生产.相对而言，西方数学发展从古希腊开始就着力追求以理性、批判性和反宗教的态度去研究自然，努力寻找构造自然的有序和理性的规律，这形成数学的理性精神.

第一，我们研究自然界应采用纯客观的、理智的态度，严格区分主客体.数学的抽象性决定了数学理论的研究是通过严格的逻辑分析，揭示对象固有的性质和相互关系，数学研究是一种“数学化”、“一般化”的过程.

第二，我们对自然界的研究应当是精确的、定量的.数学抽象保留了量，舍弃了质，因此数学给予精密的自然科学以某种程度的可靠性.

第三，具有批判的精神和开放的头脑.高中数学学习应该让学生养成坚持“证明”的思维习惯，对于任何权威或是自身的强烈信念敢于批判与质疑.同时，开放的头脑也是学生在真理探求过程中应当始终保持的.头脑的开放性让我们拥有宽广的包容度和无限的创造意识，无论假说或理论是否得到理性的确证，我们都可以多角度的去理解、去变换、去思维、去建构.正如非欧几何的建立一样，在欧氏几何的基石上利用批判的态度和开放的思维，罗巴切夫斯基、黎曼等数学家创造了和谐相容的系统.

第四，抽象、超越的思维趋向.由于数学抽象超越直观经验刻画事物本质和普遍规律，因此数学反映的是一类事物的共同性质，而非个别事物或现象的量性特征，从而表现为“模式”的研究.

日本数学家米山国藏具体分析了数学精神包含:应用化精神、扩张化一般化精神、组织化系统化精神、致力发明发现的精神、统一建设精神、严密化精神、思想的经济化精神等.而高中数学课程中教师通过设计有效的教学情境，学习数学概念、数学命题、数学史实是可以体会、培养学生的上述理性精神的.这与课程目标中设计中的过程性目标、情感态度与价值观目标是相呼应的.

（三）强化数学思维方法

数学教育的一个主要目的是让学生学习理解数学思维方法，在实际教学过程中仅依靠单纯的数学知识的课堂学习，对于完成这一目标是不够的.数学思想方法相对于理性精神而言，是从微观的角度阐释数学的文化价值.它指明一些数学思维模式和研究思想，在教学环节中具有较高的具体性和可操作性.

(1) 公理化的思想——在理论的组织中应当用尽可能少的概念和命题作为

必要的基础，并通过明确的定义和逻辑推理来建立演绎的体系.公理化方法的基本问题指相容性——无矛盾性；独立性——公理系统中的每一条都有存在的必要性；完备性——确保从公理系统出发能推出所论数学分支的全部命题而不需凭借经验和直观.例如，希腊数学家欧几里得以关于几何对象点、线、面的事实作为不加证明的5个公设，在此基础上进一步引进5个断言作为公理.通过这些公设和公理，他逐步推演出465个命题，形成了实质性公理系统，完成了著名的《几何原本》.

高中数学中我们不明确指出原始概念，采用直观描述的方法定义概念，例如"集合、平面".同时，我们扩大了公理体系，降低了认识与教学难度.例如，我们不加证明地去使用了"两点间线段最短"、"垂线的唯一性"、"三角形全等的判定"等定理.

(2) 数学化思想——如何由实际问题建构数学模型，并用数学知识和方法以求得问题的解决.数学化的过程与高中阶段的数学应用课程有着直接的联系，其中包括的重要思维方式和思想方法.一是定量到定性的研究思想；二是简化和理想化思想.利用数学模型研究对象或现象的量性特征，揭示其内在规律.

实际问题：在任意6人的集会中总有3人互相认识或互相不认识.

数学模型：将6个人抽象为6点，分别为A、B、C、D、E、F，且无3点共线，若两人认识则用实线连接相应两点，否则用虚线连接，这样构成一个有6个顶点的图.问题转化为：此6点图中一定有实线三角形或虚线三角形.

问题解决：考察由顶点A引出的5条边，由抽屉原理知，至少有3条边同为实线或同为虚线.不妨设AB、AC、AD为实边，如图7-5.

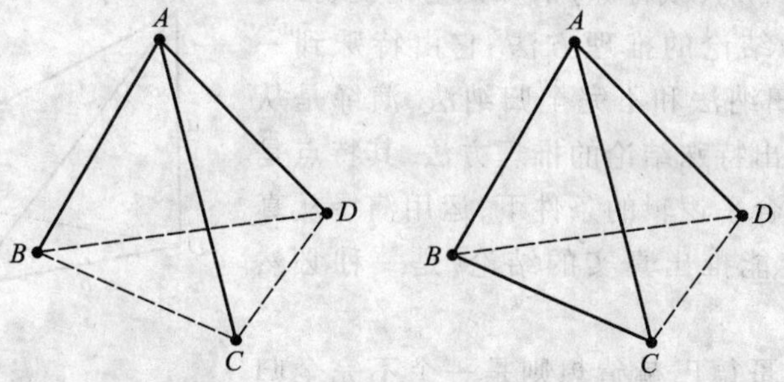

图7-5

① 若$\triangle BCD$的3条边都是虚线，则$\triangle BCD$为虚线三角形，于是问题得证；

② 若$\triangle BCD$的3条边不全是虚线，不妨设BC边是实线，则$\triangle ABC$为实线三角形，于是问题得证.

(3) 逻辑思维方法——根据已知的判断遵循逻辑规律与法则推出新的判断的思维方式.它包括分类与类比、归纳与演绎、分析与综合、证明与反驳.

分类是依据一定的标准将对象区分为不同种类的逻辑方法.分类应当相称,根据同一标准,按一定的层次逐级进行.类比是由两个或两类思考对象在某些属性上的相同或相似,推出它们在另一属性上也相同或相似的一种推理方法.类比推理的结论是或然的,它常为数学研究提出假说和猜想.

例如勾股定理:在直角$\triangle ABC$中,a、b为直角边,c为斜边,则$c^2=a^2+b^2$.在立体几何中我们可以类比得到以下结论:

(1) 在图7-6的长方体中a、b、c分别为长、宽、高,d为一条对角线,则$d^2=a^2+b^2+c^2$;

(2) 在图7-7的长方体中,a、b、c分别为交于同一顶点的三个面的面对角线,d为一条对角线,则$2d^2=a^2+b^2+c^2$;

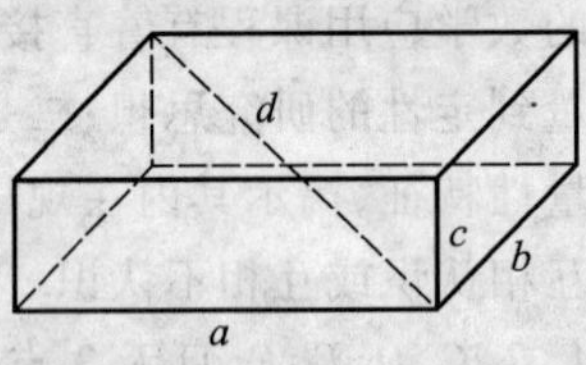

图7-6

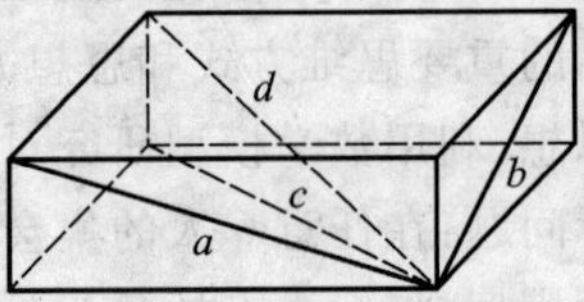

图7-7

(3) 在图7-8的三棱锥$D-ABC$中$AD\perp DB$、$AD\perp DC$、$DB\perp BC$,则$S^2_{\triangle ABC}=S^2_{\triangle ADB}+S^2_{\triangle ADC}+S^2_{\triangle DBC}$.

归纳是以个别(或特殊)的知识为前提,推出一般性知识为结论的推理方法.它由特殊到一般,分为完全归纳法和不完全归纳法.演绎是从一般性原理得出特殊结论的推理方法.其特点是在推理的形式合乎逻辑的条件下,运用演绎从真实的前提一定能推出真实的结论,是一种必然推理.

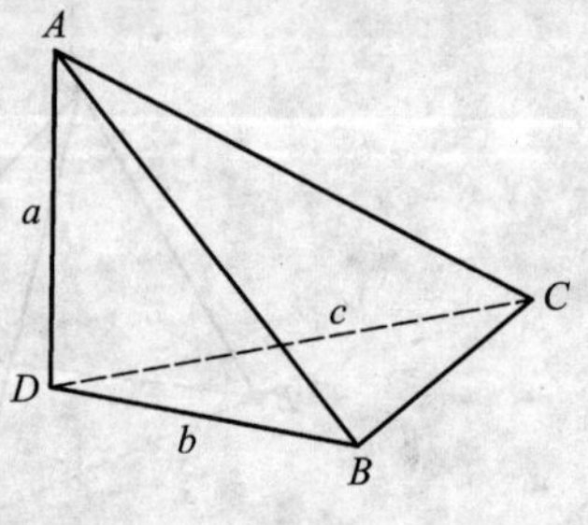

图7-8

而著名的哥德巴赫猜想则是一个不完全归纳的好例子.观察等式:

$4=2+2,6=3+3,8=3+5,10=3+7,12=5+7,14=11+3,16=13+3,\cdots\cdots$

猜想:任何大于2的偶数都可以表示为两个素数之和.

分析法将整体分解为部分,把复杂事物分解为简单要素分别加以研究,从而认识事物的基础或本质的一种方法.综合法则从事物的各个部分、方面、层次和因素的特点及属性出发，寻求它们之间的内在联系，然后加以概括提升，由此获得事物整体的本质与规律的认识方法.

证明是借助于已确立其真实性的命题来确定另一个命题的真实性的思维方法. 它由论题、论据和论证方式构成，论题必须明确同一，论据必须真实充分而不循环，论证过程和方式必须遵循推理规则. 反驳是以确知为真的命题驳斥另一命题的虚假性的逻辑方法. 它由反驳论题、反驳论据和反驳方式组成. 逻辑特点表现为目标是论证命题为假，必然出现矛盾.

费尔玛猜想：$F_n = 2^{2^n} + 1$ 都是素数. 但欧拉计算 $F^5 = 4\ 294\ 967\ 297 = 641 \times 6\ 700\ 417$ 不是素数，这反驳了费尔玛猜想.

(4) 非逻辑思维方法——没有固定逻辑模式的限制，具有一定的灵活性、突发性和创造性的思维方式. 它包括想象与联想、直觉与灵感.

想象是在原有表象的基础上加工改造，形成新形象的思维方法. 数学创造需要我们富于想象，数学抽象也离不开想象，它不依赖现成的数学语言和符号，只根据思维目的和任务在头脑中独立创造出新的形象.

数学家们在理解"无穷远点"这一概念时，想象发挥了巨大的作用. 匈牙利数学家路沙·彼得想象："直线是两侧无限延伸的，由于每条直线上只加了一个无穷远点，因此直线的两端将在无穷远处相遇，即变成某种形式的圆. 而且所有的直线都将悬挂在无穷远直线的各点上，如图 7－9 所示，好像果实悬挂在果树上一样".

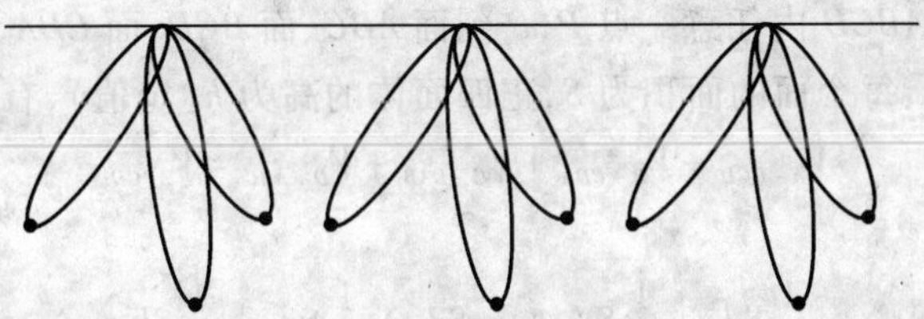

图 7－9

联想是指由一种思考对象而想到另一种思考对象的方法，其特点是通过形象的彼此连接而达到对事物的认识. 它一般由联想诱因、联想结果和联想途径组成. 联想方法运用的关键在于根据联想诱因寻求联想途径，而数学对象间的关系(相近、相似、相反、逻辑关系、辩证)制约着联想途径，可分为接近性联想、相似形联想、对比性联想.

例如，证明命题：正四面体内任意一点到各面的距离之和为定值. 采用对比性联想考查命题：正三角形内任意一点到各边的距离之和为定值.

设图 7－10 中正三角形 $\triangle ABC$ 分割成三个小三角形 $\triangle APB$、$\triangle APC$、$\triangle CPB$，

设正三角形边长 h 为定值.

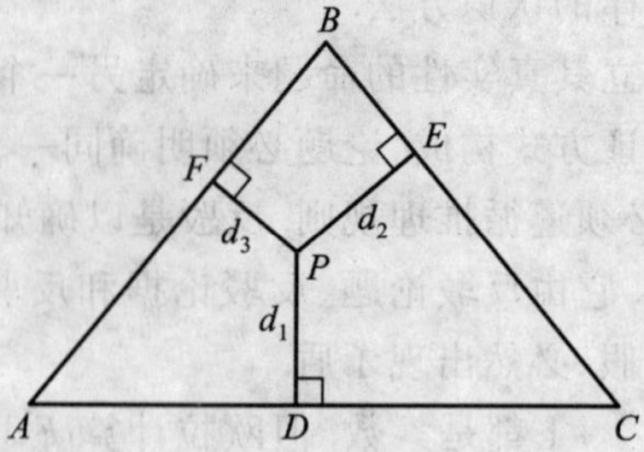

图 7－10

因为

$$S_{\triangle ABC}=S_{\triangle APB}+S_{\triangle APC}+S_{\triangle BPC},$$

即

$$\frac{\sqrt{3}}{4}h^2=|AB|\times d_3+|AC|\times d_1+|BC|\times d_2=|AB|\times(d_1+d_2+d_3),$$

所以

$$d_1+d_2+d_3=\frac{\sqrt{3}}{4}h.$$

用相似的方法可以证明原命题：

设四面体 $ABCD$ 内任意一点 P，P 到面 ABC、面 BCD、面 CDA、面 DAB 的距离为 d_1、d_2、d_3、d_4，每个面的面积为 S，正四面体的高为 h(定值)，有：

$$V_{A-BCD}+V_{B-CDA}+V_{C-DAB}+V_{D-ABC}=V_{ABCD},$$

所以

$$\frac{1}{3}Sd_2+\frac{1}{3}Sd_3+\frac{1}{3}Sd_4+\frac{1}{3}Sd_1=\frac{1}{3}Sh,$$

即： $d_1+d_2+d_3+d_4=h$ 为定值.

对于直觉，美国教育家布鲁纳认为："直觉是指没有明显的依靠个人技巧的分析器官掌握问题的或情境的意义、重要性或结构的行为."数学家 F. 布洛赫认为"所谓直觉是把那些你已经了解很充分的事物的认识并接起来形成一个完整的认识."我国科学家钱学森则认为："直觉是一种人们没有意识到的对信息的加工活动，是在潜意识中酝酿问题然后与显意识突然沟通得到问题的答案".可以看出，直觉是一种客观存在的思维形式，表现为突发、迅速、整体感悟等特征.因此数学直觉就具有整体性、直接性、突发性和自由性等特点.关注数学直觉的教学可以加强学生对数学基础知识的直觉认识，鼓励猜想培养学生的预感预测能力.

将一个棱长相等的三棱锥和四棱锥的一个面重叠后所得的几何体有几个面？这是在立体几何学习过程中给学生的一道思考题. 在课堂解答过程中学生的答案分为两种,多数学生直接将三棱锥的4个面加上四棱锥的5个面,再减去重叠的两个面,得到答案是7个面,而有极少数学生直觉感到在重合过程中有些面拼接成一个面了,因此答案是5个面. 针对这样的分歧可以向学生介绍这道题来源于美国数学竞赛,当时一位学生丹尼尔挑战权威,根据自己的直觉感知和模型证明得到了正确答案是5个面. 在图7－11中我们将面 VAD 重叠，可以利用二面角证明 S、V、B、A 共面,S、V、C、D 共面,数一数的确只有5个面. 此外还可以拓展问题,让学生用更多的三棱锥去重叠四棱锥依靠自身直觉去获取答案并证明它.

灵感是人们在创造活动中以突然顿悟的方式表现出来的一种能力,是最富有创造性的一种心理状态. 灵感表现为人们在长期解决问题中的一种突然性领悟,是一种显意识与潜意识的突然接通,这不同于直觉. 但是,灵感又是直觉的更高发展,是一种突发性直觉,因此两者具有深刻的本质联系.

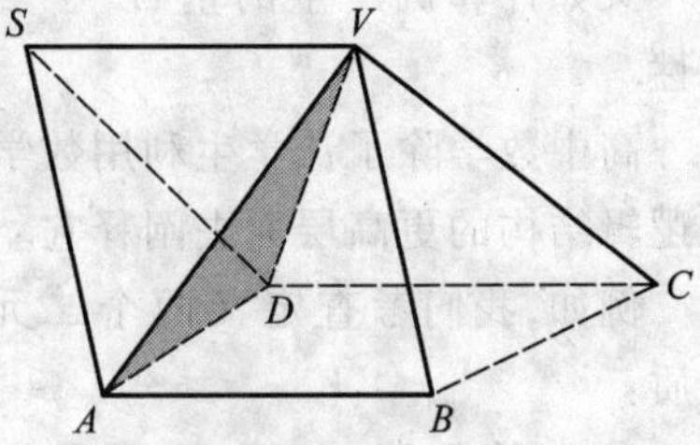

图7－11

解析几何基本思想——数形对应的坐标法就是来源于其创立人笛卡尔的灵感. 据说笛卡尔观察一只苍蝇在天花板的角落爬行时突发奇想,只要知道苍蝇与相邻两墙距离之间的关系,就可以描述苍蝇的爬行路线.

(四) 欣赏数学美

美学研究一直是文化传统中不可或缺的部分,那么作为数学文化课程的价值取向中也应有数学美学的位置. 在现有数学教学中由于教学素材的缺乏,学生对数学美的学习体验比较单一,多数停留在对数学图形的直观感受层面上.《普通高中数学课程标准(实验)》中设置数学文化内容,强调数学学习中的美学体验. 因此数学教师应了解、认识数学美的内涵,丰富体验数学美的可操作素材.

现代美学实质上包括三个部分:一是关于美的哲学的探讨;二是关于审美心理的探讨;三是关于艺术理论的探讨. 对于数学美的本质问题也有多种认识,古希腊哲学家亚里士多德认为:“数学的科学特别体现了秩序、对称和明确性,这些正是美的主要形式.”在数学家罗素的眼中,数学美是一种“冷而严肃的美”. 而数学家波莱尔指出:“数学在很大程度上是一门艺术,它的发展总是起源于美学准则,受其指导,据以评价的.”由此我们感知到数学美是数学活动者在其创造活动中的一种感受、一种体验. 我们应该了解的是数学美具有客观性,社会性、物质性和宜人性.

而对于高中具体的数学课程而言,数学美的具体内容形式主要有以下几点:

(1) 简单性

这是数学美的基本表现形式. 作为反映现实世界量及其关系规律的数学理论体系,总能给人以简洁之感,这也是数学家在研究活动中追求的目标.

数学发现和创造中存在着简洁美,例如代数运算乘法和冪的运算简洁地替代了重复的加法运算和乘法运算:

$$\underbrace{5+5+\cdots+5}_{7个5}=5\times 7$$

$$\underbrace{5\times 5\times\cdots\times 5}_{7个5}=5^7$$

又如计算机产生的基石——二进制,它的建立则代表了逻辑关系中的简洁性.

高中数学除了让学生利用数学符号在证明、计算中体会简洁之美,同时还应从逻辑结构的更高层面去阐释它.

例如,我们考查定义两个二元运算“+”、“·”的元素集合 M,具有如下性质:

① 运算“+”、“·”满足交换律;

② 对“+”、“·”在 M 中存在一个单位元,分别是 0 和 1;

③ 每一运算关于另一个运算的分配律成立;

④ 对 M 中的每一个元素 a 存在 M 中的另一元素 a',有 $a+a'=1$,$a\cdot a'=0$.

将上述 4 点作为原始命题能够推导以下命题:

① 对 M 中的所有 a、b,有 $(a\cdot b)'=a'+b'$,$(a+b)'=a'\cdot b'$;

② 对于 M 中每个 a,有 $(a')'=a$;

③ 对 M 中的任意两元素 a、b,有 $a+a\cdot b=a$ 和 $a\cdot(a+b)=a$.

以上即可看作是布尔代数的一个公理体系. 利用较少的基本概念和公理,简洁地演绎出庞大的理论体系,满足了相容、独立和完备的特征.

(2) 统一性

数学中部分与部分、整体与整体之间的内在联系或共同规律表现出和谐、协调和一致.

数学推理的严谨性和矛盾性体现了和谐,表现在一定意义上的不变形,反映了不同对象的协调一致.

图 7-12 中的圆柱、圆锥和球三个几何体的体积之比为:$V_{圆}:V_{球}:V_{圆锥}=3:2:1$.

著名的欧拉公式 $e^{i\pi}+1=0$ 将有理数、无理数和虚数和谐的统一在如此简洁的数学式子之中.

(3) 对称性

对称美一直是中学数学课程关注的数学美的一种主要形式,集中在让学生观察欣赏数学图形、几何体的对称美. 毕达哥拉斯说:"一切立体图形中最美的是球形,一切平面图形中最美的是圆形."

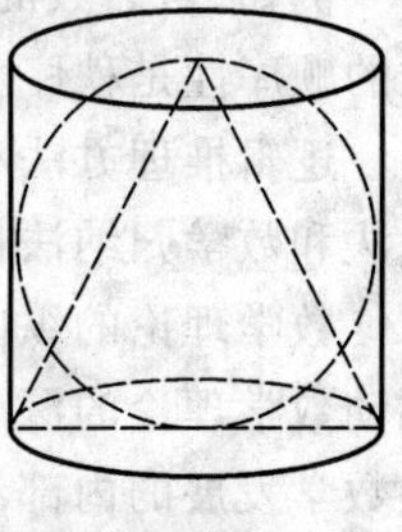

图 7-12

图 7-13 给出了等边三角形的六种可能对称性.

A:顶点 1 不动,翻转三角形顶点 2 与 3 互换;

B:顶点 2 不动,翻转三角形顶点 1 与 3 互换;

C:顶点 3 不动,翻转三角形顶点 1 与 2 互换;

D:三角形按逆时针旋转 120°;

E:三角形按顺时针旋转 120°;

F:三角形不动.

此外对称美还表现在数学形式和结构的对称性、数学命题关系中的对偶性、数学方法中的对偶原理方法等多角度、多方面.

对偶是数学对称美的一种极富特色的表现形式,其实质是一种极性互反关系. 比如逻辑对偶——某个和任何、有与没有;序对偶——二元关系"≤"与"≥". 另外,对偶命题的真值是相同,观察下面命题:

"两点确定一直线"与"两直线确定一点";

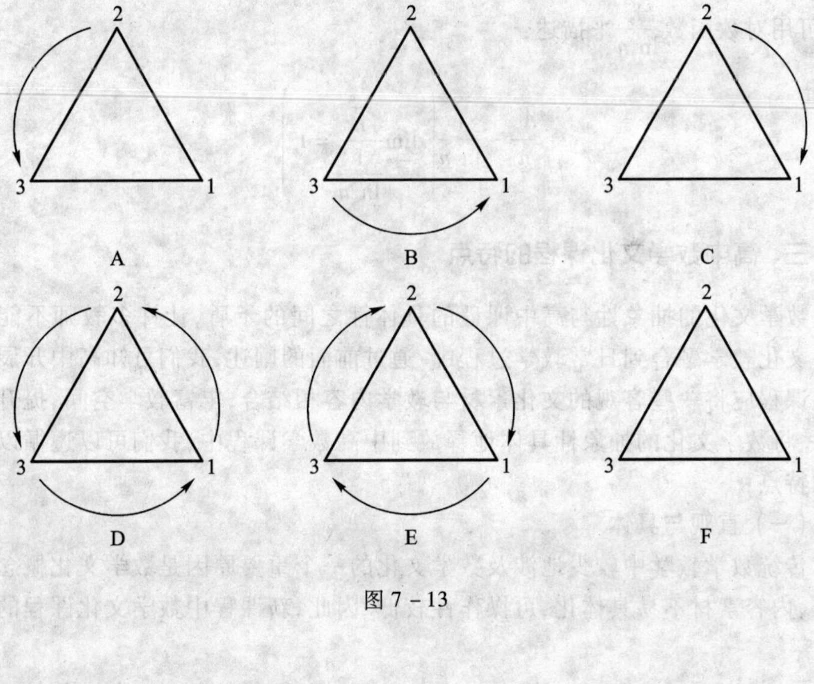

图 7-13

"不共线的三点确定一个三点形"与"不共点的三直线确定一个三线形".

(4) 秩序性

所谓秩序是事物在空间或时间上排列的先后. 数学是一门被看做关系系统的序的科学,它总是舍弃了实质,而与一定的形式相关. 单一元素只能在使之有序化的系统联系之中才能得到决定并因而获得意义.

例如,自然数的子集总是可以与数学中的序关系建立起一一对应关系,自然数的顺序性是秩序美的基础.

逻辑推理方法和公理化方法也是一种顺序关系. 高中阶段学习的递推法、迭代法和数学归纳法在解题过程中体现了顺序所带来的简洁和富于成效.

数学理论的纵向发展也是一种秩序美. 数学理论是有组织的系统,数学家在推动数学理论的深入发展过程中追求着数学的整体序化,因此秩序美可以看做是数学发展的内部动力之一.

(5) 奇异性

数学中存在一定的习惯法则和统一格局,而这些在一定程度上又可以被新的事物所突破或超越,这种出乎意料、超越想象的思维方式给数学带来了新颖和奇特的感受. 奇异性来源于数学发现,学生感受它有利于激发学习兴趣和探索精神.

例如,高斯猜想:素数个数的平均分布$\frac{A_n}{n}$(A_n 表示 1,2,3,…,n 间素数的个数)可用对数函数$\frac{1}{\ln n}$来描述:

$$\frac{A_n}{n}\sim\frac{1}{\ln n}\left(\lim_{n\to\infty}\frac{\frac{A_n}{n}}{\frac{1}{\ln n}}=1\right).$$

三、高中数学文化课程的特点

数学文化的抽象性与高中课程的具体性之间的矛盾,让许多教师不能较好的将文化教学融合到日常教学过程中. 通过前面的阐述,我们可知高中开展数学文化课程应将一些客观的文化素材与教学内容相结合,丰富教学空间,提升教学效果. 将数学文化的抽象性具体地释放到中高数学课程中,我们可以遵循以下原则和特点:

(一) 直观与具体

传统数学教学中较少地涉及数学文化的一个重要原因是数学文化概念相对抽象,内容素材不易具体化,可操作性较低. 因此,新课程中数学文化课程的开展应该首先解决数学文化教学的选题问题. 文化课程内容载体应该继续依靠现有教材中的阅读材料,提供直观和具体的数学史素材. 选择的数学史素材大致可分为三类:

(1) 与课程内容相关的数学家介绍. 如解析几何与笛卡尔、集合论与康托、立体几何与欧几里得等;

(2) 与各章节教学内容相关的数学理论的历史发展故事. 如集合论的产生、数系的发展等;

(3) 由教学内容相关的课外数学应用知识介绍. 如二进制与计算机、拓扑学的产生、提升了教师选择空间,丰富了现有文化教学内容的层次.

教师可以为学生在选择与教材相关的数学文化课方面提供一些参考:

(1) 集合——无限和悖论;
(2) 平面解析几何的产生与数形结合的思想;
(3) 微积分与极限思想;
(4) 欧拉公式与拓扑学;
(5) 艺术中的数学;
(6) 商标设计与几何图形;
(7) 彩票与概率;
(8) 调查与统计;
(9) 金融中的数学.

(二) 多样化的教学方式

数学文化的教学方式一直是教师们感到困惑的问题. 传统教学中对此停留在学生自身阅读的单一形式,对于内容扩展和教学延伸没有足够关注. 新课程将数学文化作为一种课程内容,教师需要改变观念,给予文化课程足够的教学时间,不应该以"考不考"作为"学不学"的标准. 教学方式上应该综合采取专题演讲、小组讨论、撰写论文或报告等多种形式. 对于教学课题教师应积极利用图片、幻灯(片)、录像和计算机软件进行形象化处理,从而实现课堂教学;同时学生可以利用图书、网络等工具查找、阅读、收集资料文献完成课外作业以配合教师的课堂教学. 另外数学文化课题与其他学科内容有相互交叉融合的部分,教师应主动合作交流,充分开发利用校内外教育资源.

此外,新课程在选修课程系列 3 中设置了数学史选讲. 这部分主要是通过了解不同时代的数学史实,回溯数学发展中的重要事件和人物,介绍重要的思想方法. 因此,它与数学文化课程应该紧密结合,教师应从课堂教学素材、教学方式、评价方法等多方面进行相互渗透、相互辅助.

（三）注重过程的体会

开展数学文化课程的主要目的是让学生在多种动态的学习过程中去体会和了解数学科学、应用、人文等多种价值. 它是一个综合的学习过程，伴随着课题的选择、资料的收集、教学素材的整合实施、学习体会的交流等过程. 在这些过程中，学生可以查阅、收集、梳理、分析数学文化史实资料，感知、经历、体验数学问题的提出，参与、探究数学家经历的思维过程，认识、体会数学结论的价值，增强、形成、树立、发挥、发展数学认识和素养. 因此文化课程的实施重点是“学习过程”设置. 课题的选择过程是首要的，它帮助教师和学生从生活中去寻找线索，提出问题. 其次是课题资料收集过程，这一过程需要教师和学生共同完成. 教师要积极地引导学生收集资料、分析素材. 再次是课堂实施过程，它以教师为主导，学生为参与主体. 教师设计灵活的教学环节，可以根据学生资料收集的不同进行能动性的调整，使教学过程呈现一种合作的氛围. 最后是课后的交流评价过程，这是一个开放的活动过程. 教师可以引导学生撰写心得体会，也可以学生分组探索拓展课题.

（四）评价的综合性

每一种课程必须配有一定的评价机制. 新数学课程的评价价值取向已由关注目标转向关注过程、关注主体. 评价方式由“量化研究”转向“量化研究”与“质性研究”相结合. 这种评价提倡理解而不是控制，在评价过程中，教师与学生是一种“交互主体”关系，是一种民主参与、协商和交往的过程，因此能够极大的尊重学生的主体性和差异性.

数学文化课程主要是一种介绍与现有教学内容相关的知识的了解性课程. 因此对于知识和技能的评价应该处于一种知道和了解的状态. 而更重要的是评价学生在了解文化背景知识过程中的情感、态度和价值观的变化，重视主观能动性的发挥，重视学生在整体过程的综合表现. 评价的方式应采取答辩会、报告会、交流会等汇报交流形式，不以分数和等级做量性评价. 学生之间也可以进行互评、自评以提高交流合作的意识能力.

案例分析

【案例】

集合与无限观、数学悖论

教学目标：了解数学悖论，提升对集合的认识.

教学时段:高一集合学习完之后

教学准备:制作幻灯片

教学过程:

1. 问题引入:

(1) 正整数集中的元素和正整数平方数集中的元素哪个多?

(2) 正整数集中的元素和偶数集中的元素哪个多?

(3) 长度分别为 4 cm 和 6 cm 的线段 AB、CD 上的点是否一样多?

学生讨论,分组给出结论并说明理由.

2. 无限观的发展

(1) 公元 5 世纪,古希腊厄利亚学派的芝诺(Zeno)提出了两分法悖论、阿基里斯悖论、箭的悖论和运动场悖论:

两分法悖论——在你穿过一段距离之前,你必先穿过这个距离的一半,由于空间是无限可分的,你不能在有限的时间穿过无穷个点,所以运动是不存在的.

阿基里斯悖论——跑得最快的阿基里斯永远追不到爬得最慢的乌龟.

箭的悖论——飞着的箭是静止的.

运动场悖论——一半的时间和整个时间相等.

四个悖论都揭示了"无穷"的含义.

(2) 公元 4 世纪,古希腊哲学家亚里士多德(Aristotle)将无穷区分为"潜无穷"和"实无穷".数学中的无穷是潜无穷,而实无穷是不存在的.

(3) 公元 17 世纪,意大利天文学家和数学家伽利略(G. Galilei)发现在正整数集和正整数平方数集之间可以建立一一对应关系,于是得到了部分与整体相等的数学悖论,所以他认为无穷大量都是一样的,不能比较大小.

(4) 公元 19 世纪,捷克数学家波尔察诺(B. Bolzano)认为要比较两个无穷集合的大小有两种方式:一是在集合之间建立一一对应关系;二是在集合之间建立包含关系.当集合与其真子集建立一一对应关系时,波尔察诺认为这两个集合元素个数不应相等.因此他以包含关系为比较无穷集合的准则:如果集合 A 是集合 B 的真子集,那么 A 的元素个数少于 B 的元素个数.

(5) 德国数学家康托(G. Cantor)将实无穷概念引入创立集合论.他定义了"势"(基数),提出比较两个无穷集合的"一一对应"准则:当且仅当在集合 A 和集合 B 之间存在一一对应关系时,这两个集合 A、B 具有相同的势.此外,康托还证明了有理数集与正整数集具有相同的基数、单位线段上的点的集合与单位正方形所含的点的集合是等势的.他认为一个无穷集合可以与它的真子集具有一样多的元素,这正是无限集和有限集的区别.

3. 问题解决

由康托的"一一对应"准则,引导学生建立对应关系,回答前面的问题.

例如:正整数与正整数平方之间建立如下一一对应关系:

$$\begin{array}{cccccc} 1, & 2, & 3, & \cdots, & n, & \cdots \\ \updownarrow & \updownarrow & \updownarrow & & \updownarrow & \\ 1^2, & 2^2, & 3^2, & \cdots, & n^2, & \cdots \end{array}$$

4. 认识悖论与数学悖论

活动一:

请学生判断下列语句的真假:

(1) "我现在所说的是假话".——说谎悖论;

(2) 一位理发师给自己定下一条规则:他只给村子里自己不给自己刮胡子的人刮胡子.请问:这位理发师该不该给自己刮胡子?

(3) 毕达哥拉斯悖论——毕达哥拉斯学派认为宇宙一切事物都可归结为整数与整数之比.但是,勾股定理说明了三角形的斜边不能表示为整数与整数之比(不可通约量).

(4) 罗素悖论——集合可分为两类:若集合 A 是他本身的元素,即 $A\in A$,称这类集合为本身分子集;若集合 A 不是他本身的元素,即 $A\notin A$,称这类集合为非本身分子集.问:一切非本身分子集全体构成的集合是哪种集合?

活动二:

理解数学悖论与数学危机(如表 7-4):

表 7-4

时间	原因
公元前 5 世纪	毕达哥拉斯悖论
公元 18 世纪	微积分基础之争
公元 20 世纪初	罗素的集合论悖论

活动三:

请学生自己设计悖论.

5. 问题小结:

数学悖论的出现促使了数学发展,而对于"无穷"的认识基本趋于两种观点:潜无穷和实无穷.所谓潜无穷是指把无限看成一种过程,一种永无终止的生成过程;而实无穷则把无穷看成是一种已经生成了的或现实存在的对象.

【点评】

现在高中数学课程第一章是关于集合的初步知识,在整个高中课程内容中它作为一个工具语言贯穿所有教学内容.新课程标准在必修数学 1 中要求掌握集合的含义、表示及集合间的基本关系,使学生学会使用最基本的集合语言表示有关的数学对象,发展运用数学语言进行交流的能力.基于此,我们认为对于集合的学习可以在背景知识上做一些拓展.学生知晓集合论创立过程中一些关键性的概念创设的争论与发展的历史史实,有助于帮助他们更全面地认识集合在高中数学知识体系中的地位,理解集合的工具性作用.

资源链接

1. [美]R.柯朗,H.罗宾.什么是数学——对思想和方法的基本研究.左平,张饴慈译.上海:复旦大学出版社,2005.182－242,279－340

该书用浅显易懂的语言讲述了数学定义和理论,同时将理论产生的历史背景用讲故事的方式道出,十分重视对数学思想和方法的阐释.作为数学科普读物适合多数人群阅读.

2. 郑毓信.数学教育哲学.成都:四川教育出版社,2001.105－160

这部分从哲学角度较为全面地阐释了数学文化的含义,也同时从微观的层面为数学文化课程提供了内容素材.

3. [美]M.克莱因.数学:确定性的丧失.李宏魁译.长沙:湖南科学技术出版社,2000.62－262

这部分以历史时间为序讲叙数学发展所经历的重大变革,从自然科学和逻辑学的角度广泛深入探讨思想史,主要是数学思想史.其中我们可以深刻感受到数学理性精神的发展进程.

教学反思

【反思文章】

数学文化课程教学实效思考

数学文化作为一个宏观的概念提出来需要一线数学教师在充分认识概念内涵的前提下将数学文化作为具体的课程内容呈现出来.笔者在讲授立体几何章节知识的教学实践中结合教学内容分层次给学生渗透了非欧几何的内容:从平行公理的变形—非欧几何的主要结论对比—利用欧氏几何模型证明—对应现实模型理解.在一系列的教学过程中多数学生表现出极大地学习兴趣,能够不加证明去接受并理解相应的结论,某些能力较强的学生还自愿阅读相关的课外书籍,

提高理解的层次.而作为教师的我通过实际教学感到,在文化课程开设中需要教师体会以下几点:

首先,高中新课程标准指出:"数学探究、数学建模、数学文化是贯穿于整个高中数学课程的重要内容,这些内容不单独设置,渗透在每个模块或专题中."因此,教师应该改变将数学文化等同于数学史的观念.开展数学文化课程不只是看看教材中的阅读材料,而是对教师提出了更高的要求,即在教材没有安排专门课时和内容的情况下,要由教师主动发掘相关素材,在教学的过程中有意识地根据章节内容融合数学史、数学家的故事及数学思想方法.

其次,由于数学文化课程是一个全新的概念,教师也是学生,学生也可能是教师.这决定了文化课程的开展应是一个合作学习的过程,教师之间、师生之间、学生之间.教师作为引导者提出课题,作为合作者参与讨论探究.文化课程没有标准问题与答案,一切学习的方向由参与者共同讨论、探究、提出与解决.

最后,对数学文化的教学,重在潜移默化的渗透,正如当代数学家齐民友先生在数学与文化一书的序言中所说:"我这里并不想概括出什么是数学文化,而只是就它对人类精神生活影响最突出之处提出一些看法.诚然,其他的学科也可能有这些特点,但大抵是与受数学的影响分不开的."高中数学课程中的数学文化也应如此,不注重什么是数学文化等理论研究,而是让学生了解数学作为"现代科学技术的语言和工具"的重要地位,了解数学能够影响人类生活的几个特点,了解数学在促进人类思想解放、使人类摆脱宗教迷信等方面的历史功绩,了解它最根本的特征是"表达了一种探索精神",并把数学提高到文化盛衰、民族兴亡的高度来认识.

【反思探究】

数学文化课的开设不是为了给学生增加更多的数学知识,我们不能把文化课程只变成数学课的加深和拓展,而是应该旨在让学生了解数学知识产生、发展的过程,体会数学家采用或创造的思想方法.它应从哲学的、历史的和文化的角度帮助学生理解数学文化的发展、数学的综合价值及其对人类文明的影响.

第 8 讲
数学教学中如何开展研究性学习

思考研讨

1. 研究性学习和我们有关吗?

2. 在所谓的"知识爆炸"时代,怎样的学习更为有效?

3. 高中数学研究性课题学习要注意哪些问题?

4. 你在实践中是如何开展研究性学习课题的教学的? 通过这次学习,你有哪些体会?

理论概述

一、为什么要开展研究性学习

(一) 什么是研究性学习

研究性学习是近来教育界讨论的一个热点问题. 关于研究性学习,《全日制普通高级中学课程计划(试验修订稿)》是这样描述的:"研究性学习以学生的自主性、探索性学习为基础,从学生生活和社会生活中选择和确定研究专题,主要以个人或小组合作的方式进行. 通过亲身实践获取直接经验,养成科学精神和科学态度,掌握基本的科学方法,提高综合运用所学知识解决实际问题的能力. 在研究性学习中,教师是组织者、参与者和指导者."

研究性学习在实际教学中有两种理解. 一种理解是指学生在教师指导下,从自然现象、社会现象和自我生活中选择课题,以类似科学研究的方式去获取知识、应用知识、解决问题,进行主动探究的一种学习方式、学习活动或教学方式(如新课程中设置的研究性学习课程和数学课程中的专题学习就是这种方式). 另一种理解是贯穿于日常所有学习活动,在高中数学各章节的学习中都应渗透的学生主动探究问题的一种学习方式.

我们这里讨论的主要是第一种,即高中数学课程中安排的研究性学习课题,它包含了以下几层含义:(1) 师生关系是"学生在教师指导下";(2) 学习的基本形式是"以类似科学研究的方式";(3) 学习的基本内容是"获取知识和应用知识,以解决问题".

(二) 研究性学习和我们有关吗?

1. 作为课程的研究性学习

2000 年教育部颁布了《全日制普通高级中学课程计划(试验修订稿)》,该计划安排高中课程有三类:学科课程、综合实践活动、地方和学校选修课.综合实践活动是国家规定的必修课,包括研究性学习、劳动技术教育、社区服务、社会实践四部分内容.

2004 年教育部颁布了普通高中课程方案(实验),安排高中课程由学习领域、科目和模块三个层次组成.全部课程分为八个领域:语言与文学、数学、人文与社会、科学、体育与健康、技术、综合实践活动、艺术.综合实践活动包括研究性学习活动、社区服务、社会实践.研究性学习活动是每个学生的必修课程,三年共计 15 学分.

2. 数学学科中的研究性学习

全日制普通高级中学数学教学大纲指出:

高中数学分必修课、选修课,学校根据教学实际自行安排必修课、选修课的开设.每学期至少安排一个研究性学习课题.并明确安排研究性学习课题 12 课时.

高中数学课程标准在高中教学内容中安排了三部分内容:必修课程;选修课程;数学探究、数学建模、数学文化.要求把数学探究、数学建模的思想以不同的形式渗透在各模块和专题内容之中,并在高中阶段至少安排较为完整的一次数学探究和一次数学建模活动.

因此,无论是现行大纲还是将要推行的数学课程标准,都要求高中开设研究性学习课题,并要求把研究性学习方法渗透在整个高中数学各个模块的学习中.因此,每一个高中教师都不仅必须研究研究性学习,而且应该在教学实践中落实研究性学习.

(三) 为什么要提倡研究性学习

1. 知识社会呼唤学习方式的变革

人们把 21 世纪称为知识经济的时代,也称为信息社会,这是与农业经济时代、工业经济时代都不相同的,科技迅猛发展,新知识成几何级数增长的时代.

面对大量的新知识、新技术、新成果,要掌握它们有两条思路:

一条思路是提高学习的效率,即高效的学习.这种方法要求研究如何充分开发人的潜能，成倍甚至十倍、百倍地提高人的学习速度，在单位时间内学习和掌握更多的知识. 因此，需要重视各种提高学习效率方法的研究，包括各种快速阅读法、记忆法、思维技巧以及多媒体辅助学习方式的运用.

另一条思路就是研究性学习. 面对浩瀚的知识和信息，不是盲目的不分青红皂白的囫囵吞枣的学习，而是首先对信息进行分析处理，通过对信息的收集、分类、观察、归纳、分析、判断和研究，得到新的信息和结论. 培养学生的创造能力和创新意识是信息时代学校教育的核心，而创造能力的关键是对信息的处理能力. 这种学习就是在教学过程中创设一种类似科学研究的情境和途径，让学生通过主动的探索、发现和体验，学会对大量信息进行整理，从而增进思考力和创造力.

单纯高效率的学习，主要追求的是掌握知识的量，它在很大程度上反映了工业时代注重单位时间效率的观念. 然而信息时代的现实表明，单纯追求知识的量是不可取的. 一方面，知识剧增使得人们在数量上进行追逐已不可能；以今天知识产生和传播的速度而言，即使是"终身教育"，一个人所能掌握的信息也是极其有限的. 另一方面，掌握知识或信息多了不等于就好，更重要的是要学会如何处理、利用这些信息，进行研究性的学习. 当然，创造性思维也离不开一定的知识基础，因此研究性学习与高效的学习并不是对立的，而是相互依存、相互促进的.

2. 经济全球化要求创新型人才

实践能力尤其是创新与发展能力，在当今的国际竞争中将起到举足轻重的作用，当今社会的一个显著特点是经济的全球化，世界竞争形成了新的国际格局：强势国家和强权政府利用各种优势，极大地扩展其政治影响，各种不平等的鸿沟不断扩大，发展中国家和转型经济国家正处于被持续边缘化的危险之中. 全球化为现代化的进程创造了大量机遇，但也造成了不断增长的不平等现象和风险. 面对当今的国际竞争，迫切要求提高我们的创新与发展能力，但我们的现实情况却不容乐观：劳动力人口文化素质过低，科技创新人才严重短缺.

(1) 劳动力人口受教育程度不高

2000 年，我国劳动力人口 80% 以上仅具有初中及以下文化程度，10.97% 为未上过学或扫盲班文化程度，接受过高中和中等职业教育者占 11.95%，而接受过高等教育的劳动力人口比重仅占 3.89%.

中央电视台"中国制造"特别节目报导，中国目前初级技工占了 80%，高级技工只占 5%，而在发达国家则分别是 15% 和 35%.

(2) 高层次人才极为紧缺

2000 年，25 - 64 岁劳动力人口中，具有高等教育学历的比例仅为 5.2%，具有本科和研究生学历的人才仅占 1.38%，总人数尚不足 1 000 万人.

我国每百万人中从事研究与开发的科学家和工程师人数，1995 年为 454

人，仅为美国、日本的1/8－1/10，不到韩国的1/4.

(3) 对世界75个国家和地区的创新能力评价，我国处于第43位，低于巴西(第33位)和印度(第38位).

(4)《参考消息》报道，中国科技部官员接受记者采访时感叹道，我们生产的手机售价的20%，电脑售价的30%，数字机床售价的40%，都不得不作为专利费支付给海外企业.

(5)《参考消息》报道，世界知识产权组织的数据显示出中国的自主创新能力与发达国家存在着巨大差距.在过去的一年中，中国内地企业共申请了2 452项国际专利，但中国的国际专利申请数量远远落后于韩国(第6名，4 747项)、日本(第2名，25 145项)和美国(第1名，45 111项).

知识经济的兴起加速了世界经济的一体化，世界经济一体化则加剧了竞争.现代国际竞争，虽然是综合国力竞争，但关键是科学技术的竞争.日、韩等国通过“技术立国”得以迅猛发展，并在国际竞争中占领了有利地位.西方发达国家为了保持领先地位，加紧调整其科技战略.中国必须迎接严峻的挑战，对知识经济浪潮给予积极的回应.在今天，面对着这样一个全新的世纪，比以往所有世纪都竞争得更加激烈的世纪，我们的青年学生——国家的未来，能否承担起这个重任，今天的教育有着不可推卸的历史责任.

3. 学会学习是公民的基本素质

随着高中的扩招，高中学生在同龄人中的比例越来越高，高中教育不再是尖子人才的教育，而是普通公民的基本素质教育.美国著名未来学家、《第三次浪潮》的作者阿尔文·托夫勒说过：“未来的文盲不再是不识字的人，而是没有学会学习的人.”面对信息时代的挑战，学会学习是一个人生存和发展的基本需要，21世纪是知识经济时代，学会学习是新世纪合格人才的必备素质，努力培养学生自主学习的意识、习惯、能力和方法是实施素质教育的核心，是提高国民素质的基本任务之一.因此，提高学生自主学习的能力是全面提高自身素质的基础.

(四) 研究性学习的特点

研究性学习具有开放性、探究性和实践性的特点，是师生共同探索新知的学习过程，是师生围绕着解决问题，共同完成研究内容的确定、方法的选择以及为解决问题相互合作和交流的过程.①

1. 开放性

研究性学习的内容不是特定的知识体系，而是来源于学生的学习生活和社会生活，立足于研究、解决学生关注的一些社会问题或其他问题，涉及的范围很

---

① 见《普通高中“研究性学习”实施指南(试行)》.

广泛.它可能是某学科的,也可能是多学科综合、交叉的;可能偏重于实践方面,也可能偏重于理论研究方面.

在同一主题下,由于个人兴趣、经验和研究活动的需要不同,研究视角的确定、研究目标的定位、切入口的选择、研究过程的设计、研究方法、手段的运用以及结果的表达等可以各不相同,具有很大的灵活性,为学习者、指导者发挥个性特长和才能提供了广阔的空间,从而形成一个开放的学习过程.

2. 探究性

在研究性学习过程中,学习的内容是在教师的指导下,学生自主确定研究课题;学习的方式不是被动地记忆、理解教师传授的知识,而是敏锐地发现问题,主动地提出问题,积极地寻求解决问题的方法,探求结论的自主学习的过程.因此,研究性学习的课题,不宜由教师指定某个材料让学生理解、记忆,而应引导、归纳、呈现一些需要学习、探究的问题.这个问题可以由展示一个案例、介绍某些背景或创设一种情境引出,也可以直接提出;可以由教师提出,也可以引导学生自己发现和提出.要鼓励学生自主探究解决问题的方法并自己得出结论.

3. 实践性

研究性学习强调理论与社会、科学和生活实际的联系,特别关注环境问题、现代科技对当代生活的影响以及与社会发展密切相关的重大问题.要引导学生关注现实生活,亲身参与社会实践活动.同时,研究性学习的设计与实施应为学生参与社会实践活动提供条件和可能.

二、高中数学教学中如何开展研究性学习

(一)高中数学的研究性课题学习与日常教学中的研究性学习方法有什么不同?

表 8 -1 列出了研究性课题学习与日常教学中的研究性学习方法的特点:

表 8 -1

研究性课题学习	研究性学习方法
有课题和专用的课时	利用教材内容,渗透于数学各章节的学习
涉及的知识较广泛,综合性强	每次局限于某部分内容,涉及的知识较窄
学生系统的经历类似科学研究的全过程	强调探究的过程
教学目标重在过程,重在实践	既注重思维过程,又注重通过过程得到的结果
方法和结果往往都是开放的	重视数学结论和知识的系统准确
以研究报告或小论文等形式反映研究成果	不要求书面的结果
一般要求相互交流,学会交流	可以相互交流,也可以独立探索,没有统一要求

(二) 高中数学研究性课题学习

1. 开展研究性学习课题的目标

研究性学习是以培养学生的创新精神和创造能力为目的的活动课. 因此,掌握知识不是唯一的目标,重点强调的是经历探究的过程,是在实践探究过程中的创新精神、创造能力和实践能力. 因而也更强调知识的综合性、过程性和应用性. 具体而言,数学研究性学习的培养目标有以下几点:

(1) 培养学会提出问题和明确探究方向的能力

(2) 培养研究能力和创新能力

(3) 培养体验数学活动过程的能力

(4) 培养数学建模能力

(5) 培养人际交往能力

(6) 培养写作能力

2. 研究性学习的形式

"运用类似于数学学科的科学研究方法并获取和应用数学知识",表明了数学研究性学习的基本形式. 在学习过程中,学生将模拟数学家或数学爱好者的数学研究方法,"再现"数学研究及应用的过程,其实质就是学生对数学学科科学研究的思维方式和研究方法的学习与运用,通过这样一种基本形式和手段,培养学生科学的创造精神、求实精神、革新精神、自由精神、审美精神以及利用科学造福于人类的精神.

3. 研究性学习的内容

"在掌握数学知识的同时,体验、理解和应用数学学科的研究方法",表明了学习的基本内容. 从认知心理学的角度来看,数学学习可以分为三个层次:一是数学概念的学习,以了解数学对象的本质属性;二是数学命题的学习,以明确数学概念与数学概念之间的逻辑联系;三是数学问题解决的学习,即运用数学概念和数学命题解决数学问题. 数学研究性学习主要是第三层意义上的学习,其目的就在于发展学生运用数学知识去发现数学问题和解决数学问题的能力,这正是数学研究性学习与一般的数学知识与技能学习的根本区别. 数学研究性学习所采用的是问题解决的形式,让学生经历在不同的实际背景中去发现数学问题,寻找解决数学问题的策略,实施对数学问题的求解以及检验、论证与交流自己所获得的研究结论,推广数学问题的解等主动性活动. 在数学研究性学习的过程中,学生会面临各种实际背景材料、涉及多方面的知识,这些知识的选择、积累和运用完全以数学问题为中心,呈现横向的相互交叉状态. 数学研究性学习正是以"数学实践"与"数学创造"为指向的学习形式,是获取"知识"与培育"智慧"的辩证过程.

4. 数学研究性学习的师生关系

“学生在数学教师或相关学科教师的指导下”，表明了学习活动中师生间的相互基本关系，说明了数学研究性学习是在学校教育与班级教学的整体环境中进行的. 在学习过程中，学生需要来自于教师的“指导”和“帮助”. 教师的主要职责是创设一种有利于数学研究性学习的情境和途径. 数学研究性学习将促使学生摆脱被动、封闭的学习环境的禁锢，主动积极地去探索、尝试并谋求个体创造潜能的充分发挥. 在整个学习过程中，教师只需适度参与，重点是在组织、评价和总体指导等环节上发挥主导作用. 教师的指导要面向每一位学生的主动性和探索性的数学研究性活动，所创设的数学学习情境和所提供的背景素材要能够引起不同层面的全体学生的主动思考，激发学生之间、师生之间的积极交流. 这种在学习活动中，由学生的主动性和自主性以及教师参与的适度性和指导性所形成的师生关系，促成了学生自由奔放和新颖想象力的展开，营造了一种“无拘无束的氛围”和“自由呼吸”的空间，使学生的创造潜能得以充分释放.

应该看到，在科学技术飞速发展的21世纪，作为整个科学技术基础的数学，已在突破传统的范围而向人类的一切知识领域渗透. 数学正在各个学科领域中发挥越来越重要的作用，日益数学化的趋势已经显示出数学创新的巨大魅力. 正因为如此，数学研究性学习不再仅仅是数学教师的个体性指导，而更多的是相关学科教师相互协作的群体性指导，教师群体性指导与学生群体性探索构成了一个具有实践性、应用性、体验性、综合性、多元性、自主性、协作性、动态性、开放性、过程性等特征的数学研究性学习系统. 在这个学习系统中，所倡导的主要学习方式为“学生的自主性与协作性活动”，在研究现象、发现问题、解决问题的过程中，学生始终处于主体地位. 他们通过切身的体验和实践，突破原有的数学学科的封闭状态，挖掘校园内外的学习资源；通过与教师和同学间的交流等活动去从事有关数学知识的学习，提出有思考价值的数学问题，在较为复杂的情境中应用数学知识去解决实际问题，并从中获取新知.

5. 数学研究性学习题材的选取

数学研究性学习课题的内容虽然在高中课程标准教材中都有安排，但这些内容并不是必须的，选择与学生生活实际密切联系的课题，更加有利于学生的研究兴趣和感受到数学的用处. 因此，教师可以和学生一起选题，这也是研究性学习的一个内容，即发现问题，提出问题. 当然，一方面，并非传统意义上的内容都能够选作数学研究性学习内容的背景素材；另一方面，也并非校园以外的实践性资源都可以作为数学研究性学习的探究对象.

首先，数学研究性学习的背景素材的选取要有利于数学基础知识、基本技能的掌握和基本能力的提高. 基础教育是学生一生中长知识、打基础的重要阶段，数学知识与技能训练是他们成长所必需的.在数学研究性学习中,“研究”不是目的,只是完成基础教育的一种手段.开展数学研究性学习并不是要取代已有的学习方式,而是一种学习的补充.同时,数学研究性学习依赖于数学以及其他各学科的教学质量,数学及各个学科的教学是开展数学研究性学习的基础.不具备一定的数学基础知识、基本技能和基本能力,开展数学研究性学习也就无从谈起.当然,获取数学知识的目的是为了应用,为了创新,学会实际动手操作更是数学研究性学习的重要内容,也是与一般数学知识学习的基本区别.在数学研究性学习活动中,积累知识也不能光靠书本,教师要善于诱导学生去“阅读”大自然和人类社会这两部大百科全书,促使他们努力在知识的博、深、精、活上下工夫.

其次,数学研究性学习的背景素材的选取要有利于引起学生探究的兴趣和欲望.数学研究性学习是建立在学生自主与主动活动的基础之上的,所倡导的主要学习方式为学生的自主性与合作性活动,其教学目标的实现程度完全取决于学生是否都能主动地投入到数学探究性活动中去,而这一点在很大程度上依赖于数学研究性学习的背景素材是否能引起学生的探究兴趣和欲望.数学研究性学习的教育价值决不在于让学生学会解决几个数学问题,而在于以兴趣感和欲望感去塑造学生的个性品质,培养学生的创新能力,促进学生认知结构的全面发展.

最后,数学研究性学习的背景素材的选择要有利于数学知识体系内部及其与各学科间的联系以及数学模型的构建.作为数学研究性学习的背景素材,考查和研究它的基础是建立在学生已具备的数学知识和认知水平上的.同时,这一学习过程也并不是相应数学知识和方法的简单再现,而是学生获取新知,认知结构重新构建的活动过程.

案例分析

【案例】

《打包问题》①课堂教学实录编辑

(课前准备:提前通知学生准备实物:一包纸巾、一包火柴或其他有若干件小商品的大盒商品,并准备计算器.)

1. 问题引入:教师在全班展示事先准备的一包(内装10盒)纸巾、一包火柴

① 本课题来源于高中数学课标教材北师大版必修2.

和一条香烟.可先看其外观,再打开包装看内部的摆放形式,然后教师向学生叙述下列问题:

有些商品是若干件装在一起按包销售的.例如,一包火柴中装有10盒火柴,一大包纸巾中装有10小包纸巾,一条香烟中装有10包香烟等.不同商品的打包形式常常不同,我们准备了一些这样的商品,现在请看看其外观,再打开包装看看内部的摆放形式.哪一种包装形式更能节省外包装材料呢?

为了讨论方便,我们先来定义一种"规则打包"法,即打包时要求满足两条:(1) 包内的相邻两物品接触的两个侧面必须是全等的;(2) 打包后的结果仍是一个长方体.这样,我们就可以数学地提出问题:纸巾、火柴、香烟或其他长方体的物品,按"规则打包"的形式将10包打成一个大包,怎样打包可使表面积最小?为了节省时间,请大家先就10包纸巾来讨论一下求解的方案.

2. 解决问题的第一步,有多少种不同打包方案:先由全班同学分组活动和讨论,经历探索过程.

师:请A同学说说你们设想的解决问题的方案.

生A:先试着摆出几种打包方案,对每一种打包方案由具体数据算出面积,再从中挑出最小的,它对应的打包方案就是我们所要的.

师:A同学的想法很好,你们已经找到几种打包方案了?

(各组同学补充不同方案,画在黑板上)

师:都找全了吗?一共有多少种不同的方案呢?(学生不能肯定)

师:到底有几种呢?我们看到如果我们按照A同学的路子走,第一个要解决的问题就是,按规则打包的规定,10包纸巾打成一包.到底有几种不同的摆放方式,这是问题的难点和关键所在.好,让我们一起先来攻破这个难点.

(以下探讨活动由教师稍做启发,同学自己完成)

一个长方体烟盒有三个大小不同的面,把它们分别标记为X、Y、Z,如图8-1.在不混淆的情况下,可将这三个面的面积仍记为X、Y、Z,$X \geqslant Y \geqslant Z$.现在我们把10写成三个因数的积,如$10 = 1 \times 1 \times 10$,它可以表示$X$、$Y$、$Z$方向上可以重叠的烟盒的层数,于是:

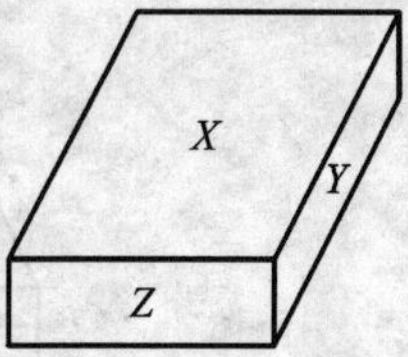

图8-1

$10 = 10 \times 1 \times 1$,见图8-2,它表示$X$方向上重叠10盒,而$Y$方向上一盒、$Z$方向上一盒;

$10 = 1 \times 10 \times 1$,见图8-3,它表示$X$方向上1盒,$Y$方向上重叠10盒,$Z$方向上一盒,

$10 = 1 \times 1 \times 10$,见图8-4,它表示$X$方向上1盒,$Y$方向上1盒,$Z$方向上重叠10盒.

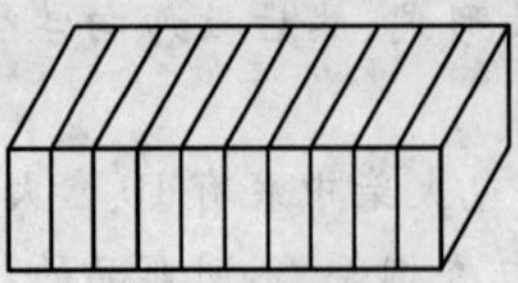

图 8－2　10＝10×1×1

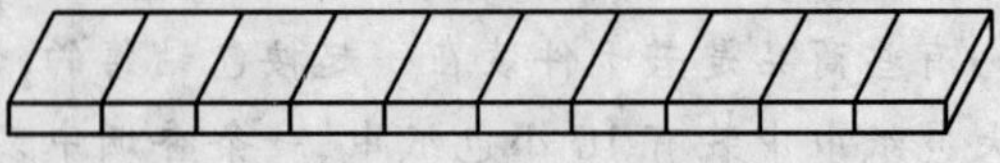

图 8－3　10＝1×10×1

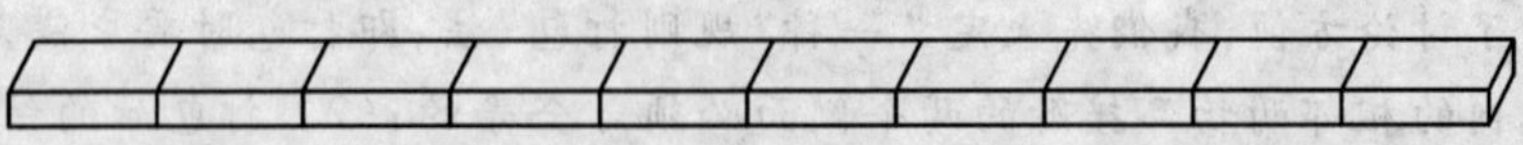

图 8－4　10＝1×1×10

10 还有另外的分解方式：10＝1×2×5（见图 8－5），10＝2×1×5（见图 8－6），10＝2×5×1（见图 8－7），10＝1×5×2（见图 8－8），10＝5×2×1（见图 8－9），10＝5×1×2（见图 8－10）．

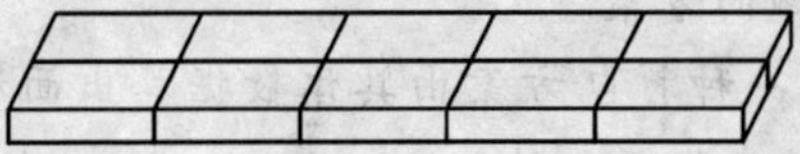

图 8－5　10＝1×2×5

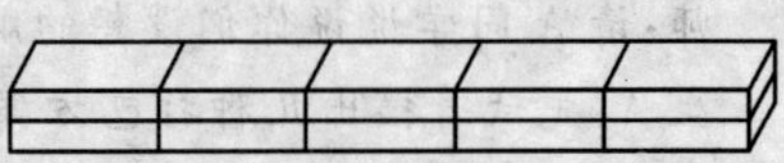

图 8－6　10＝2×1×5

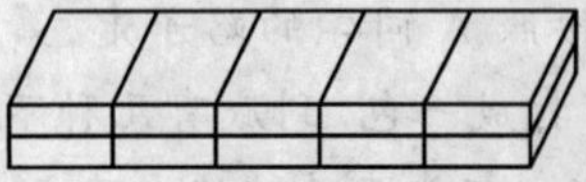

图 8－7　10＝2×5×1

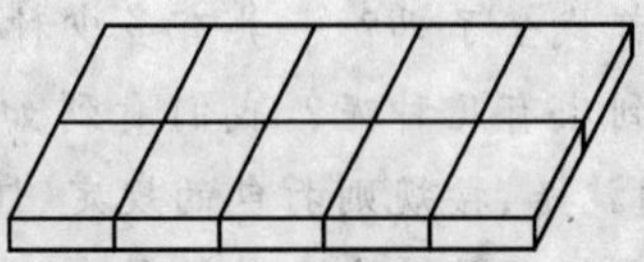

图 8－8　10＝1×5×2

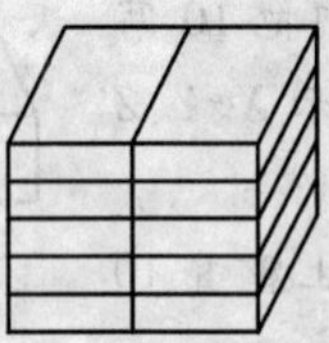

图 8－9　10＝5×2×1

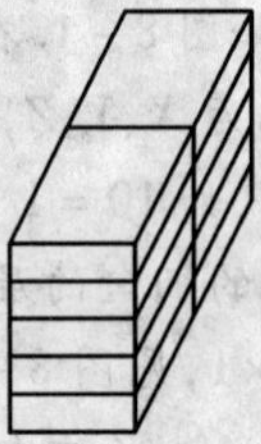

图 8－10　10＝5×1×2

通过以上探索，数学地解决了共有 9 种不同打包方案．

3．分别计算每种方案的表面积，解决问题．

教师问学生现在可以做什么？

学生众答：可以分别计算面积. 其中 $X=75\ \text{mm}^2$，$Y=50\ \text{mm}^2$，$Z=25\ \text{mm}^2$.

几分钟后，学生对上面的每一种摆放的方法，分别算出它们的表面积. 结果如下：

① 图 8－2：$S_1=2X+20Y+20Z=1\ 650\ \text{mm}^2$；

② 图 8－3：$S_2=20X+2Y+20Z=2\ 100\ \text{mm}^2$；

③ 图 8－4：$S_3=20X+20Y+2Z=2\ 550\ \text{mm}^2$；

④ 图 8－5：$S_4=20X+10Y+4Z=2\ 100\ \text{mm}^2$；

⑤ 图 8－6：$S_5=10X+20Y+4Z=1\ 850\ \text{mm}^2$；

⑥ 图 8－7：$S_6=10X+4Y+20Z=1\ 450\ \text{mm}^2$；

⑦ 图 8－8：$S_7=20X+4Y+10Z=1\ 950\ \text{mm}^2$；

⑧ 图 8－9：$S_8=4X+10Y+20Z=1\ 300\ \text{mm}^2$；

⑨ 图 8－10：$S_9=4X+20Y+10Z=1\ 550\ \text{mm}^2$.

由计算发现10包纸巾表面积最小的打包方法是：第8种（如图8－9所示），它对应的最小表面积是：$1\ 300\ \text{mm}^2$.

4. 教师引导进一步的讨论（将结论一般化）.

师：我们提出的问题已经解决了，但我还有几个问题想不明白. 一个是不给出 a、b、c 的具体尺寸而只给 $a\geqslant b\geqslant c$，你能知道哪一种打包形式表面积最小吗？还有一个问题是：是不是10包长方体的物体打成一包，第8种打包形式一定是表面积最小的呢？再一个问题是，既然对纸巾来说第8种打包形式的表面积最小，可为什么外面买的纸巾都不是这样打包，而是用如图7所示的形式打包的呢？请你们帮助我把这几个问题想明白，告诉我好吗？

学生热烈讨论后提出多种想法：

生D：我们可以写出各种打包形式下的9种表面积的代数式，如上面①～⑨式前半部分，不用计算出具体数字的结果，我们就可以看出大小.

师：怎么看？我怎么看不出来？

生D：因为 $X\geqslant Y\geqslant Z$，所以 X 的正系数越小面积就越小.

生E：面积大的面被对接的越多，面积被抵消的也越多，打包后的表面积就越小.

师：想得很好，请你给大家说说，⑧式和⑨式不看计算的结果，哪个面积小？为什么？

生E：因为⑧－⑨$=10(Z-Y)\leqslant 0$.

师：①式和⑧式呢？

生 E:①式……不,像是⑧式.一下子说不清.

生 F:要分情况讨论,$① - ⑧ = 10Y - 2X = 10bc - 2ab = 2b(5c - a)$;当 $5c \geqslant a$ 时,⑧式对应的面积小;当 $5c \leqslant a$ 时,①式对应的面积小.

师:想得漂亮,谁能把上面讨论的结果再归纳得更完整一些?

生 C:10 个一样的长方体的规则打包问题的最小表面积的打包方法可以这样确定,根据长方体的长、宽、高,确定 a,b,c 的代表对象,使得 $a > b > c$. 这样 $X = ab, Y = ac, Z = bc$,当然就有 $X \geqslant Y \geqslant Z$. 根据前面的讨论,①②③式中①最小(教师补充:这只要作差①-②、①-③,判断它们的正负号,就可以知道这个结论是正确的). 同理④、⑤、⑥、⑦、⑧、⑨式中⑧式最小,最后再比较①式和⑧式就可以知道当 $5c \geqslant a$ 时,⑧式对应的面积小,此时应按照图 8-9 的方式表面积最小;当 $5c \leqslant a$ 时,①式对应的面积小. 此时应按照图 8-2 的形式打包.

生 H:老师,他的结论已经回答了您说的第二个问题,⑧式所对应的打包形式不一定总是表面积最小的,当 $5c \leqslant a$ 时就不对.

生 I:我觉得您提的第三个问题应该这样考虑,表面积最小的打包方式不一定是美观和实用的,外面买的纸巾不用第⑧种方式是因为不好带,不结实,而香烟打的包比较长,我想主要是为了顾客好拿.

生 J:长条的烟拿着"有派"……

生 K:往大箱子里放比较方便……

教师补充:我想打包的表面积最小跟最省包装材料并不十分一致,因为外包装的两端都有粘贴部分,这些地方的面积就有重叠. 另外,作外包装的盒子时,是从一张更大的纸上下的料,因此这时"节约"所考虑的问题不是打包的表面积小,而是下料后的残料尽可能的小……

5. 给学生提问题留出时间和机会

师:大家的想法都很有道理,看起来只要我们认真去思考,还会有新的问题和发现. 从这个问题的解决过程看,同学们还有什么问题,还有什么你自己的发现?

生 M:老师,我觉得打包后的立方体越接近于一个正方体,它的表面积就越小.

师:为什么?

生 M:我也只是"觉得"从这儿想是不是能很快解决打包问题. 道理还没有想好.

师:你的想法非常好,也许你会找到一条解决问题的捷径,但首先要把"觉得"变成数学的事实. 我给你提一个建议,课后找一些同学一起进一步研究讨论,也许需要看一点有关不等式的参考书,希望你们能把这条"新路"走通,说不定还有更多的发现呢.

生 L:我想的另一个问题是,从纸巾的外形数据来看 $75=3\times25$,如果我把四包纸巾移到如图 8-11 的位置,有没有可能使表面积变小?

师:对 L 同学提的问题,其他同学有什么看法?

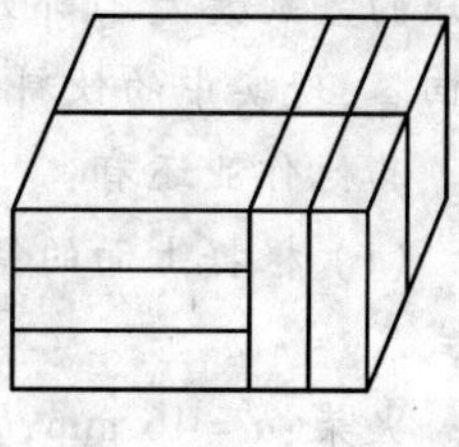

图 8-11

生 P:我觉得表面积没有变化,只是多了两个 X 面积、少了 6 个 Z 面积,而 $2X=6Z$,所以表面积的不变.

师:回答的很好,其实 L 同学的问题给了我们另一个启示,不必"规则"打包,只保证打包后的结果是一个长方体,怎样打包可使表面积最小? 这是一类新的更复杂的打包问题,我想这是大家课后讨论研究的很好素材,希望看到大家的研究成果.

6. 思维训练

师:下面我们从思维层面来做几分钟提问题的练习.请同学们看屏幕:大家可以相互议论一下,有想法的同学可以站起来说.

屏幕出现以下提示语:

"你能设计一个新的打包问题吗?

由打包问题你还能联想到哪些相关的问题?

你有解决这些问题的初步想法或方案吗?"

学生们热烈讨论,不少同学抢着发言,主要内容有:

——可以提出火柴打包、书籍打包表面积最小的问题;

把长方体改成圆柱就是一个"饮料罐的打包问题",有几个同学认为解决这个问题可以划归成"规则打包"问题,因为只要把全等的饮料罐的外接长方体作为研究对象就可以了.更多的同学不同意这种观点,认为圆柱有特殊性,圆柱之间的空隙是可以被更有效地利用的;

——可以更一般的提出容积一定,表面积最小的极值问题,有学生猜想越接近于"球"的形状结果越好,有同学提出可以物理的表面张力试验的办法,确定一些特殊的最小表面积的结构和形状;

——可以提出反问题,表面积一定,怎样打包容积最大?

——为什么要寻求容积一定的最小表面积? 许多商品就不追求最小表面积,如饮料罐头、鱼罐头等,这里面是不是还有其他的考虑……

7. 小结和作业

教师小结:同学们,刚才你们提出了许多很好的问题,我为你们积极思考的态度和快速提出问题的能力所感动.下课的时间很快就要到了,我知道大家还有很多问题要提,实际上学习的过程就是一个不断给自己提出新问题,不断挑战自己的过程.我希望大家在课后继续思考,努力解决它们.我还想把刚才一位同学提出的一个问题作为我们的作业之一:就是,我们常见的饮料罐内装355mL饮料(如可乐、啤酒等),它是表面积最小的形状吗?(学生Z:感觉不是,与正方体或球的差别太大.)那好,我们问,最小表面积的圆柱应该是什么样子?更进一步回答,现实中的饮料罐为什么不是这个样子?给出你的分析.

其他作业还有:

(1) 根据上面的结果,给出10包以下物品打包后,具有最小表面积的打包形式.

火柴:$a=46$ mm,$b=36$ mm,$c=16$ mm;

书籍:$a=183$ mm,$b=129$ mm,$c=20$ mm.

(2) 将6包纸巾打成一包,表面积不同的打包方式有几种?其中表面积最小的打包方式是怎样的?

(3) 选做:将上题中的6包改成12包或8包,结果怎样?有没有一个更一般的处理这类问题的程序?

(4) 选做:你能设计一个新的打包问题吗?由打包问题你还能联想到哪些相关的问题?你有解决这些问题的想法或方案吗?

师:作为本课的结束,我给同学们几句话:留心处处皆学问,专心事事有收获,上心时时有问题.努力"做"、"学"、"问"就会让你的学习生活充满发现、创造的乐趣.

【点评】

从上面的实录我们可以看到,教师不是以"总是正确的指导者"的面目出现,而是表现出自己"也想不明白".这样的问题引入方式更有利于调动学生主动思考的积极性,培养不迷信"权威"的进取精神和创造意识;同时,在研究性学习中,要注意实际与理论的数学问题的不同,要将实际问题数学化,这就需要将问题"规范",以便于研究;再有,在解决问题的过程中,要注意培养学生提出问题的意识,而将问题一般化,使结果有更好的适应性是提出新问题的常见方法;此外,数学建模的结果不一定和实际情况很吻合,分析其中的原因,都是教师在建模教学中引导学生思考,发挥学生创造性的"用武之地".

资源链接

1. 张思明,白永潇.数学课题学习的实践与探索.北京:高等教育出版社,2003

第二章(第 47－140 页),数学课题学习的几种典型形式和案例分析.作者具体分析了打包问题、磁带问题、重心问题,利用计算器进行发现探索,正切、余切函数的图像和性质探究,人口问题的网上检索与讨论,学生居住小区邮政投递路线、保安巡逻路线设计,数学主题阅读等案例的教学设计、学生实践过程、教学说明与评述等,对各学校开展数学研究性学习有较好的启示和示范作用.

2. 邹尚志.研究性学习理论与实践.北京:高等教育出版社,2003

第十一章(第 301－311 页),教师怎样才能走进研究性学习.作者从研究性学习对教师是一种全新的挑战,教师在研究性学习中的角色,教师应该怎样应对研究性学习挑战的角度,对高中教师在研究性学习中的角色和作用进行了论述,对教师在研究性学习中应有的表现和作法进行了讨论,对高中教师尽快适应新课程研究性学习提出了合理的建议.

3. 傅海伦主编.数学新课程理念与实施.济南:山东教育出版社,2004

第 102－108 页,数学研究性学习的组织与实施;第 109－118 页,数学研究性学习课题的选择与利用.作者在书中就中学数学研究性学习的具体选题作了分析,有理论,有实际课例,可供各学校开展研究性学习参考借鉴.

教学反思

【反思文章】

课题的选择是数学研究性学习实施的关键

研究性学习的一个重要环节是课题的确定,它直接影响我们是否能按照课程标准的要求进行有效的课题研究.各个课标版本的新教材中虽然都提供了“课题”,但并不一定适合各地的实际情况,不一定适合各个学校的学生,不一定适合学生进行研究并对学生的发展有真正价值,即通过学生的“研究”,真正能实现研究性学习的课程目标,并将研究性学习中能获得的知识技能运用于数学学习,使之拓展和加深.现在我们的学生提出问题的意识普遍较为淡薄,提出问题的能力比较欠缺,甚至我们的教师,在一定程度上也是这样,觉得数学研究性学习很难开展.这里要特别注意,切不可简单地将新教材中提供的课题作为全体学生的研究课题,或者在一些资料中找几道或编几道“应用题”,让学生做做就算完成了任务,错误地将“研究性学习”简单地理解为在教室里用所学的“数学知识”解几道“实际应用题”.

按照研究性学习的有关文件精神，高中学生在高中的前五个学期里取得10个学分为该课程的合格成绩，而完成一个课题给2个学分，也就是每位学生每学期完成一个课题就可以取得合格的成绩. 因此，数学研究性学习的课题可以采用"长课题"和"短课题"相结合的形式进行. "长课题"每学期安排2到3个为宜(视备课组教师的人数而定)，课题研究的时间长度为一个学期，主要以小组研究的形式进行. 课题尽可能在数学学习生活与日常生活、社会生活的交汇点上产生. 如广州市第97中学高一数学研究性学习课题:《广州中学生上网与数学学习》、《中学生学好数学的方法和技巧》、《制作一个广州市第97中学生数学网站》，这些都是比较好的课题，既贴近学生的日常生活，又紧紧围绕着数学学习这一主题，深受学生的欢迎. 又如，在现实生活中，我们经常耳闻目睹的有关按揭贷款购房问题，通常我们比较热衷于站在顾客的角度去计算每次应付的款项、总共应付的款项等，这个问题过于数学化，而且学生的兴趣和参与度都非常有限，但是，我们换一个角度去研究:按揭贷款中银行方面究竟可以取得哪些效益. 这个课题可以让学生走出课堂，走进社会，广泛收集数据，进行调查研究. 学生的兴趣浓、积极性高，也是一个很受学生欢迎的课题. 还有更贴近学生日常生活的课题，如:从数学美的角度研究学校小花园的布局，等等.

而"短课题"可理解为专题研究活动课题，也就是在数学教学中，每一单元或每一阶段都确定一个研究专题，如:

① 学习数列这一章的内容时，可以让学生从函数的角度去研究等差数列的通项公式和前 n 项和公式的特征.

② 学习不等式一章时，可以让学生去探究这样一个问题:不等式的应用知多少.

③ 进行阶段性测验后，可以让学生去探究:解填空题的常见病因及对策.

④ 学校开田径运动会前，让学生去测量，去研究，进行200 m、400 m、800 m跑竞赛时，各跑道的起跑位置如何确定.

⑤ 学习立体几何时可以让学生去研究:为什么油桶、热水瓶、易拉罐等装液体的容器都是圆柱形的? 这些圆柱形容器(如易拉罐)的底半径和高之间的比有没有一定的规律? 商家是如何选择易拉罐的形状、大小的? 等等.

"短课题"研究的时间长度一般较短，比较适合个人独立研究.

采用"长课题"和"短课题"相结合的方式，使研究性学习这种学习方式不但运用于研究性学习课程本身，而且运用于数学学习中. 研究性学习中所获得的直接经验与数学课程所获得的间接经验，交互作用、相辅相成，更有利于研究性学习与数学学科的应用功能的发挥. 研究的过程是整个研究性学习课程实施的重点.

【反思探究】

课题的选择是开展研究性学习必须重视的一个方面，好的课题便于学生动手动脑，便于学生参与，能更好地达到开展研究性学习的目的. 同时，开展研究性学习还要强调学生对所学知识、技能的实际运用，注重学习的过程，注重学习的实践与体验，学生在课题的研究过程中，使自身的创新精神和实践能力得以提升. 因此，研究的过程是整个研究性学习课程实施的重点.

教学技术篇

- 高中数学课堂教学与多媒体技术

第9讲
高中数学课堂教学与多媒体技术

思考研讨

1. 为什么数学实验是信息技术与数学课程教材整合的一个主要手段,也是改变学生学习方式的重要途径?

2. 信息技术对《普通高中数学课程标准(实验)》(以下简称新课标)的支持关系如何?

3. 如何运用信息技术介入教学评估,建立"概念理解评价题库"与"差错辨识模型"等评估模板,形成反馈改进式教学及学习模式?

4. 如何针对新课标开发实用的教学支持软件,形成基于信息技术的新型教学支持系统?

理论概述

一、信息技术与数学学科教学的整合

(一) 信息技术综述

信息技术是以计算机技术为核心,结合互联网络、通信技术、多媒体技术以及应用软件构成的技术集群.

互联网络作为各种文化与科技信息的最重要的动态存储体,已经成为现代教学活动的最大的附加载体.不仅可以实现教学信息与学习资料的广泛交流,而且正在成为新型远程教育的开放式课堂.

通信技术是互联网络以及多媒体技术的基本技术平台.通过卫星通信和海底电缆通信,已经实现了偏远山区的无线通信网,构成了全球性的信息交换机制.

多媒体技术(Multimedia)利用计算机和各种媒体设备,对文字、声音、图形、图像、视频等多种媒体素材进行综合处理,并有机地加以统合,使信息得到更完美的表达.

应用软件的发展十分迅速,例如几何画板、PhET工具等.但在高中教学中的应用还处在探索阶段.随着信息技术的日益发展,学习使用各种软件,不仅是对教师的基本要求,也是学生素质的一个组成部分.

信息技术的发展已经深刻地改变了数学研究与教学,它可以把数学家头脑中"数学实验"变成现实.精深的数学概念、思考过程可以得到模拟,再难的计算、复杂方程,只要给出算法就能解决,复杂多变的几何关系利用计算机动态的作图功能都可以得到表示.

信息技术辅助数学教学正是基于信息技术利用各种数学资源进行数学活动,将各种技术平台进行综合配置,运用于数学教学的各个环节,推动和促进学生对学习结果的获得和保持.

信息技术的使用应是使用者与其接受到的特定信息相互作用的一种自然结果,并且当知识被回忆和联想时,习得过程中有意义的前后联结的存在能使信息的恢复保持最佳,那么信息技术的作用才真正促进了学习.①

此外,信息技术的作用还在于,教师和学生逐渐学习并利用信息技术手段对教学和学习的全过程进行监控和评价,这种反馈改进式的教学和学习方式对发展性的学习才是有价值的.这也是运用信息技术辅助教学的真正意义所在.

(二)信息技术应用现状

目前我国中学阶段课堂教学以"讲课"为课堂教学的主要方式.把概念和例题讲透、讲活,仍然是对教学的基本要求.教学过程大多是讲解加练习,教学模式较为单一.

有些教师通过数学实验或各种课件展示降低学习难度,增大课堂教学容量,以提高课堂教学效益.在此过程中,计算机主要扮演了辅助教学的工具角色,信息技术的价值定位主要在教师教学手段这一层面.虽然在一定意义上影响了数学教师的教学行为,但尚未充分发挥计算机在课堂教学中既是计算工具,又是认知工具的作用,并未真正转变学生被动学习的方式.加之使用计算机制作数学课件费时费力,对硬件和软件环境要求高,对教师素质要求更高,致使很多教师敬而远之,或仅限于在公开课上展示课件,还无法广泛应用于日

---

① 常丽艳.从双曲线定义的两个案例中分析信息技术的作用.数学通报,2006,6:61.

常教学过程中. ①

研究表明,有些形式的计算机辅助教学在促进学生理解和掌握基本概念、图像和性质方面并没有显著的效果. 主要原因在于:

(1) 学生参与不充分:课堂上由教师演示实验,而不是学生动手实验,使"做中学"大打折扣.

(2) 软件过于专业:用于演示的一些数学作图软件(如 Graph、Maple、Mathematica 等)能快速生成所需的图像. 但这些软件非短期就能学会,即便是操作较为简单的几何画板也需不少时间才能掌握,学生很难参与到制作过程中去,课后也少有机会使用这类软件.

(3) 缺少过程和细节:由于作图费时较多,教师一般是在课前做好课件,在课堂上只是说明原理、进行演示. 即便是当堂作图,由于多数作图软件生成图像的主要方式是输入一组参数得到图像,与学生熟悉的"描点作图"获得图像的方法不同,多数学生在短时间内理解有一定困难.

(4) 对应关系不明显:一般的作图软件不能很好地反映参数变化与相应图形变化的影响关系;有的软件还不能按要求同时显示多个图像进行对比,在一定程度上影响了演示的效果. ②

(三) 信息技术与教学的整合

信息技术与教学的整合是指在各学科教学过程中,以教师为主导,合理利用各种信息技术平台,综合各类信息资源和方法,将教育思想、课程内容、教学策略、学习活动等有机地整合,以提高学生的信息获取、分析、加工、交流、创新、利用的能力,使利用信息技术辅助教学成为制式教学活动,更好地完成数学课程目标.

信息技术与数学学科教学的整合,是和谐自然的有机结合,应考虑其有效性和适应性,不能为了使用技术而使用技术. 这在新课标中体现为"使用现代技术手段处理繁杂的计算"、"利用信息技术呈现以往教学中难以呈现的课程内容",目的是"帮助学生理解数学概念、探索数学结论……改善学生的学习方式",即整合的基本原则是有利于学生认识数学的本质.

信息技术与数学学科教学的整合,不是传统教学方式(黑板、粉笔、声音、直尺、圆规)的简单延伸,而是为数学教学提供了一种新的辅助手段. 使被整合的个体在统一的目标下,经过精心的设计、培育和转化达到和谐、互动的状态. 这种状态呈现在学生学习行为上,是学习方式的转变;呈现在教师教学行为上,就是

① 向昭,贾其峰. 基于 LOGO 技术的中学数学实验及其课程开发. 数学教育学报,2005(3):98

② 徐稼红. 计算机辅助函数图像教学的新途径. 数学教育学报,2004(3):82

教学方式的变革. 例如,使学生学会使用信息技术有效管理自己的学习,及时对统计信息作出反应并进行调整,形成科学合理的反馈式的学习方法,实现信息技术与数学课程整合这一目标.

信息技术与数学学科整合的基本思想主要体现在以下几点:

1. 营造有效的教学环境

运用信息技术营造的教学环境是指包括计算机、多媒体、投影屏幕、局域网等硬件设备和应用软件在内的信息技术平台. 建立信息技术平台要量力而行,讲求实效,还应配备专门的管理人员.

2. 优化教学拓展学习方法

利用信息技术手段可以呈现以往教学中难以呈现的课程内容. 例如,通过动态演示三角函数 $y=A\sin(\omega x+\varphi)$ 的图像展现参数变化对函数的影响;动态演示平面截圆锥所得的曲线,可直观展示圆锥曲线概念的来源;通过几何画板演示圆锥曲线离心率的连续变化对图像变化产生的影响,有利于理解圆锥曲线的统一定义.

科学计算器、计算机可以大大提高数据整理效率和显示效果,在建立、记录和研究信息方面,为学生提供了一个良好的工具. 在教师的指导下,借助于计算机处理繁杂计算、模拟、实验、建立网络结构图等功能,可以使学生有更多的时间和精力去理解数学概念、探索和发现数学的规律,从而在整体上把握知识结构,形成概念完备、结构合理的知识网络.

3. 建立动态的开放式教学资源管理

信息技术可直接用于整合有关的数学资源. 例如,可以把算法、统计、优选法等领域的最新进展和应用实况,及时融入教学课件中;也可以引导学生通过网络搜集资料,建立有关数学史的图文影像资料,扩展数学文化研究,体会数学的人文价值. 从而形成动态的开放式的教学资源.

开放式教学资源的管理,不仅指教师对教学资料、教学过程、教学效果的管理,学生对自己学习状况的统计分析和管理,还指备课组或学校对各个教师的工作、学生的学习情况的监控管理. 通过资源管理,为实现教学效果的实时测评提供依据.

4. 建立有效的教学评估体系

建立有效的教学评估体系与信息反馈机制,可以根据实时测评的分析结果,实时调整授课方式、教学进度、复习重点、练习强度等教学过程,以不断改进的姿态完善教师教学方法和学生的学习方法,从而实现学校、教研组、教师对学科教学效果的动态监控,实现成绩可测、过程可控的信息化教研过程.

二、信息技术平台

信息技术平台包括计算机网络系统、多媒体系统、互联网等各种设备，以及各类应用软件. 这里介绍几种教学中常用的软件和技术手段.

（一）几何画板（GSP）①

几何画板（The Geometer's Sketchpad）是美国 Key Curriculum Press 公司制作的优秀教育软件，是全国中小学计算机教育研究中心在 CAI 中推广使用的软件之一. 几何画板以其学习容易、操作简单、交互性强、功能强大，成为应用极为广泛的数学教育软件. 在函数、平面几何、平面解析几何、射影几何等课程中，采用几何画板能方便地开发出直观实用的课件，形成一个观察、探索几何图形内在关系的环境. 它以点、线、圆为基本元素（类似于直尺、圆规等教具），通过对这些元素的变换、构造、测算、计算、跟踪轨迹等，构造出千变万化的几何图形.

几何画板能对动态的对象进行"跟踪"并能显示该对象的"轨迹". 如点的轨迹、线的轨迹，形成的曲线或包络，这为平面解析几何的轨迹教学提供了动态显示过程的工具. 利用这一功能，可以让学生预先猜测轨迹的形状、看到轨迹形成的过程，为学生观察现象、发现结论、探讨问题创设了较好的情境，为探索式教学提供了可能.

利用几何画板可以演绎以往教学中难以表现的内容，为教学方式的变革提供了一种简捷有效的技术支持，主要表现在以下几个方面：

1. 动态几何，揭示本质

数学常常需要在不断变化的图形中，发现和研究本质不变的规律. 而在传统教学中，使用尺规作图，在黑板上画出的是静止的图形，静止的图形只能表示某种特殊情形，不能表示一般情形，指着一个图形就说它具有某种性质是不科学的，学生容易获得从特殊直接推广到一般的错误思维方式，不容易养成从运动变化的观点去观察和研究图形反映出的本质属性的思维习惯.

通过鼠标的拖动，由一个静止的图形到按照同一规律生成的无数多个图形，构建的"关系"仍保持有效. 这样的动态图形能创造出一种情境，由其归纳出事物的共性和本质特征. 例如，在解析几何"曲线与方程"的教学中，学生可看到引起动点运动的原因，看到点真正"动"起来并形成轨迹的过程.

2. 创设环境，模拟实验

"数学实验是推动一切数学的一种方式". 学习数学重要的是对"关系"的把握，而关系是在变化中把握的. 传统的教学较难描述变化的过程，学生一般在教

① 陶维林. 几何画板实用范例教程. 北京：清华大学出版社，2001. 2－3

师的引导下“想象”变化的过程，对于抽象的关系“想象”不出也得“接受和承认”.几何画板给学生提供了操作的环境，学生可以变化图形、观察变化过程，作出猜测并验证，在此过程中增加对各种图形的感性认识，形成丰富的几何经验背景.学生在“做数学”的过程中把被动学习转变为主动的探索式的学习.教师则成为实验情境的设计者，学习过程的组织者、指导者、参与者与评判者.几何画板使CAI从演示和练习型向探索型的发展成为可能.

例如，可以利用几何画板探究发现数学规律，研究参数对函数图像的影响.在函数 $y=A\sin(\omega x+\varphi)$ 中，A、ω、φ 是如何影响三角函数图像的，这些量的变化引起了哪些对应性质的改变.

3. 数形结合，揭示规律

“数缺形时少直觉，形缺数时难入微.”“数形结合”是学习数学的重要方法.传统教学中使用的静态的图形、图像易使学生从认识上模糊知识间的内在联系，割裂原本相互联系的知识.在“几何画板中完成图形后，每个几何量都可以测算出数值(如长度、弧长、角度、面积等)，并能随着图形的变化显示数量的变化，同时还能对度量出的值进行计算，并把结果动态地显示在图形旁边.

例如指数函数和对数函数，教材给出了 $0<a<1$，$a>1$ 这两种情形下函数的静态图形.在学生的认识水平上，他们常会把这两种情形孤立来看.事实上，参数 a 在 $(0,+\infty)$ 上连续变化时，图像随之变化，可得到包括 $a=1$ 在内的三类图像.学生不仅能用运动变化的观点来看待函数图像，理解参数对图像变化所起的作用，也能自然地体会到分类的必要性.更进一步，他们能够领悟为什么定义中排除 $a=1$ 的特殊情况.在领会概念的过程中，对概念的理解就加深了.

又如在几何画板中，椭圆既可根据椭圆的第一定义作出，又可根据椭圆的标准方程构作，还可根据椭圆第二定义作出.学生可以从不同的作图方法中，体会彼此之间一定存在着深刻的联系和本质不变的东西.

4. 体悟美感，建立直觉

数学公式、定理、公理、性质、法则等反映的是一种客观规律，它们的本质有时只能意会，不可言传.利用多媒体技术可以实现眼观、意会、言传的综合效果，化抽象为直观，既领会了数学知识的本质，又得到了审美的愉悦.寓教于美，使数学与多媒体技术整合成为学生喜闻乐见的教学模式.①

例如，深度迭代作出的毕达哥拉斯树、雪化曲线、蝴蝶曲线、七瓣花等函数图像.通过迭代作出的勾股树，只要拖动 P 点，使其在以 AB 为直径的上半圆圆周上自由移动，勾股树上的“枝叶”就随之运动，体现一种动态神奇之美.

---

① 李瑛华.数学与多媒体技术整合如何才具有长久的生命力.数学通报，2006，8：25

数学课件的设计只要充分挖掘数学本身所具有的美，就能给学生以美的熏陶和启迪，使学生不仅掌握、应用数学，而且还要鉴赏、品味数学.①

5. 分层设计，难易兼顾

学生的学习能力是有差异的. 在传统教学中，教师往往只能面向成绩中等的学生施教，较难在课堂教学中同时顾及优等生和学困生. 计算机网络提供的丰富信息则可以对学生的差异实现较大面积的覆盖，为个性化教学的实现提供可能. 利用这些现代信息技术，可以构建个别化的学习环境，满足不同认知水平和认知风格的学生.

数学实验强调主体在数学认识过程中的作用，实验主体的认识程度和正确的认识特征直接决定数学实验进程的快慢或成果的大小. 这个过程是富有个性的、体现着多样化的学习需求. 在课堂中没有完成实验的学生，需要反复思考的概念，可以把课件拷贝回家，使他们在各自的认识水平上得到提高.

(二) Excel

1. 统计

Excel 已被广泛地用于财务、行政、金融、统计等领域.②在数学学习中，教师可以利用 Excel 对教学资料、教学过程、教学效果进行管理；也可以指导学生对自己学习状况进行统计分析和管理，以获得差错的分布规律，有针对性地调整自己的数学学习，改进学习方法.

2. 辅助函数图像教学

用 Excel 作图的基本思想是描点作图，输入两个数值作为自变量的值，其余用“等差趋势填充”生成，对应函数值只要插入一个公式(函数表达式)即可得到，其余函数值利用 Excel 的“相对引用”功能“拖曳”产生. 取点的多少，可以通过改变“等差趋势填充”的步长(公差)进行调整. 例如，作函数 $f(x)=x^2-x-1$ 的图像.

操作要点：根据所给图像，不妨先作 $x\in[-3,3]$ 上的图像.

(1) 在第一列的单元格 A1、A2 内分别输入 -3，-2.9，选中这两个单元格后，按住鼠标左键并向下方拖动“填充柄”到单元格内出现填充值 3 为止，松开左键即完成自动填充；

(2) 在第二列单元格 B1 内输入函数值公式“A1^2 - A1 - 1”，然后拖曳 B1 格的“填充柄”得到与第一列相对应的函数值；

(3) 光标置于数据区的任意位置，插入“图表”，选择“XY 散点图/平滑线散

---

① 吴华，魏佳，胡宁. 数学计算机辅助教学的设计原则. 数学教育学报，2006，2：85

② 徐稼红. 计算机辅助函数图像教学的新途径. 数学教育学报，2004(3)：83

点图”,点击“完成”就得到该函数在区间$[-3,3]$上的图像.

根据实际作图效果,还可增加数据.要将添加的数据在图形中反映出来,只要点击函数图像上的“数据点”,这时数据点所在的单元格就会被一个蓝色线框围住,拖动蓝色线框使其覆盖要添加的数据,图形就会自动调整.

函数$f(x)=x^2-x-1$的图像与x轴交点的横坐标实际上是方程$x^2-x-1=0$的解.从图像直观看出一根在区间$(-1,0)$内,另一根在$(1,2)$内.从单元格中的函数值来看,$f(-0.7)=0.19>0$,$f(-0.6)=-0.04<0$,所以一根必在$(-0.7,-0.6)$内.如果要提高精度,可以进一步缩小“步长”(同列中相邻两数的差).

任何一个具有解析表达式的函数图像都可以通过上述方法作出,任何一个一元方程的近似解也可以在图像的直观背景下通过简单拖曳获得.这种绘制图像的方法直观明了,操作简单,使用范围广,具有普适性,而且学生很容易理解和掌握.

通过师生的共同操作、观察,进而归纳和发现函数图像的规律,是Excel辅助教学的目的之一.

例如,在同一坐标系内作出函数$y=2^x$,$y=10^x$,$y=\left(\frac{1}{2}\right)^x$的图像.操作方法:

(1) 第一列输入自变量的值,第二、三、四列分别插入相应的函数值的计算公式.

(2) 选中数据区域,依次“插入/图表/XY散点图(无数据点平滑线)/完成”.

Excel快速生成数据和图像的功能,实现了在同一直角坐标系中任意选取不同函数画图,为师生共同观察、分析、猜想、讨论、归纳、猜想和推理提供了生动的直观背景.用类似的方法可研究对数函数、幂函数的图像和性质.

用Excel还可以进行函数图像变换的实验,因其数据和图像同时呈现,故而容易揭示变换前后两个图像之间的内在联系.又因不同使用者的探索和开发的结果可能会有较大差异(如数据点选取范围的不同、步长选择的多样性等),这为进一步的师生交流和讨论提供了丰富的素材,使得从不同侧面、不同的视角观察和发现数学现象的本质成为可能.

另外,Excel作图的原理能够使学生看到参数的变化是如何影响图形的变化,体现了“数形结合”的优势.

(三) PowerPoint

PowerPoint制作的多媒体课件可以用幻灯片的形式进行演示,非常适用于学术交流、演讲、工作汇报、辅助教学和产品展示等需要多媒体演示的场合.

PowerPoint 能很简便地将各种图形图像、音频和视频素材插入到课件中,使课件具有强大的多媒体功能.

PowerPoint 共有五种视图:幻灯片视图,即当前课件页的编辑状态,视图的大小可以通过"常用"工具栏上的比例栏进行调整;大纲视图,主要用于输入和修改大纲文字,当课件的文字输入量较大时用这种方法进行编辑较为方便;幻灯片浏览视图,是一种可以看到课件中所有幻灯片的视图,用这种方式可以很方便地进行幻灯片的次序调整及其他编辑工作;备注页视图,主要用于作者编写注释与参考信息;幻灯片放映视图,即当前幻灯片的满屏放映状态.

(四)其他通用数学软件

图形计算器(Craphing Calcalator)、Z + Z 智能平台、Logo、Graph、Maple、Matlab、Mathematica、Reduce 等.

图形计算器不需要编程,兼具代数运算和图形制作与度量两种功能,且操作简单、交互性强、携带方便,学习者可以随时利用图形计算器创设富有创造性、个性化的实验环境,实现数学 CAI 从演示、练习型向探索型的发展.

Z + Z 智能教育平台是由张景中院士主持开发的,为我国的基础数学教育量身制作的具有中国特色的数学平台."Z + Z"就是"知识 + 智能".2002 年启动了"Z + Z"智能教学平台用于国家数学课程改革的实验研究的课题.2004 年底,实验扩大为 3 个实验基地和 29 所实验学校.它在智能性上领先于世界,经改进的 Z + Z 与几何画板结合,可实现探试猜想与验证的全过程.

Logo 诞生于 20 世纪 60 年代,它不仅是一种计算机语言,也是一种教育理论和教育哲学,具有模块化、可扩展性、交互性和灵活性等特点.1984 年,开始在贵州遵义市开展将 Logo 用于中学数学教学的研究.在网络环境下,采用类似于儿童"搭积木"式的建构方法开展 Logo 数学实验,将数学知识与计算机程序设计有机结合,为学生在中学搭建了崭新的学习平台.

信息技术辅助数学教学,离不开一系列好的应用软件.但关键还是如何把现代教育思想注入数学课件的设计中,使数学信息以全新的方式呈现和传递,做到抽象内容直观化,隐蔽结构可视化,孤立性质连续化,静态对象运动化,结论命题过程化.①

(五)互联网资源

随着网络技术的高速发展,互联网正改变着人们的工作和学习方式.它是一个巨大的信息资源库和功能强大的信息交互系统,可使数学教育信息资源由静态的藏书变为动态的信息传播,实现数学课程资源共享.

① 杨之,邱继勇.计算机辅助教学的四条原理.数学通报,2007(4):40 - 43

1. 国内数学教育网站

国内数学教育网站很多，以下是几个实用网站.

高中数学空间网站：官方网址 www. mathssky. net 和 www. gzmaths. com，本站为高中数学资源网，内容按教学大纲要求设计，并有适当的拓展，适合高中师生使用. 它可提供数学教案、数学课件、数学试题、数学论文等. 本站专题有：新课标人教版教材、同步教案和课件、同步辅导讲义、高中数学备课资料大全、变式教学备课资料、优质课与公开课、高中训练题组等.

数学时空——高中数学教育网站，网址 www. shuxue123. com，含教育信息、学术中心、课外读物、几何画板、课件资源、教案集锦、试题精选、常用软件等专题.

高中数学资源网：专栏有最新图文、最新热门、论坛新贴、最新下载、最新栏目文章等. 其中最新栏目文章中又分为教学资料、教学研究、试题库、教案中心、多媒体教学、数学竞赛、教师家园、本站动态等.

高中数学辅导网：网址 www. xyz668. 2008red. com，本站是由北方教育联盟创办的高中数学辅导网站，为能够在家上网的高中生提供一个及时补习数学的平台. 内容为高中数学各章节的补课辅导资料，包括概念剖析、难点解析、题型归纳、技巧总结.

2. 国外数学教育网站

美国杜克大学跨课程计划（CCP 计划），美国国家空间与宇航局（NASA）的教育网站，以及美国能源部的阿尔贡国家实验室的牛顿聊天室（Newton BBS）都是与数学教育有关的网站；CCP 的目的是把数学与现实世界连接起来；NASA 的教育网站的内容与基础教育密切衔接；Newton BBS 上则有许多与数学有关的问题解决策略与观点. ①

三、信息技术在新课标中的应用

（一）新课标对信息技术应用的要求

新课标在课程基本理念、内容标准、教学建议、评价建议及教材编写建议等多处强调了与信息技术的整合. 从整合的内容看，涉及了数学课程、数学教学、数学学习、教学评价等多个方面；从整合的手段来看，应用到了计算器、计算机及软件、多媒体技术、互联网以及各种数学教育技术平台；从整合的途径来看，既有数学课程的信息化，又有信息技术的课程化，比如在数学课程中增加了适应信息时代发展需要的算法内容、离散数学（差分方程、图论、布尔代数）等；从信息技术

---

① 齐民友. 在数学教学中充分利用网上资源. 数学教育学报，2005(2)：1

自身的功能来看,涉及了信息资源和信息获取、信息加工和表达、知识呈现和辅助教学、问题解决(利用信息技术)、信息化评价和管理等多方面. 由此可见,新课标对信息技术的整合是全方位、多角度的. ①

(二) 信息技术对新课标的支持关系

新课标把适应信息时代发展需要的算法内容、编程思想、数据处理、离散数学(差分方程、图论、布尔代数)等作为新的基础知识和基本技能,构建了信息时代的新"双基". 这是信息技术课程化的体现,也是学科课程与信息技术整合中数学学科所特有的内容.

信息技术作为一种强有力的认知工具和教学工具,在新课标的必修、选修、方法、内容、直接的应用、间接的渗透中,呈现了大量的信息化特征(共 29 次). ②

1. 内容支持

信息技术对新课标的内容支持主要包括两个系列:

(1) 多媒体演示系列:数学史;必修课中函数、立体几何、三角函数、解三角形、数列、不等式;选修课中圆锥曲线和方程.

必修课主要利用图形计算器、计算机绘画图像、开展数学实验探索参数变化对函数影响的规律;提供形象支持,呈现空间几何体;求方程的近似解;利用程序框图展现思维过程;选修课则利用计算机动态演示平面截圆锥所得的圆锥曲线.

(2) 计算机系统:必修课中程序框图、算法初步、统计与概率;选修课中利用多媒体动态展示空间图形及图形生成过程;统计案例、推理与证明、了解计算机在自动推理领域和数学证明中的作用;利用计算机求最大公约数和解同余方程;迭代计算,实现求解一次不定方程、试验分数法和 0.618 法等;信息安全与密码、球面上的几何;几何证明选讲、数列与差分、坐标系和参数方程、初等数论初步、优选法与实验设计初步、开关电路与布尔代数.

2. 手段支持

信息技术对新课标的手段支持结构,如图 9-1 所示.

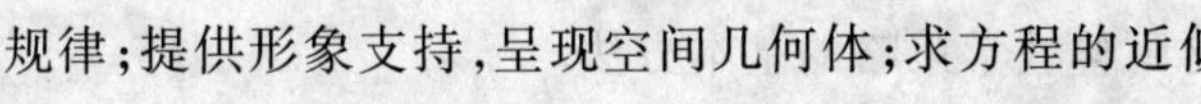

图 9-1 信息技术对教学手段的支持关系

从传统的计算机辅助教学到现在的信息技术与课程的整合观的转变,是基

① 李祎. 对高中数学课程标准整合信息技术的分析与思考. 数学通报,2005(7):9

② 李祎. 对高中数学课程标准整合信息技术的分析与思考. 数学通报,2005(7):9

本理念的飞跃.其基本的出发点是教学要从以教为中心向以学为中心的方向发展,在教学中更关注学习者的学习方式,让学生最大限度地接触信息技术,使之成为学生强大的认知工具.比如,可借助信息技术的放大、跟踪、近似、迭代等各种功能,将实验、尝试、模拟、检验、调控、推理、运算等作为数学学习的重要方式,为学生开拓观察、思考、归纳、猜想的空间,把被动学习转变为主动的探索式的学习,使学生有更多的时间和机会从事高水平的数学思维活动,达到一定的思考深度,以促进对数学本质的真正理解.

因此,在课程实施的过程中,教师应着眼于借助信息技术支持学生的深层次的数学探究、理解与表达,促进学生的高水平的数学思维,实现深层次理解的数学学习目标,才能真正发挥信息技术的教育价值.教师在教学前就应该明确哪些课程内容需要引入信息技术支持,如何利用信息技术为学生创设生动的学习情境.

学生学习方式和教师授课方式的改变,还应体现在利用信息技术作为统计工具,以统计结果为依据,实现教与学的策略调整.我利用面向差错控制的教学模型[①](如图 9-2),通过 Excel 对每次测试中学生出现的差错特征和分布进行综合分析,给出调整教学策略的基本方法.

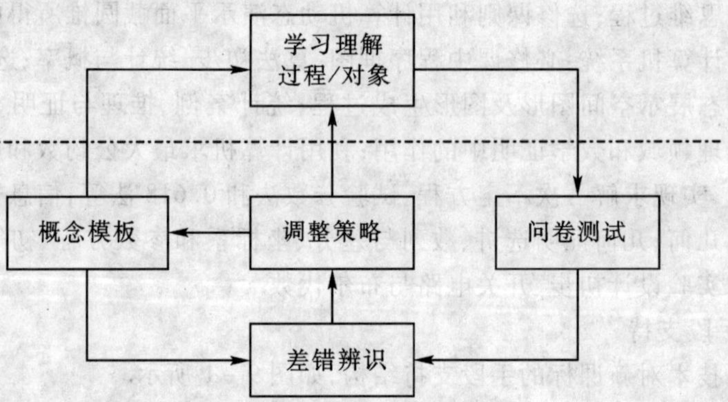

图 9-2　面向差错控制的教学模型

在这个模型中,虚线之上是学习理解模块,主体是学生.他们既是被调节的对象,本身又是具有自我认知能力的自组织调节系统的一部分.虚线以下的各个模块是以教师为主体的教学系统.其中,概念模板是指按照教学大纲所给出的数学概念的文本表述,是要求学生理解掌握的标准形式.它既是学习进程的标准输

① 高峥,翁凯庆.一种面向差错控制的认知系统观测模型.数学教育学报,2006.(2):54

入,又是差错辨识的评判标准.问卷测试、差错辨识和调节策略三个模块是教学系统中实施差错检测与反馈调节的能动部分.

按照图9－2的结构,在高中数学学习过程中,教师应及时对班级教学效果利用Excel进行统计评估,不断得出差错类型和分布.同时结合前次评估结果,对教学策略的改进进行评价,形成自适应策略调整机制.例如,若在随后的分析评估中发现基础题失分得到明显改善,综合解答题失分比例升高,则作出相应的教学调整.又如对学生失分比例较高的题目,教师应引导学生找出差错对应的基本知识点和基本方法,有针对性地进行讲解和训练,而不是漫无目的地进行高强度的题海训练.

如果能够让学生掌握基本的差错辨识方法,不仅知道每道题差错对应的基本知识点,还注意针对差错分布学会使用Excel进行统计分析,以明确每类题型的差错分布规律,就能够为学习策略和学习习惯的调整给出宏观的依据,建立一套"学习—测试—找差错—看分布—调整—再学习……"的反馈改进式学习模式.

3. 诊断支持(见图9－3)

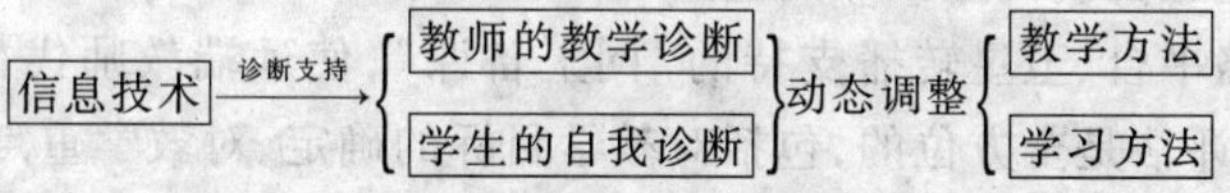

图9－3 信息技术对教学诊断的支持关系

(1) 教学诊断

传统教学中,教学诊断主要依据学生的试卷分数和作业中反映出的问题,进行就题论题或就题改题式的评讲.事实上,对差错的分析应对应于教材中的基本知识点(包括基本概念、定理、公式)和基本方法上,即根据统计得到的差错分布,针对性地加强"双基"的学习,并同其他知识点进行广泛深入的联系,旨在学生的头脑中形成以基本知识点为结点,以它们之间的联系为连支的概念网络.

通过教学诊断可以发现导致失分的其他原因.例如,除了双基训练不够扎实,由于学习态度、学习习惯上的问题,导致低级错误失分比想象的多,几乎每套试卷都有10～30分.因此教师对学生的评价应包括对学习态度、学习习惯的评价.

(2) 自我诊断

对学生个体而言,教师需要教给他们一套利用信息技术进行自我诊断的方法,利用统计、图表、形态分析,以明确自己存在的问题,对自己的学习进行针对性地调整.即引入反馈改进式学习机制,形成学生对自我数学学习的闭环控制系统.

4. 管理支持

信息技术对教学的管理支持保证了教学的可靠性和资源的动态备份. 例如,一位教师因故不能上课,另一位教师可使用备份的课件实现教学意图. 在教学管理上,电子教案和传输内容应是可靠的、有备份的,不同的教师可以根据需要调用其中某些课件;不同年级的教师之间也可以实现资源共享,并可在原课件中加入自己的思考和根据学生不同情况的动态调整. 而且,“打包”的网络课件可以脱离开发环境直接应用,在远端开展数学教学也无任何技术障碍,从传统的一人一机的禁锢中向信息共享的方向发展.

开放式教学资源的管理,不仅指教师对教学资料、教学过程、教学效果的管理;指学生对自己学习状况的统计分析和管理;还指备课组或学校对各个教师、学生的工作及学习情况的管理. 通过资源管理,为实现教学效果的实时测评提供依据.

5. 评估支持

由成都七中与东方闻道公司合作的全日制远程直播教学,利用现代信息技术手段,创建了一个以共享成都七中多媒体课堂教学为主体内容,以远端学生与成都七中学生全日制同堂上课为主要手段的协作共同体.

通过网络平台、卫星转播支持的“网上备课”,使远端教师代替学生预先进行教学评估,评估是全方位的,包括对教学目标的确定、对教学重点的处理、对难度的把握、对教学进度的监控、对课堂交互方式的建议、对学生理解思路偏差的讨论,过滤掉一些偏、怪的教学思路,以教学会议的形式为授课教师和远端教师提供了相互交流学习的平台,同时为教师提供了互相借鉴及时改进的途径.

例如,在远程教学过程中,按照图 9 - 4 的结构,教师应利用远程信息综合对各单元教学效果进行统计评估,得出差错类型和分布;同时结合前次评估结果,评价教学策略改进方案,形成自适应策略调整机制.

网上备课交流内容还包括教学理念、学术研讨和完整科学的教学体系的构想,以达到远端教师能动贯彻前端教师的教学意图的目的;同时,远端学生在课堂、作业、测试中出现的带有普遍性的差错,由远端教师及时收集并通过网络向前端教师反馈,以及时调整教学.

四、研制教学支持系统

以新课标的贯彻执行为契机,研制基于信息技术平台的教学支持系统. 教学支持系统由硬件和软件组成. 其中,硬件包括各种信息技术平台所用到的设备;软件包括应用软件、教程课件、评估体系等. 研制面向新课标的教学支持系统,应突出以下几个方面.

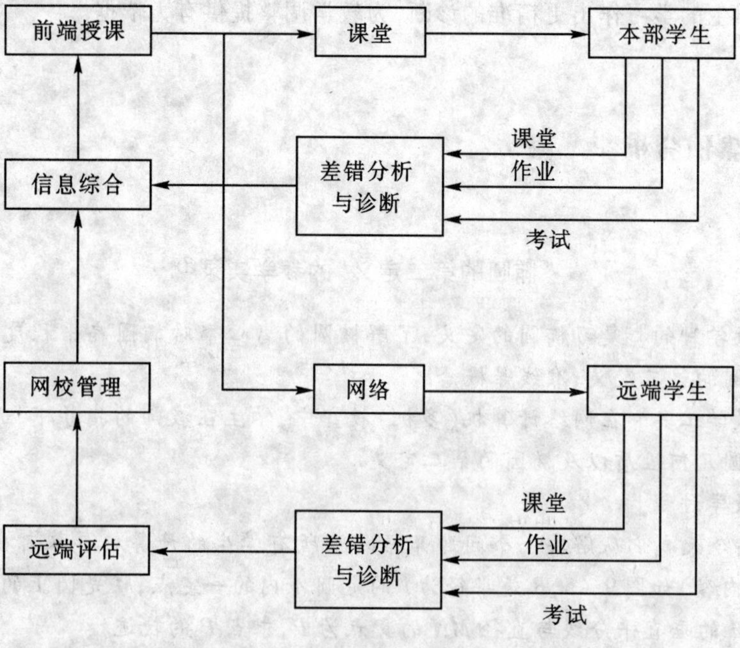

图 9－4　远程教学的差错控制模型

（一）数学思想方法的直观化

数学思想方法是数学的精髓，教学应立足于揭示知识的来龙去脉、突出探索和形成数学知识的过程，着重对数学知识的本质和数学学习的规律的探求.信息技术平台不仅可以提供数学思想形成的背景和过程，利于数学思想的直观理解，也为后续知识作出铺垫.

（二）制式化数学教学课件

研制新的教学支持系统，应将数学教学课件的编制逐渐纳入制式化管理.可以采用专题设计—课堂效果评审—集体审定的程序，集中优秀教师和专家的集体智慧和经验，研制符合新课标要求的制式化数学教学课件范本.授课教师以制式化课件为范本，根据课程需要做适当修改，可直接用于课堂教学.

（三）形成信息反馈机制

教师不仅要对教学现场的实际效果和突出问题给出及时的评估并存档，还应参照以往的教学经验和历史数据，对具体章节的教学实施建立信息整理与反馈机制，并在备课组和教研组甚至在不同学校之间建立横向交流并互相参照，形成纵向和横向信息反馈机制.

例如，可针对各章节的核心内容，采用“概念理解评价题库”与“差错辨识模型”对学生的学习作出更精准的诊断，为教学调整提供有力依据.

案例分析

【案例】

“椭圆的第二定义”的教学实录①

［教学目的］复习椭圆的定义；了解椭圆的离心率对椭圆扁平程度的影响；认识椭圆的第二定义、准线等概念.

［教学工具］在网络计算机（多机）教室中，学生在教师的指导下，通过操作研究椭圆几何性质以及椭圆的第二定义.

［教学过程］

师：今天我们从解决一个问题开始.（让所有学生的计算机屏幕都出现教师屏幕的内容）如图 9－5，B 是半径为 r 的定圆 A 内的一定点，M 是圆上的一动点，线段 BM 的垂直平分线与直径 MN 的交点为 P，求点 P 的轨迹.

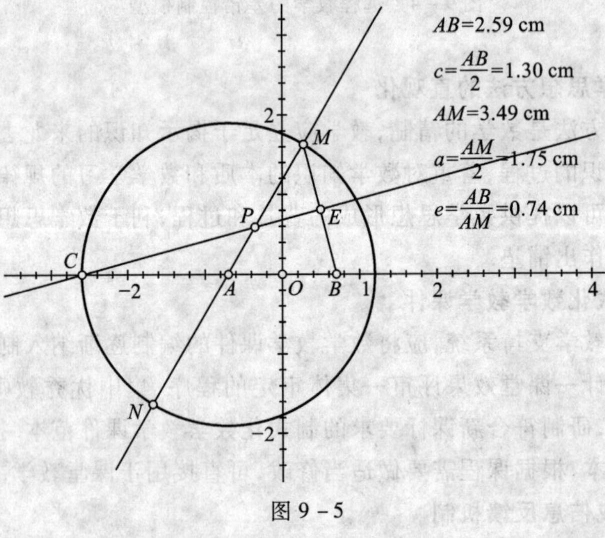

图 9－5

同学们各自使用几何画板软件操作，几分钟以后，很容易得到如图 9－6 所示的结果.

① 陶维林. 几何画板实用范例教程. 北京：清华大学出版社，2001. 183－185

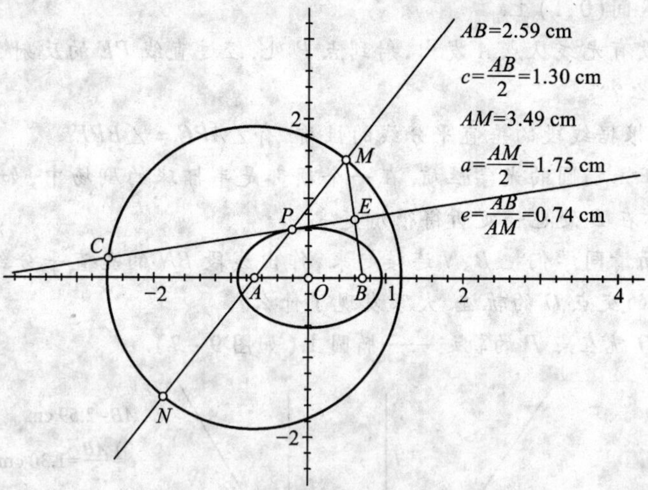

图 9－6

师：A 同学，根据你的制作，点 P 的轨迹是什么图形？为什么？

生 A：一个椭圆. 因为点 P 在线段 BM 的中垂线上，所以 $|PB|=|PM|$. 这样，$|PA|+|PB|=|PA|+|PM|=|AM|=r$. 由于点 B 在圆内，所以 $|AB|<r$，而 r 是定长，根据椭圆的定义，点 P 的轨迹是一个椭圆.

师：很好！点 A、B 就是这个椭圆的两个焦点，$|AB|$ 是这个椭圆的焦距，即 $|AB|=2c$；而圆 A 的半径 $|AM|$ 是椭圆的长轴长，即 $|AM|=2a$. 请同学们用鼠标在圆内左右来回拖动点 B. 你们发现了什么？

生：椭圆的大小在变.

师：应该说椭圆的扁平程度在变. 请大家计算比值 $\frac{c}{a}$ 的大小（$\frac{c}{a}$ 的值就显示在屏幕上）.

师：请同学们再拖动点 B，同时观察比值 $\frac{c}{a}$ 的大小变化.（等学生操作后）根据你们的观察，椭圆的扁平程度与比值 $\frac{c}{a}$ 是什么关系？

生：比值越大，椭圆越扁；比值越小，椭圆越“圆”.

师：我们把影响椭圆扁平程度的比值 $\frac{c}{a}$ 定义为“椭圆的离心率”. 椭圆的离心率常用字母 e 来表示，即 $e=\frac{c}{a}$ · e. 越接近于 0，椭圆就越接近于圆. 它的取值是？

生:在区间(0,1)上.

师:假设有光线从点 A 发出,射到点 P 处,经过直线 PE 的反射,能反射到点 B 吗? 为什么?

生:能. 根据线段的垂直平分线的性质,有 $\angle APC=\angle BPE$.

师:这正是椭圆的光学性质. 在一个顶部是半椭球的剧场中,如果演奏者在 A 处演奏,你在 B 处也一定听得很清楚.

师:下面请同学们把 B、N 连接起来,作出线段 BN 的垂直平分线,看一看它与直径 MN 的交点 Q 的轨迹. 大家发现了什么?

生:点 Q 就在点 P 的轨迹——椭圆上(如图 9-7).

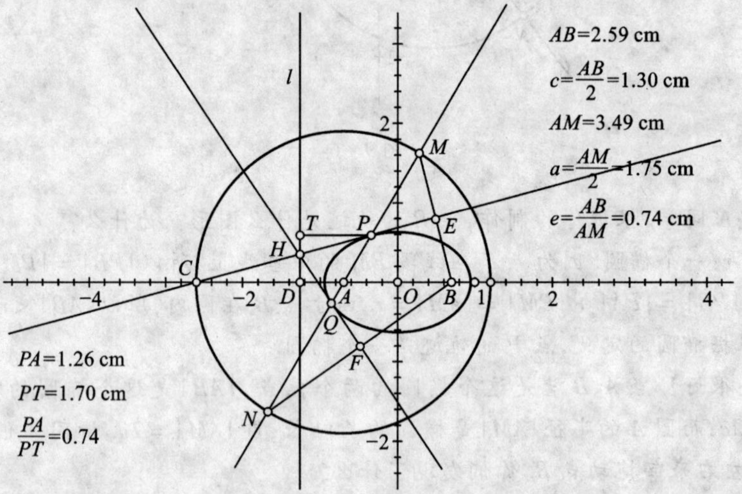

图 9-7

师:对. 对线段 BN 的操作与对 BM 的操作是类似的. 这样,线段 PQ 就是椭圆的一条经过焦点的弦,称为椭圆的"焦点弦";线段 AP、AQ 是椭圆的焦半径. 下面请大家作出直线 EP、FQ 的交点 H,并探求它的轨迹. 点 H 的轨迹是什么图形?

生:一条直线.

师:请再仔细观察一下. 这条直线与直线 AB 有什么关系?

生:垂直.

师:我们验证一下. 请你们作出直线 AB 与直线的交点 D,度量出它们所成角的大小,然后再拖动点 M,看一看有没有变化.

请大家过点 P(或者点 Q)作直线 l 的垂线,设垂足为 T,然后计算出 $|PA|$、$|PT|$ 的大小,并计算比值 $\frac{|PA|}{|PT|}$. 你们发现了什么?

生：$\dfrac{|PA|}{|PT|}=\dfrac{c}{a}$.

师：请同学们拖动点 M，再认真观察，验证你们的结论是否正确.

生：（拖动点 M 变动以后）它们总相等.

师：对. 比值 $\dfrac{|PA|}{|PT|}$ 也是椭圆的离心率 e！那么椭圆又可以说成是满足什么样的几何条件的点的轨迹呢？

生：椭圆上的任意一点 P 到焦点 A 的距离与到直线 l 的距离之比总保持一个常数 e.

师：对. 椭圆是平面上到一个定点 A 的距离与到一条定直线 l 的距离之比为一个常数 $e(0<e<1)$ 的点的轨迹，这个定义称为椭圆的第二定义，这个常数 e 叫椭圆的离心率，这条直线 l 叫椭圆的准线. 从椭圆的对称性容易知道，椭圆有两条准线，两个焦点. 图 9－7 中直线 l 是椭圆相应于焦点 A 的一条准线，还有另一条相应于焦点 B 的准线.

下面把直角坐标系建立起来，再从另一个侧面来认识点 H 的轨迹——椭圆.

（请同学各自在草稿纸上演算，另请两位同学板演.）

设直线 l 的方程为 $x=m$，而点 $A(c,0)$，$\dfrac{|PA|}{|PT|}=\dfrac{c}{a}$. 应该有 $\dfrac{\sqrt{(x+c)^2+y^2}}{|x-m|}=\dfrac{c}{a}$，$\sqrt{(x+c)^2+y^2}=\dfrac{c}{a}|x-m|$，化简得 $(a^2-c^2)x^2+2c(a^2+cm)x+a^2y^2=c^2(m^2-a^2)$.

师：对照椭圆的标准方程，应该有 $a^2+cm=0$，$m=-\dfrac{a^2}{c}$，即直线 l 的方程为 $x=-\dfrac{a^2}{c}$. 请同学们计算 $\dfrac{a^2}{c}$ 的值与直线 l 的方程（软件可以测出直线、圆的方程）并验证.

教师小结：这一节课我们用几何画板研究了椭圆的离心率对椭圆扁平程度的影响；发现了椭圆的“第二定义”；认识了椭圆的准线以及椭圆准线的有关性质. 课后不要忘记证明 H 的轨迹确是一条直线.（布置作业）

【点评】

这是一堂数学教学改革的探索课，教师对合理使用教材、改进教法、改变数学教学模式、促进学科素质教育做了一些尝试. 椭圆第二定义的教学，传统的设计方法大致有两种：一种是解答教材的例题；另一种是在由第一定义推导标准方程的过程中出现了方程 $\dfrac{\sqrt{(x-c)^2+y^2}}{\dfrac{a^2}{c}-x}=\dfrac{c}{a}$，再解释其几何意义. 椭圆的准线、离心率的出现比较突然、生硬，难以反映出第二定义与第一定义的内在联系.椭圆离心率对椭圆扁平程度的影响，课本也只是从理性的角度说明椭圆的长半轴长 a 与短半轴长 b 的关系，没有动态的观察和数据的比较，也没有形象的演示.而这堂课自始至终让学生通过“数学实验”的方法来研究椭圆，发现椭圆的准线并研究它的性质，十分自然地得到椭圆的另一种定义.学生一直处于对动态数据的测量、比较和结论的探索中，激发了学习动机和学习兴趣，同时也把数学内在的美感开发出来.这里网络计算机、几何画板软件创设了一种以学生为中心，使学生自主学习的环境，是一种符合建构观的学习.与传统的教学相比，其中似乎还有不符合数学“严密性”的缺憾，比如点 H 的轨迹虽然全体学生都认为是一条直线，但是课堂上并没有给出严格的证明而使用了这一结论.但这并不影响结论的真实性，重要的在于教学模式改变了.

认知心理学认为，人的知识不是由外部刺激直接给予的，而是外界刺激与认知主体内部的心理过程相互作用的结果，因而必须由学生主动完成.早在1989年，全美数学教师协会就明确提出了“利用计算器和计算机作为学、做数学的工具”.实验方式的数学教学使传统的“教师讲授—模仿练习—强化记忆—测试讲评”的教学模式改变为“问题—实验，收集数据，分析数据—会话、协商—猜想结论—证明—再验证—回顾总结”的新模式.教师负责学习的组织，指导学生研究问题，使之成为学习的主人.学生乐学，方能学有所得，学而不厌.

怎样教学圆锥曲线的统一定义？这里提出了一种新的教学思路.在这节课讨论的问题中，只要用鼠标把点 B 拖到圆 A 外，可以类似地讨论双曲线的情况，同时也为“抛物线”一课的引入做了准备.平面上到一个定点 F 的距离与到一条定直线 l 的距离之比是一个常数 e 的点的轨迹，在 $0<e<1$、$e>1$ 时它们分别是椭圆、双曲线，e 叫做它们的离心率.很容易想到，一定存在着一类曲线，它的离心率是1，而这类曲线是抛物线.这与天文学中海王星的发现或者化学元素周期表中一些元素的寻找思路相类似.

资源链接

1. R.柯朗，H.洛宾.什么是数学——对思想和方法的基本研究(增订版).上海：复旦大学出版社，2005

本书详细介绍了数学思想方法.

2. 陶维林.几何画板实用范例教程.北京：清华大学出版社，2001

100个实用的制作例子帮助我们学习几何画板的用法；教学实例体现了几

何画板在数学课堂中的应用.

3. 徐稼红. 计算机辅助函数图像教学的新途径. 数学教育学报,2004(3):82－84.

详细介绍了Excel用于辅助函数教学,为函数图像教学提供了一种新途径.

4. 潘小明. 充分运用现代教学媒体探索最优化的数学教学模式. 数学教育学报,2004(3):82－84.

信息技术与数学教学的整合需要模式化,本文为优化教学模式提供了思路.

由于大多数的信息是动态的、不断更新的,因此,我认为给出一种获得信息资源的方法比给出信息更为重要. 一般来说,获得信息资源的途径主要有以下几种:

(1) 网络搜索功能:在“百度”、“新浪”、“雅虎”等各大网站,都有强大的搜索功能. 输入关键词,就可得到含有关键词的有关资料. 但是,这样搜索到的信息可以有上万条,真正有价值的并不多. 要一一甄别,需时太多. 建议专业数学教师经常进入专门的数学教学网站,形成跨城市、跨省的广泛学习与交流.

(2) 查阅期刊:期刊是最新动态、最新思想的集中地,经常查阅数学教育类期刊,可了解大至数学教育的最新发展动向、数学教育理论的应用、数学教学的最新模式的创立、国内外数学教育的差异、数学建模的基本方法、数学教育方法论、教材研究、实证研究、教育技术与数学教育改革等,小至某道数学难题或趣题的讨论、某一堂课的教学实录与反思、某个具体问题的争鸣等.

(3) 阅读经典的数学教育论著,如:弗赖登塔尔的《作为教育任务的数学》、G. 波利亚的《怎样解题》、皮亚杰的《发生认识论原理》及《发生认识论》、布鲁纳的《教育过程》、布卢姆的《教育评价》、斯根普的《学习数学的心理学》、克莱因的《高观点下的初等数学》、戴维斯的《建构主义观点下的数学教育》、R. 柯朗和H. 洛宾的《什么是数学——对思想和方法的基本研究》等.

教学反思

【反思文章】

通过教学实践探索信息技术与新课标的支持关系

反思:借助信息技术实现教与学的动态调整

中学阶段,“双基”的掌握和训练是数学学习的重点,数学学习应更好地解决学生头脑中概念网络全面织补的问题. 即学生对缺失的基本知识点、基本思想方法的有效修复和理解上.而寻找概念网络缺失的任务,则应由完善的教与学的评价体系支持.信息技术可以为评价体系提供简捷高效的平台.

借助信息技术,我制成"试卷差错分析表格",指导学生利用信息技术对自己的学习情况进行统计分析和管理.例如,每次考试后,对于每道有差错的题目,找出失分点(客观结果)和差错原因(主观问题).差错分析可按如下步骤进行:

(1) 审题环节:分为"看错题"、"看漏条件"、"附加条件"、"其他"(学生个体差错)等类进行统计;

(2) 解题过程:学生可依据"思路不清"、"计算出错"、"誊写错误"、"书写不规范"、"其他"等类进行统计;

(3) 答案:分为"猜测答案"、"涂错机读卡"、"其他"等.

(4) 非智力因素分析:

第一,基本习惯:字符书写是否规范;是否存在笔误;是否看错题或看漏条件;解题格式是否正确;是否出现誊写错误;是否验证答案等.

第二,心理素质:是否受情绪影响;是否受环境影响;当前解题是否受前面解题的困扰等.

若是基本习惯问题,应引起足够的重视.若是知识点掌握不好,只会导致一科丢分,但基本习惯不好会导致各科丢分.例如"看错题"的习惯,不仅会在数学考试中导致差错,也会在其他科目的考试中失分.解决这类问题,需要制订相应措施改进学习方法和学习习惯.

若是心理素质问题,则可回忆模拟当时考试的状态,把平时做作业当作考试,定时定量,训练调整自己的应试状态.平时作业状态与考试状态相差越大,考试状态就越差.

若是知识点的问题,学生可根据以上统计结果得出自己的差错分布,在教师指导下,对应到概念网络的"双基",针对错题所包含的基本知识点而不仅仅是针对某道错题,激活各个与之有关的节点,如这道题需要激活9个知识点,其中有3个知识点缺失,或是与其他知识点的联络中断,就需要针对性地进行修复.即如果差错分析能够具体到某个概念节点是否缺失或模糊,就能提出个体化的解决方案来,就能不断完善知识网络.

以上问题都要给出平时练习的训练方案,明确考试中如何减少这类差错,并坚持实施一段时间,观测效果,逐步摸索出一套适合自己的改进方法,实现学习方法的动态调整.

学生应用技术对自己数学学习的整体情况进行分析,我教给他们以下分析方法:

(1)形态分析:分段得分率按照每类题实际得分除以该类题满分,计算出每类题得分率,绘制得分的分布草图.

(2) 趋势分析:与之前试卷的对应题进行对比,计算每类题的得分率,看是提高还是下降.

(3) 横向对比分析:利用自己每次测试成绩与班平均分的图像,可以分析学习的稳定性.

学生填写的个人"试卷差错分析表格"和"数学学习总况分析"以电子文档的形式交给我,我则负责建立班级学生差错档案.根据学生整体的差错分布位置,我对自己的教学进行再思考与再调整.对调整后的效果要进行评估,即再次观察学生的差错分布是否发生变化,再次调整教学重点.如此循环,直到差错结果控制在可接受的范围内,从而实现教学的动态调整.

【反思探究】

借助信息技术手段,按照图 9-3 的结构,在整个高中阶段,教师都应及时地对班级教学效果进行统计评估,不断得出差错类型和分布.教师应结合前次评估结果,对教学策略的改进进行评价,形成自适应策略调整机制.

应像教数学知识一样,用专门的课时教会学生利用信息技术对自己的学习情况进行监控和评价.对每套试卷,考试后应做差错分析

(1) 统计分布,纵向对比:要关心总分,更要关心得分率的分布、变化情况;

(2) 差错类型分析:如果差错分析能够具体到某个概念节点、连支是否缺失或模糊,就能针对性地修复概念网络.

(3) 给出平时练习的训练方案,明确考试中如何减少这类差错,形成动态调整的学习方式.

如果高中数学各章节都能建立起"概念理解评价题库"与"差错辨识模型"等,教师、学生都将会对教学、学习作出更精准的评价和反馈,为教与学的控制系统提供有力依据.

利用信息技术手段评估学生的学习习惯、思维表现及教学过程出现的各种元素与效果的综合评估,把学生置于一个大的数学学习环境中,通过评估与系统里其他元素交互流动,使得学习、教学和多媒体技术三者交融在一起,使得数学学习更具有自我导向和控制性,培养有数学素养的人.①

基本态度和基本习惯作为"双基"的"双基",应成为教师训练学生素质的重点,这样学生才有可能将学习延伸到正规的课堂教学环境之外,借此培养学生对待科学的基本态度,学会学习和工作的基本方法,引发、保持和延伸终身学习.

① 吴仁芳,沈文选.多媒体辅助数学教学——关于教师角色的探析.数学教育学报,2005(1):87

教学评价篇

- 新课程理念下的高中数学学习评价
- 如何进行新课程理念下的课堂教学评价

第 10 讲
新课程理念下的高中数学学习评价

思考研讨

1. 新课理念下的高中数学学习评价的基本理念是什么？
2. 新课理念下的高中数学学习评价的内容是什么？
3. 新课理念下的高中数学学习评价的方法有哪些？

理论概述

评价改革是本次新课程改革的一个重要内容. 由于评价本身的功能和作用，评价将直接关系到教师和学生的切身利益. 所以，新一轮课程改革中高中数学学习评价改革便成为大家关注的焦点. 本讲主要内容为新课程改革中高中数学学习评价的基本理念、高中数学学习评价的内容和方法.

一、高中数学学习评价的基本理念

何谓理念？理念就是一个人具有的准备付诸行动的信念. ①一个人的理念是指通过实践逐步形成的对事物发展的指向性的理性认识，它形成之后便会反过来进一步影响人们的实践，推动事物的发展.

高中数学新课程学习评价的理念是人们在新课程观下，在对学生高中数学学习评价的实践过程中形成的对数学学习评价发展指向性的理性认识. 它是一个较宽泛性的概念，共包含三个层面：数学学习评价是什么？数学学习评价有何作用？数学学习评价怎样发挥作用？人们通过数学学习评价实践活动形成并不断深化对

① 钟启泉，崔永漷，张华主编. 为了中华民族的复兴，为了每位学生的发展——《基础教育课程改革纲要（试行）》解读. 上海：华东师范大学出版，2001. 224

这些基本问题的理性认识，并用于指导数学学习评价的发展和改革的实践.

（一）数学学习评价的含义

1. 评价

“评价”一词，韦氏大词典的解释是：“评价，决定或确定价值或数量”①；美国《心理学词典》的解释是：评估，一般说来是指对于某事的价值作决定；我国顾明远教授主编的《教育大辞典》的解释为：评价是指对事物价值的判断. 从这些解释可以发现，评价从本质上来说就是一种价值判断的活动，是对客体满足主体需要程度的判断.

20 世纪 20～30 年代，人们基本上只把学习评价的功能锁定在确认学习效果上. 在科学理性思潮的影响下，评价似乎就是测量. 如何进行测量，如何将被测量的行为加以量化，如何设计有效的测量工具，保证量化测量工具的客观性和可信度，是人们关注的重点. 20 世纪 30～40 年代以后，受泰勒等人的影响，评价被看成是对目标和表现的吻合程度的确认. 提出合理的教育目标并加以科学的分类，并以此为标准来衡量教学达到的水平，成为这一时期的焦点. 到了 20 世纪 60 年代，评价对教学的反馈作用开始受到关注，人们开始注意到评价过程与学习过程和教学过程的交互影响，利用评价的结果来诊断教与学中出现的问题、影响教和学的改进与调节，评价的功能拓宽了. 随着评价研究的不断深入，形成了不同价值取向的评价. 各种不同价值取向的评价有着不同的功能，关于这几种价值取向的评价，读者可以参阅本讲的资源链接 2.

2. 数学学习评价

什么是数学学习评价呢？目前我国学术界还没有一个明确的界定. 美国数学教师理事会对数学学习评价的定义为：

“数学学习评价是指有计划、有目的地收集有关学生在数学知识、使用数学的能力和对数学的情感、态度、价值观等方面的证据，并根据这些证据对学生的数学学习状况或某个课程或教学计划做出结论的过程.”②

这种对数学学习评价的界定代表了国际上数学学习评价发展的最新方向，对我们研究新课程理念下的数学学习评价有较大的参考作用. 但它也存在一些不足：这种评价的目的仍是获取被评价的课程计划或教学的结果是否“达标”，追求的是评价的结论，至于如何利用这些结论不够明确.

---

① 原文为“evaluate, to determine or set the value or amount of”，摘自：Webster's Encyclopedic Unabridged Dictionary of The English Language, Gramercy Books, 1989. 493

② 全美数学教师理事会著. 全美学校数学课程与评价标准. 人民教育出版社数学室译. 北京：人民教育出版社，1994

数学学习评价属于学生评价."学生评价是对学生学习进展和行为变化的评价"①.根据学生评价的基本内涵和数学课程标准对高中数学学习评价的要求,我们对新课程理念下的数学学习评价作如下界定:

数学学习评价是指采取多样化的手段和方法,有计划、有目的地广泛收集学生在数学学习中各种有意义的信息、资料,通过对这些信息、资料的定量分析与定性评估,改善、调节学生的学习和教师的教学,促进学生发展的活动.

从这个定义我们可以看到,数学学习评价有以下五个方面的含义:

第一,数学学习评价是一个有计划、有目的的活动过程.这里强调了学生数学学习评价的计划性和目的性.评价的计划性是为了避免评价的随意性,也即评价前要做好精心的准备,这样才能使评价有条不紊,切实有效.

第二,评价的内容为学生在数学学习中的全部情况,是学生的学习的不同方面,即评价内容的多维度.在评价中除了对学生数学知识与技能的理解与掌握外,还要对学生数学能力,情感、态度与价值观等进行测评与分析.即凡是具有教育价值的一些有意义的信息和资料,不论是否与预定目标相符合,都应受到评价者的支持与肯定.

第三,评价的手段多元化和评价方法多样化.在数学学习评价中,采取多种多样的技术和方法,广泛地收集学生在数学学习过程中所反映出的各种有意义的信息、资料,为最后的评估分析提供充分的信息和资料保障.

第四,对评价过程中收集的信息要进行定量分析和定性评估.在数学学习评价中,对收集到的信息要及时地进行定量分析和定性分析.单纯的定量评价不能完整地反映学生数学学习的状况,如学生学习的情感、态度和对数学学习的体验与感悟.这就需要进行定性的分析和评估,这样才能保证评价的全面性、真实性和准确性.

第五,评价的最终目的是改善、调节学生的学习和教师的教学,促进学生发展.通过对收集到的学生数学学习的信息、资料的定量分析与定性评估,诊断学生在学习方面存在的困难,反映学生学习的成就和进步,并对分析处理的结果及时反馈给学生,使学生全面了解自己的学习状况,认识到自己的长处与不足,及时调节自己的学习行为.同时,通过对学生学习状况的测评分析也为教师改进教学提供了信息.教师根据评价提供的信息及时改进和调整自己的教学,并在数学教育教学的过程中帮助学生正确地认识自我,树立信心,使学生形成正确学习的预期,形成对数学积极的态度、情感和价值观,促进学生的发展.

数学学习评价是数学课程评价的重要组成部分.在数学教育的过程中,数学

① 陈玉琨著.教育评价学.北京:人民教育出版社,1999.23

课程评价只有通过对学生数学学习的过程与结果的评价和鉴定，才能真实反映数学课程预期目标实施的效果，并以此对数学课程方案本身的价值进行评定判断. 同时，数学学习评价又反映了教师课堂教学设计实施的效果，是对教师教学效果的直接反映和评定，因此，它又是数学教学评价的重要内容. 所以，数学学习评价是新一轮数学课程改革的重要内容. 在教学过程中，按新的数学课程标准的评价理念及目标，对学生进行科学的数学学习评价，是保证新一轮数学课程标准有效实施的重要环节和关键.

（二）高中数学学习评价的基本理念

高中数学学习评价的新理念分别体现在《普通高中数学课程标准（实验）》（以下简称《标准》）“课程的基本理念”与“实施建议”中. 对高中数学学习评价的认识，《标准》在“课程的基本理念”部分指出：“现代社会对人的发展的要求引起评价体系的深刻变化……评价既要关注学生数学学习的结果，也要关注他们数学学习的过程；既要关注学生数学学习的水平，也要关注他们在数学活动中所表现出来的情感态度的变化. 在数学教育中，评价应建立多元化的目标，关注学生个性与潜能的发展”. 这是对新课程观下数学学习评价理念的总体描述.《标准》在“实施建议”部分的“评价建议”中又对新的评价理念的实施提出了具体的评价建议. 并强调指出：“数学学习评价，既要重视学生知识、技能的掌握和能力的提高，又要重视其情感、态度和价值观的变化；既要重视学生学习水平的甄别，又要重视其学习过程中主观能动性的发挥；既要重视定量的认识，又要重视定性的分析；既要重视教育者对学生的评价，又要重视学生的自评、互评.”

高中新课程要求应将评价贯穿数学学习的全过程，既要发挥评价的甄别与选拔功能，更要突出评价的激励与发展的功能.“评价应有利于营造良好的育人环境……有利于学生和教师的共同成长”.《标准》的这些论述充分表达了新的数学学习评价的理念. 它既体现了对数学学习评价的理性认识，又体现了现代数学学习评价发展的趋势和具体评价的行为要求. 具体来说高中数学学习评价主要有以下基本评价理念.

（1）数学学习评价是发展性评价

“应将评价贯穿数学学习的全过程，既要发挥评价的甄别与选拔功能，更要突出评价的激励与发展功能.”这是对新的数学学习评价性质的认识与确定. 它明确指出“要突出评价的激励与发展功能”，“评价应有利于营造良好的育人环境……有利于学生和教师的共同成长”. ①这充分体现了新课程的数学学习评价

① 中华人民共和国教育部. 普通高中数学课程标准（实验稿）. 北京：人民教育出版社，2003. 112

的发展性评价理念.同时也表明了数学学习评价的主要目的是为了促进每一个学生作为整体的人的全面的、能动的发展,而不仅仅是为了甄别学生的数学学习水平或智力发展水平.通过对学生的数学学习评价全面考查学生的学习状况,激励学生的学习热情,促进学生的全面发展.

(2) 数学学习评价的多元化

新课程提倡的数学学习评价的目标、内容、方式方法等方面均呈现出多元化的趋势.价值多元、尊重学生个体之间的差异在评价的认识与实践中正在凸显出来.

新课程中数学学习评价的多元化主要表现在以下几个方面:

第一,评价目标的多元化.《标准》提出了多元化的评价目标.由于学生是处于发展过程中的个体,能力与个性方面存在着差异,必然具有不同的发展水平.而且高中阶段的学生将面临各种选择.因此,新课程的数学学习评价就要着眼于学生的未来,对学生的发展过程作整体性的分析,根据他们各自的个性特征和发展潜能,预测性的揭示每个学生未来的发展目标,并通过评价使学生认识到自己的优势,激励学生释放和挖掘自己的发展潜能.所以评价的目标就不能只限于学习和掌握数学知识与技能以及空间想象、推理论证、运算求解、抽象概括、数据处理等智力因素,而应该更加重视学生的非智力因素的评价,包括学习数学的兴趣,学好数学的信心,锲而不舍的钻研精神和实事求是的科学态度;数学表达和交流的能力;良好的学习习惯和发展独立获取数学知识的能力;认识数学的应用价值、科学价值和人文价值,形成批判性的思维习惯;崇尚数学的理性精神,体会数学的美学意义,从而进一步树立辩证唯物主义和历史唯物主义世界观.为此,《标准》又把总体目标具体化为三个维度:知识与技能、过程与方法、情感态度与价值观.并对这三个维度的目标确定了具体的水平要求,以便于评价的有效实施.这就从根本上超越了传统的数学学习评价对数学知识的过分关注,使得学习评价的目标不单一、僵化,而呈现多元化的价值维度与取向.

第二,评价主体的多元化.评价主体的多元化是指教师、学生、家长和社会有关人员(如学生家庭所在社区的居民、干部)都是评价的主体.从而改变以往评价学生数学学习的主体只是教师(或曰教育者),评价过程是自上而下的教育者评价受教育者的单向过程.在主体多元化的评价中,评价的结果是将教师评价、学生的自我评价、学生的相互评价、家长和社会有关人员的评价意见和信息综合起来对学生的学习进行的一个整体的评估,这样可准确、全面的评价学生.同时,评价主体的多元化改变了学校教育、家庭教育和社会教育分离的现象,可充分整合学校、家庭和社会几方面的教育资源,发挥教育的最大效益.在具体地评价活动中,评价主体应当参与和了解学生的学习活动,在尊重被评价对象的前提下,平等合作、相互沟通，改变以往评价者和评价对象之间对立的局面，使得各方能够加深理解，对评价结论取得共识，以更好地发挥评价的“激励”和“改进”功能，在最终促进学生全面发展的同时，促进教师和学校的多方面发展.

第三，评价方式方法的多样化. 传统的数学学习评价是以分数作为评价学生数学学习的唯一标准. 这种单一的量化评价不能有效地评定学生在数学学习过程的学习概况，也不能有效地激励学生数学学习的热情. 因为，教育现象纷纭复杂，学生也是千差万别. 学生对数学学习的态度、合作交流的能力、对问题的敏锐程度、思考的习惯与深度等许多问题，我们很难用一张试卷、用一个量化的分数去衡量. 因此，数学学习评价的方式就不能仅限于用纸笔测验的定量评价，而要采用多样化的方式方法对学生在数学学习过程中所表现出来的知识与技能、数学思考、问题解决及情感与态度等进行全面的检测和了解. 要“既要重视定量的认识，又要重视定性的分析；既要重视教育者对学生的评价，又要重视学生的自评、互评”. 这样才能全面反映学生的真实情况.

定性地评价学生的数学学习，可以通过观察、记录、与学生交流、交给学生数学学习与研究的任务等方式，采用写评语、学习评价册、课堂观察记录表等多种方法评价学生的数学学习和课题研究成果. 学生数学学习档案袋也是记录学生在数学学习方面的进步和成长的一种较为有效的方法. 教师要正确认识到学生在数学学习过程中出现问题和错误，都是在所难免的和正常的，因此定性评价要多看到学生的进步，多运用肯定、赞扬等鼓励性语言，使评价真正发挥激励和促进学生发展的功能.

不可否认，考试、测验等定量评价仍然是评价学生数学学习的十分有效的手段，但测试题目应该有所变化，有所改革，有所创新. 应改变那种“已知—求证”、“已知—求解”的单一的问题模式. 测评试题要力求使问题与学生的生活经验、社会生活实际联系起来，拓宽测评内容的背景，创造性地建立知识之间的联系，创设好的问题情境，突出对数学本质的理解.

总之，评价的方式方法要多元化，要定性与定量相结合，口头与书面相结合，课内与课外相结合，结果与过程相结合，这样才能全面、准确地反映学生数学学习的状况，才能有效地发挥评价的功能，促进学生的发展.

在评价中，多一把评价的尺子，就会多一批成功的学生.

第四，评价内容的多维度.《标准》确定了高中数学学习的总体目标和具体的要求，这实际上也就确定了数学学习评价的内容. 这里的评价内容除了知识与技能外，还有数学思想方法，数学能力，数学学习的过程，情感、态度与价值观以及身心素质等内容.

第五，评价结果呈现的多样化. 评价结果的呈现是一个信息反馈和信息交流的过程，是使评价充分发挥其导向、激励与促进等功能的关键环节．不同的呈现方法会产生不同的效果．当我们只是用单一的分数作为评价结果公布，并以此对学生数学学习水平加以“区分”和“分等排队”的时候，所造成的事实是给学生、家长、教师甚至学校都带来了过大的压力．而沉重的心理压力，对学生的健康成长是十分不利的．随着评价主体、评价方式方法、评价标准的多元化发展，评价结果呈现的方式也势必是多样的．评价中要本着尊重每一个学生，为每一个学生全面、健康发展负责的态度，选择评价结果的呈现方式．例如，让学生介绍自己学习数学的体会，教师通过点评给予充分的肯定；教师对学生的小论文、课题研究报告加注评语；考试分数只反馈给学生个人，教师可公布分段统计的结果，使每个学生清楚自己的位置，以便反思确定自己的努力方向．

总之，评价的呈现方式要能使学生能接受评价的结果，并在此基础上反思自己存在的问题，改进和调节自己的学习行为，促进自己的发展．只有让学生最大限度地接受评价结果，才能真正发挥评价的功能，产生最大的评价效益．所以，在评价的实践中切不可忽视评价结果的呈现方式．

（3）数学学习评价的开放性

开放性是指评价标准的开放性和评价方式的开放性．开放是相对于封闭而言的．长期以来，通过测验或考试对学生数学学习进行评价的标准，往往注重解题的结果，对于解题过程则严格按步骤给分．因此，导致教师教学中过度强调数学解题方法、步骤的规范和答案的准确．在过于追求规范、同一的过程中，学生逐渐失去了自己的思想、个性，淡漠了创新的欲望，甚至出现了学生“强于答卷、弱于动手，强于考试、弱于创造”的现象．改变这种教育现象，需要合理改革评价的标准，实践评价标准的多元化和有效开放，不但要关注问题解决的结果，也要关注学生解决问题过程中的经历与体验，关注学生对数学的理解与思考，关注学生解决问题的方案与能力，关注学生不同方面的智能发展与个性．其实，解决学习和生活中的许多问题往往有多种途径、多种思路、多种方案和多个角度，很多时候我们很难说哪种“好”，哪种“不好”．

（4）注重对学生数学学习过程的评价

以往的评价只关注的学生数学学习的最后结果，而忽视学生在数学学习过程中的情感、态度与价值观的形成与发展．而学生的学习是一个过程，学生的发展也是在学习的过程中进行的．只有在学生的学习和发展的过程中及时地给予激励性的评价才能有效地促进学生的学习和发展．因此，《标准》明确指出：要“重视对学生学习过程的评价”．评价将贯穿于数学教与学的整个过程，将学生在数学学习活动过程中的全部情况都纳入评价的范围，而不只是评价学生数学学习的结果．同时《标准》还对学生数学学习过程的评价提出了具体的要求．

对学生数学学习过程的评价应特别关注以下几个方面的内容①：

1．注重对学生数学价值的提升过程的评价；

2．注重对学生数学学习的积极情感和优良学习品质的形成过程的评价；

3．注重对学生思考方法和思维习惯的养成过程的评价；

4．注重对学生参与数学学习，和同伴交流合作过程的评价；

5．注重对学生在数学学习中不断反思与改进的过程的评价．

与目前对学生数学学习评价的现状相比较，新的数学评价理念有表 10－1 所示几个方面的变化．

表 10－1　学生数学学习评价加强与削弱对照表

加强的方面	削弱的方面
评价的诊断和促进功能	评价的甄别功能
评价是教和学过程中一个有机组成部分	评价简化为教学外单一的终结性评价
对学生知道什么、他们是怎么思考的评价	评价学生不知道什么
与自己过去比较（是否进步）	与他人比较（分等排序）
关注数学学习的三个维度（知识与技能、过程与方法、情感态度与价值观）	仅关注“知识和技能”一个维度
关注学生在学习过程中的变化和发展	仅关注学生数学学习的结果
使用多样化的手段和方法	仅使用纸笔测验
评价主体的多样化	仅有教师对学生的评价
定性评价与定量评价相结合	只有定量评价

二、高中数学学习评价的内容

根据《标准》对评价的建议与要求，高中数学学习评价的主要内容为：

（一）数学知识与技能的理解与掌握的评价

数学基础知识和基本技能的理解与掌握是对学生数学学习的基本要求，是学生获得数学能力与素养的基础和载体．而且重视“双基”是我国数学教育的优良传统．这一点在世界数学教育界也是闻名遐迩的．数学课程改革应该继承和发扬这一传统．所以，数学知识与技能的理解与掌握的评价是学生数学学习评价的基本内容．

---

① 严士健，张典宙等主编．普通高中数学课程标准（实验）解读．江苏：江苏教育出版社，2004．329－331

1. 对数学基础知识理解的评价

对数学基础知识理解的评价主要是指对数学概念、公式、定理和法则的理解的评价. 对学生数学基础知识学习的评价要注重学生对数学本质的理解和思想方法的掌握,而不是把评价重点放在考查学生是否记住了某些概念、公式、定理或法则,应避免片面地强调机械记忆和模仿.

对数学概念的评价应关注对概念的真正理解,可以关注学生能否自己举出一定数量的有关这一概念的正例和反例;能否用不同的语言或等价形式表达同一个概念;能否在几个概念之间比较它们的异同,并且认识到在这些差异上不同的概念所对应的不同的解释;能否将概念从文字的表述转换成符号的、图像的或口头的描述或表征. 所有这些与概念知识有关的能力对于应用概念和规则,进行推理和解决问题都是非常重要的. 评价学生对数学知识的理解,可以关注学生能否独立举出一定数量的用于说明问题的正例和反例;能否建立不同知识之间的联系并使之结构化、系统化;能否在新情境中恰当、正确地运用知识;能否有效地批判自己或他人的错误等.

例 1 (1998 年全国高考数学试题)向高为 H 的水瓶中注水,注满为止,如果注水量 V 与深 h 的函数关系的图像如图 10－1 所示,那么水瓶的形状是(　　).

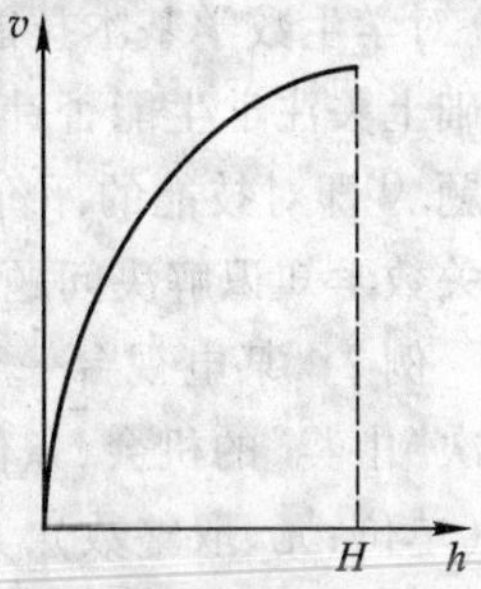

图 10－1

函数的概念和图像是高中数学的基础知识. 本题主要考查学生对函数概念和图像本质的理解和掌握. 学生要回答此问题,需要深刻理解函数及其图像的概念,将函数概念从文字的表述转换成图像的描述,才能够通过函数图像读懂注水量与水深这两个变量之间的关系,根据水瓶的形状想象在注水过程中,随着水位的升高注水量增长速度的变化来最后作出判断(如图 10－2). 如果只是机械地记住了函数的概念和图像未能对函数本质的真正理解,是不能解答此题的. 因此,这是一道很好的考查对数学概念本质理解与掌握的试题.

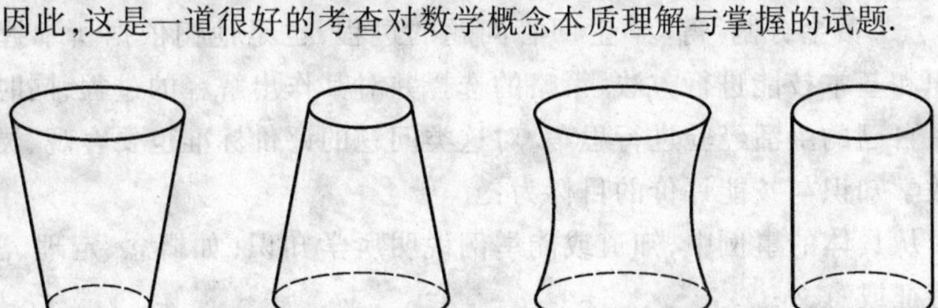

图 10－2

以往对公式、定理与法则的评价只是看其是否记住和能够套用.这种评价导致学生机械记忆,简单套用,不能灵活运用,并且在运用时往往忽略成立的条件和使用范围,经常出现运用错误,并且经多次纠正后都不能解决.这一现象已成了在数学学习与教学中学生和教师都感到十分头痛的老大难问题.其实,对公式、定理和法则的真正理解和掌握,并不只限于能否记住和简单的运用.其真正的理解和掌握应是知道其来龙去脉;能够独立的推证;知道其成立的条件和使用范围;能顺用、逆用、变用和连用.

《标准》中规定的数学基础知识内容丰富,知识之间的联系紧密,因此对于学生基础知识的评价,应该多方面、多维度处理,在定量考查学生掌握知识情况的同时,也要注重定性地考查他们对数学概念、法则、公式的理解,使学生能够真正地理解数学的本质,从整体上把握数学.

2. 对基本技能掌握的评价

基本技能的学习与运用是学生高中数学学习的重要内容之一,也是学生数学学习评价的重要组成部分.若把握不好,容易将学生引入单纯技巧化操练的歧途.对学生数学基本技能掌握情况的评价,应关注学生能否理解方法本身,在此基础上关注学生能否针对问题的具体情况合理选择方法,并运用其有效地解决问题.①即对技能的评价不只是考查学生对技能的熟练程度,还要考查学生运用相关数学知识解决问题的策略与方法.

例2　某电视台一个娱乐节目中规定:参与者在正确回答若干问题之后有一次"中奖"的机会,条件是在规定的时间(比如30秒)内必须猜出该奖品的价格(单位:元,取整数),其过程是:参与者先说出自己的估计,主持人提示他的回答与正确答案相比是"高了"还是"低了",然后参与者继续估计、主持人再提示,直到参与者猜对为止.如果某次节目中的奖品是一个收音机(已知在200元以下),恰好是你遇到这种情况,你准备采取怎样的方法和策略?为什么?

这个问题来源于生活,又具有挑战性,问题的答案也会丰富多彩,如利用"二分法"、"黄金分割"等.学生回答问题的过程,也是他们依据所掌握的数学基础知识和基本技能进行方法、策略的选择并对其作出解释的过程,同时还需要学生联系自己的生活经验进行思考.对这类问题的评价标准也要客观、灵活.

对数学知识与技能评价的目标为:

能否从具体的事例中,知道或能举例说明所学知识(如概念、定理、法则等)的有关特征或意义;

---

① 严士健,王尚志,张奠宙等主编.普通高中数学课程标准(实验)解读.江苏:江苏教育出版社,2004.335

能否根据所学知识特征,从具体情境中辨认出来;

能否描述所学知识的特征与由来;

能否明确地阐述所学知识与有关知识之间的区别与联系;

能否在理解的基础上,把所学知识运用到新情境中;

能否综合运用所学知识与技能,灵活、合理地选择与运用有关方法完成特定的数学任务.

知识与技能评价的目标可分为了解、理解、掌握与灵活运用几个层次.上面的前两个目标属于了解;第三、四个目标属于理解,第五个目标属于掌握,第六个目标属于灵活运用.在数学学习评价中,知识与技能目标的评价方法有口试、笔试、交流讨论、回答问题等方式进行.

(二)学生参与数学活动的评价①

数学学习中的学生参与分为行为参与、认知参与和情感参与三个方面.②行为参与是学生参与的外在表现行为,是认知参与和情感参与的载体.认知参与和情感参与是学生参与的内在参与行为,是学生参与的核心,它表达了学生参与的实质内涵.通过认知参与提高了学生对数学探究活动积极的情感体验,激发学生对数学更加浓厚的兴趣,从而促使学生更加积极自觉主动地投入到数学学习中,这就是学生数学学习的情感参与.积极的情感参与反过来又促进学生更加主动的行为参与和认知参与.因此,它们是一个相互联系、相互促进的有机整体.当学生积极主动地参与到数学学习中时,就会提高数学学习成绩.而数学学习成绩的提高又进一步提高其学习数学的兴趣与积极性,促使其自觉主动地参与数学学习活动之中.

学生参与数学活动的评价可采用课堂观察、调查报告、数学作文、数学日记、活动报告、探究后的反思、感悟与总结等形式进行.

(三)数学思考与发展水平的评价

对数学思考与发展水平的评价主要是对数学思维过程及其思维品质、能力、策略与方法的评价.评价时可通过课堂观察记录、课堂提问、交流讨论、作业分析、考试测验、数学日记、调查报告等方式进行.评价目标为:

- 数学思维品质的评价(思维的深刻性、思维的灵活性、思维的独立性、思维的广阔性、思维的敏捷性、思维的批判性);
- 数学观察能力的评价;

---

① 陈明华,王富英主编.新课程:怎样进行中学数学学习评价与测试.成都:四川大学出版社,2005.74-78

② 孔企平著.数学教学过程中的学生参与.上海:华东师范大学出版社,2003.21-26

• 数学猜想能力的评价；

• 数学推理能力的评价（归纳推理能力、类比推理能力、统计推断能力、演绎推理能力等）；

• 数学思维能力的评价（直觉思维能力、抽象思维能力、形象思维能力、逻辑思维能力）；

• 独立思考的习惯；

• 解决问题时思维的策略与方法是否恰当、高效；

• 能否运用所学数学知识解决现实生活中的实际问题（数学运用与建模的能力）.

（四）学生数学能力的评价

数学能力是学生数学素养的重要组成部分，也是学生实现自主学习、可持续发展的关键所在. 对学生数学能力的评价将贯穿于学生数学知识建构和问题解决的整个过程.

我国数学教育一直比较注重对学生"运算能力、空间想象能力、逻辑思维能力"的考查，并将逻辑思维能力置于中心地位.《标准》十分关注作为整体的数学能力，而不仅仅是数学思维的某一方面，并在原来的基础上将数学能力作了进一步的拓展.《标准》将数学能力分为 5 种基本能力和 4 种发展能力. 5 种基本能力为：空间想象能力、抽象概括能力、推理论证能力和数据处理能力；4 种发展能力为：数学地思考，发现问题与提出问题的能力、分析问题和解决问题的能力、数学表达与交流的能力、独立获取数学知识的能力. 由于数学思维能力是在具体的解决问题的思维过程中体现出来的，因此《标准》要求应将培养学生的数学思维能力渗透于学生学习数学和运用数学解决问题的全过程，重视学生的直观感知、观察发现、归纳类比、空间想象、抽象概括、符号表示、运算求解、数据处理、演绎证明、反思构建等数学能力的培养.

学生的数学能力水平是通过数学知识的掌握和运用水平体现出来的，因此，正确评价学生的数学能力便成为评价学生数学学习的重要内容. 针对评价现状，我们特别提出应关注对以下几方面能力的评价：

1. 发现问题、提出问题能力的评价

学生的数学学习过程主要体现在数学地发现问题、提出问题和解决问题的过程之中. 因此，对发现问题、提出问题与解决问题能力的评价实际上就是对数学学习过程及其策略与方法的评价. 评价时可通过课堂讨论、调查报告、数学小论文、探究性活动、书面测试等方式进行.

发现问题、提出问题能力的评价目标：

• 能否结合具体的情境发现和提出数学问题；

- 能否从不同的角度分析与提出问题;
- 能否从数学内部或外部的情境中发现并提出数学问题;
- 所提问题的深度如何;
- 能否用文字、符号、图像等清楚地表达所提问题.

2. 收集信息、分析问题和解决问题能力的评价

信息社会的特征之一是信息量大,信息传播迅速、广泛. 因此,完全以"给定了恰好的已知条件,通过求解或求证得到某一个结论"的问题方式评价学生的数学学习,是不能适应当今社会发展要求的. 数学教育必须关注学生有效收集信息的能力和分析问题、解决问题的能力的培养.《标准》指出对学生数学学习的评价要关注学生能否针对问题有效地选择方法和手段收集信息、整理信息,能否联系相关知识、分析相关因素,提出解决问题的思路与方案,建立恰当的数学模型并努力去解决问题. 评价关注的是学生从提出问题到解决问题的全过程,而不只是其中的某一阶段或结果,其中态度问题、方法问题是决不能忽视的.

分析问题、解决问题能力的评价目标为:

- 能否从不同的角度观察、分析问题;
- 能否恰当地应用各种策略和方法解决问题或者自己独立探究出解决问题的新思路与新方法;
- 能否用数学语言清楚地表达解决问题的过程,并尝试用不同的方式(文字、符号、图表等)进行表达;
- 根据最初的问题情境证实和解释结果的合理性;
- 对解决问题的全过程进行反思,获得解决问题的经验;
- 能否将解法或策略概括为一般的策略与方法并用于解决新的问题;
- 能否将问题及其结论作进一步的概括、推广与发展.

3. 表达与交流能力的评价

能够正确地表述问题,能够用文字、符号和图形等多种语言以及书面、口头等多种形式恰当地表达思想的能力,同样是数学能力的重要内容. 社会的发展呼吁评价应给予这些能力更多的关注. 表达与交流能力并非简单的叙说能力,还包括判断能力、质疑、释疑能力和数学写作能力(问题解决后的书面表述和对数学问题的思考与探究的书面表述)等.

在学生合作研究、解决一个问题之后,可以让学生总结完成任务的过程及体会,然后进行交流. 学生在总结的过程中,可以对自己以及他人在完成任务过程中的作用认识得更加清晰,从而对自身的价值、他人的价值、合作的价值、数学的价值认识得更加深刻. 大家的交流还可以丰富、完善这些认识. 教师要善于倾听

学生的表达，鼓励学生发表自己的观点、鼓励学生质疑，充分肯定学生的独立见解. 教师应在参与学生交流活动的过程中，对学生的思想、观点、表达的准确程度及表达方式予以观察和指导.

对学生合作交流意识与能力的评价可通过课堂观察记录、课堂提问、交流讨论、数学日记等方式进行. 评价目标为：

- 是否积极主动地与同学合作；
- 是否认识到自己在集体中的作用；
- 是否愿意与同伴交流自己的想法；
- 是否理解别人的思路，并在与同伴的交流中获益；
- 交流时表达的语言是否清楚、流畅、准确、简洁；
- 表达的思路是否清楚，条理是否分明，逻辑是否严密.

三、高中数学学习评价的方法①

数学学习评价方法的制订和选取应以质性评价为主，辅之以适当的量化评价，并且量化评价的主要目的是从量的角度反映学习过程中影响学生发展因素的变化程度. 同时，还要注意评价主体的多元化和评价方式的多样性，充分发挥评价的功能与作用，获得评价的最大效益.

有效的数学学习评价的方法必须要让被评价者充分参与到评价的活动之中，使评价成为学生主动学习的一部分，这样才能真正使评价促进学生的学习和发展.

数学学习评价的具体方法为：观察法、调查法、成长记录袋评价、展示性评价、评语式评价、数学写作和书面测评等.

（一）观察法

观察法是评价者在学生数学学习的自然场景下，为了发现学生数学学习过程中的真实状况，有目的、有计划地仔细观察学生学习行为的外在行为表征及心理反应而获得学生学习信息的方法.

观察法最吸引人的地方在于评价者能够从学生数学学习的现场获得鲜活的第一手资料，了解现实情境中学生数学学习的发展进程. 评价者通过观察，能够了解数学学习发生的背景，发现平时容易忽略的信息和参与者在访谈中不愿谈论的信息等. 观察法的重要价值在于使评价者能随时捕捉教学目标反映不明显的各种教学现象. 如数学的学习态度、情感、爱好、兴趣、习惯与能力等，这些内容是很难通过某些定量考查所能奏效的，而通过对学生各种活动的观察，能实现判

① 王富英. 新课程理念下中学数学学习过程评价的探究. 数学教育学报，2003，12(4)：32－35

断与评估学生实际水平的目标.

观察法具有如下突出特点:观察自然或人工环境下发生的事件;具有目的性、系统性、计划性;观察变量包括描述、推理和评价.

在进行观察时,一般要进行如下几个步骤:明确观察目的(为什么要观察)、确定观察对象(观察谁)、制订观察内容(观察什么)、选择观察方法(怎样观察)、实施观察措施(实施观察)、分析整理观察材料(观察效果分析).

第一,选择观察对象.当研究题目确定后,要对观察对象按照典型性原则进行选择,这一工作是建立在对观察对象的一般性了解基础上的,只有选取最具有典型性的观察对象才可能保证观察的有效性.

第二,确定观察内容.选择好观察对象后,可根据观察的全面性和可重复性确定观察的内容,并通过表格等形式对拟观察的内容及进程做好安排,做到有计划性,学生在进行观察之前必须做好这方面的工作,比如要观察一个地区的交通情况,必须在观察之前做好观察的计划,保证观察的高效率.

第三,选择观察方法.根据观察对象和观察内容选择适宜的观察方法,若需要使用仪器,应对仪器的落实、使用方法、常见故障的排除等加以了解.对将要进行的观察工作要做好充分的准备,防止因意外事件而影响观察的进行.比如学生在进行访谈时因为忘记携带录音设备,很可能使这次访谈工作失败.

第四,实施观察.在前期工作准备充分后,即时按照计划实施观察.在观察过程中力求按计划完成所确定内容,具体操作过程中出现未考虑到的因素时,应对计划做适当的调整,对观察到的现象应予以及时、客观的记录.学生在进行观察时要注意将一切可能对研究产生影响的现象都认真地记录下来.

第五,整理观察资料.对观察的原始记录予以整理,并根据所记录内容,对文字性记录做归纳性描述,对数据资料做出定量统计,形成观察结果.在这个阶段,学生应该在教师的指导下对所观察到的信息进行处理,形成结果,为今后的进一步研究提供依据.

第六,分析观察结果.即将观察结果中所蕴涵的信息抽取出来,对这些信息进行分析,形成一定的观察结论.

案例

学生课堂数学学习,观察学生课堂数学学习,观察是指运用观察的方法对学生课堂学习行为的观察评价.根据《标准》的要求,在数学课堂观察评价的过程中,即要注重对学生数学学习结果的评价,又要注重对学习过程的评价;既要注重对知识和技能的理解与掌握的评价,又要注重对发现问题、提出问题、解决问题和反思问题的能力和学生在学习过程中的情感与态度的形成与发展的评价;

既要注重对学生自己学习能力与水平的评价又要注重与他人合作与交流能力的评价.因此,数学课堂观察评价的维度有以下四个:(1) 情感与态度;(2)知识与技能;(3) 思维与方法;(4) 交流与合作.每一维度中又包括几个评价因素,每个因素中又分a、b、c三种水平.整个课堂观察评价体系见表10-2.

表10-2 学生课堂数学学习观察表

项目	因素	a	b	c	说明
情感与态度	1. 参与讨论				a=积极 b= 一般 c=不积极
	2. 认真情况(做作业、思考)				a=认真 b= 一般 c=不认真
	3. 大胆质疑并提出与别人不同的问题				a=经常 b=一般 c=很少
	4. 大胆尝试并表达想法				a=能 b=很少 c=不能
	5. 对数学与人类生活联系的认识、感悟				a=较深 b=一般 c=没有
知识与技能	6. 描述知识特征、说明由来,阐述与有关知识的区别与联系				a= 能 b= 基本 c=不能
	7. 在理解的基础上将所学知识用于新情境中				
	8. 综合应用知识,灵活、合理地选择方法解决有关数学问题				
思维与方法	9. 思维的创造性(独立思考,从不同的角度提出问题,用不同方法解决问题)				a=能 b=一般 c=不能
	10. 思维的条理性(表述清楚,做事有计划)				
	11. 解决问题的策略、方法				a =较好 b = 一般 c=不好

续表

项目	因素	a	b	c	说明
交合 流作 与	12. 认真听取别人意见并询问				a = 能 b = 一般 c = 不能
	13. 积极表达自己意见				
	14. 完成小组分配的任务				
总评 (课后)					

使用说明:1) 课堂上,教师要注意观察各个学生的行为特质的程度,选择学生最突出的一两个方面在课堂观察检测表中用 a、b、c 三种不同的水平记录下来. 记录时在相关的栏目打个"√",若无,则不作任何记号.

2) 此评价表可作为卡片的形式使用,每节课可记录 2 - 3 名学生的情况,一学期对每个学生进行 3 - 4 次评价记录,最后根据几次的检测情况,综合得出学生一学期的整体课堂学习过程的评价.

3) 课堂检测评价并不只是进行检测记录,而应在检测记录的过程中,对学生及时地进行反馈、鼓励,发挥评价激励与调节的功能.

4) 在具体使用本表时,应结合具体的学习内容,对各个评价要素进行具体的分解,以便于具体操作.

(注:本课堂观察评价表是成都市龙泉驿区教育研究培训中心在数学新课程实验中设计和使用的.)

(二) 问卷调查

问卷调查是根据调查目的的需要,涉及诸多问题,通过书面回答的方式,来获得学生数学学习信息的一种方法. 它既可以收集认知领域方面的信息,也可收集情感领域方面的信息. 问卷法的标准化程度较高,能快速高效地获得大量学生的学习信息. 因为问卷法是直接面对评价者,所以获得的信息相对比较真实可靠.

一般来说,问卷调查方法简单方便,由于是无记名调查,内容比较客观. 问卷设计得好,便于统计归纳,对比分析,但调查内容的可靠性往往与问卷设计的质量、填表人的合作态度密切相关. 由于这种方法成本低,简单易行,在对学生的学习情况与需求进行了解评价时,可以大量使用这种方法.

为了使问卷调查所收集的信息更加真实、准确可信,在编制和设计问卷时应注意以下几点:

(1) 在问卷前面的说明或在给被调查者的信中要明确这项研究的目的、意图、意义，让被调查者感到花时间和精力来填写这张问卷是值得的、有意义的.

(2) 问卷的形式可以采用填空、选择、简答、组合型的题目，但问题的内容和要求必须交代清楚、明白，使人容易理解. 同时，所提的问题要求直接、简练、具体，具有一定的典型性和客观价值.

(3) 编制问题时要尽可能让被调查者填写时感到简单，很容易回答，一般情况下尽可能不用问答题，而采用选择题的方式.

(4) 为了便于将来统计，要规定选择题应选答案数量.

(5) 避免双重定义的问题，以免影响调查的结果，比如一个不确定的问题，可能会导致不同的回答.

(6) 问卷的内容和文字口气要体现对被调查者的尊重，以便获得被调查者的真正的配合，从而收集到真实可信的所需信息.

(7) 问卷的题目和语句，不能出现暗示、提醒、诱导等带有主观倾向的含意. 应避免由于问卷出现不恰当的语句和质问，引起被调查者不必要的多虑、联想、猜测，防止任何倾向性情绪的滋生.

(8) 注意学生的年龄特征，遵循可接受性原则，最大限度地发挥问卷的效能.

案例

数学学习方式的调查问卷

本调查问卷是成都市龙泉驿区教培中心数学组在进行成都市"十五"科研课题——"中学数学自主探究式学习的研究"开展一段时间后，对实验学校的学生进行的一次调查.

同学们，你们好！

为了提高同学们数学学习的兴趣和效率，我们进行了一段时间学习方式的实验研究. 为了了解大家对新的学习方式的感受、体验的情况，以利于我们更好地研究和改进教学，请你们认真填写以下问卷.

本问卷不涉及对教师和同学们的考查，所以，不要求填写同学们的姓名. 因此，请同学们将自己的真实想法表达出来，谢谢你们的真诚合作！

以下每个问题给的几个答案中，请你们选一个或几个你们认为最适合自己的填在该题后的括号内：

1. 你学习数学的方式是(　　).

A. 不同的学段(如小学、初中、高中)学习方法不同

B. 不同的学习内容方法不同

C. 在不同的学习阶段方法无明显变化

D. 不同的学习内容方法无明显变化

2. 你以前的学习方式为(　　).

A. 听课—做作业　　B. 预习—听课—做作业

C. 预习—听课—复习—做作业

3. 当你学习中遇到难题时,你所采取的方式为(　　).

A. 自己查找资料、看书,反复研究直到解决为止;

B. 请教同学或教师直到弄懂为止;　　C. 放弃,等待老师讲解.

4. 你对数学书的使用是(　　).

A. 不看,只是做作业时看看作业题　　B. 只有当教师督促时才看;

C. 很少看　　D. 经常看

5. 数学学习方式改变是因为(　　)

A. 教师的个别指导　　B. 教师的教法改变了

C. 其他学科教师的教学方法改变了　　D. 自己看了一些介绍学习方法的书

E. 自己在学习的过程中不断地反思、总后得到的

6. 数学学习方式的改变对你的数学学习能力是(　　).

A. 积极影响　　B. 消极影响　　C. 无影响

7. 数学学习方式无变化对数学学习能力是(　　).

A. 积极影响　　B. 消极影响　　C. 无影响

8. 数学学习方式的改变对数学学习兴趣是(　　).

A. 积极影响　　B. 消极影响　　C. 无影响

9. 数学学习方式的改变对数学学习成绩是(　　).

A. 积极影响　　B. 消极影响　　C. 无影响

10. 你对自己数学学习方式的改变所持态度是(　　).

A. 乐于接受　　B. 处于无奈　　C. 感觉很正常

11. 你认为目前自己所持有的或曾经持有的数学学习方式对今后走向工作、走向社会(　　).

A. 大有益处　　B. 益处不多　　C. 根本没用

D. 大有害处　　E 有一定害处

12. 你最喜欢的课堂学习方式是(　　).

A. 全部内容由教师讲,学生只听教师讲,然后做作业

B. 让学生自己看书学习,教师少讲,只讲学生看不懂的地方或重点难点内容

C. 教师不讲,先自己看书学习,不懂的地方再与同学进行交流讨论或请教教师,弄懂后再做作业

D. 先不看书,上课时由教师创设问题情境,提出这节课要学习的内容,然后

在教师的组织、引导和指导下，先由学生自己独立思考，再与教师、同学交流讨论，通过与教师、同学一起探索研究发现所学知识进行学习

通过本问卷调查，可以了解到学生对数学学习方式的态度和感受，以便教师及时调节和改进教学方法.

（三）成长记录袋评价（档案袋评价）

成长记录袋评价又称"档案袋评价"，它是指在评价学生的学习过程时，采取建立成长记录袋的方式，以反映学生一个阶段数学学习进步的历程，增加他们学好数学的信心.因此，成长记录袋评价是对学生阶段学习过程的评价.学生通过建立自己的成长记录袋，记录自己学习过程中所遇到的困难、点滴经验、思想状况等数学学习情况，再通过反思总结，使学生全面了解自己的学习过程，感受自己的不断成长和进步，增强数学学习的自信心和对数学学习的兴趣，从而更加积极主动地去学习数学.

（四）展示性评价①

展示性评价是指通过对被评价者提供的展示自己解决问题的过程或各种成果（作品、成绩等）的评价来判断被评价者所具有的某项能力水平的活动.

数学学习展示性评价是指通过对学生提供的展现自己解决数学问题的过程或展示的各种数学学习成果（作品、成绩等）的评价，来判断学生所获得的数学知识与技能、数学思考、解决问题和情感态度等方面的达成度的活动.

展示性评价要求被评价者以各种有效的方式，充分展示自己所具有的知识技能、能力和对问题理解的程度.展示性评价的内容既可以是某一问题的解决过程，也可以是某一知识技能的学习结果.学生在展示性评价的过程中，要对某一阶段或某一专题学习的成绩进行展示，就必须要对该问题所涉及的领域（知识领域和操作领域）进行系统的复习、整理，并考虑如何进行有效的表达和展示.

展示性评价是由学生自己主动提供能充分展示自己成就的活动材料和成果.选择的具体内容、展示的方法都由学生自己确定，这可充分发挥学生参与评价的自主性、主动性、积极性和创造性.

展示性评价的目的主要是为了让学生展示自己在学习过程中的成绩，获得成功地满足.通过展现自我、树立信心，促进学生的学习和发展，而不是为了甄别和选拔.由于展现评价的过程就是学生自我展示的过程，这就要求学生要树立信心并勇于表现自己.通过对评价结果的反思、总结，又不断的调节自己，完善自己，促进学生不断发展.因此，表现性评价是促进学生主动学习和促进学生发展

---

① 陈明华，王富英主编.新课程：怎样进行中学数学学习评价与测试.成都：四川大学出版社，2005.52－54

的一种有效的评价方法.

(五)数学写作

数学写作是指用文字的形式来表达对数学的态度、观点和在数学学习过程中的感悟、体会、经验以及数学问题解决的过程与结果.学生的数学写作是学生以科学的态度和方法,用自己的语言,自己的理解方式,结合数学学习的内容,对数学学科中的人文精神,数学的思想与方法以及对数学的情感、态度与价值观的直接表达与反映.数学写作的过程可促使学生对数学基础知识进行整理,对数学学习过程进行反思、总结,使之对数学知识的理解上升为更加理性的认识,同时对数学思想和精神、数学策略与方法、数学问题与解答、数学与文化等有更深层次的理解.它能提供一个与他人对话的方式,清楚陈述自己的观点,说明得到答案的过程与结果. Rose (1989),Miller(1991)指出:借由数学写作可以来鼓励反省、澄清想法,有助于学生在多方面的学习,而且可作为群体讨论的催化剂.因此,数学写作的过程可激发学生创新的原动力,领会数学美学的价值,从而使学生得到数学文化的熏陶,促进学生的发展.

学生在掌握数学客观性知识(概念、定义、公式、定理、法则等)的同时还潜移默化的形成了自己的数学观、数学与人类生活的密切联系及对人类社会发展作用的认识、数学活动的经验、数学感悟与体验等数学主观性知识.这种数学主观性知识对学生情感、态度、价值观的形成和学生的终身发展起着重要的作用.如何评价学生的数学主观性知识,并激励、调节与促进学生数学主观性知识的形成与发展?一般的评价方法不易完成,而数学写作则是一种对学生数学情感、态度、价值观等数学主观性知识和学生的数学现实的有效评价方法.

数学写作的主要内容包括:对数学知识、数学思想、数学策略和方法的领悟、理解、应用和推广;关于数学现象和数学价值的认识与陈述;探索、研究数学问题;欣赏与追求数学的美;学生对自己数学素质的看法与评价、研究与学习数学的体验等.

数学写作包括数学作文、数学日记和数学问题解决后的报告(作业、论文、报告等)等.

案例①

数学,我悟到了……

四川师大附中高2006级1班 郑 欢

数学的世界是一个深刻与完美相结合的世界.

① 王嗣鑫,马岷兴,王新民主编.我学数学我呐喊.广西:广西教育出版社,2005.72-74

从小到大我们时刻都在触摸数学，但那只是表面的观赏，并不知其实质与内涵．看看我们的世界，充满着数学的理念，万里长城为什么会如此伟大，比萨斜塔又如何来维持它的倾斜，金字塔的神秘又怎样解释呢？纵眼一看，会发现生活中似乎离不开数学，数学的神秘在世界各个神秘的奇观中得到体现．数学是一种精神，一种理性与感性结合的精神，它需要的是有条理的逻辑、正确的思维观念、完善与精确的表达和我们发明创造的精神．

数学不同于文学，它没有优美的语句，但它有精练的数学语言；不同于化学中的方程式，但它有符号化的结构；也不同于物理中的受力分析，但它有形象的表达．数学中不光是数字，但数学中正因为有这些不起眼的数字才显得奇妙，所以在我看来，数学是一门对世界进行诠释的学科．

整个高一数学的学习结束了，这一年学到了很多有关数学的东西，渐渐知道数学不只是一门学科，它更是一种精神，这种精神将会陪伴我永远．

……

数学中有太多的方法让我们去探索，去理解，更重要的是应用，学习数学是一个特殊的认知过程，它本身就具有客观的规律和特点．它从已知到未知，从简单到复杂，从具体到抽象，从现象到本质，从感性认识到理性认识，是这样一个逐步深化的过程．在数学的学习中有精彩畅快，有挣扎奋斗，还有心灵感悟，回顾这一年的数学学习，精彩畅快则体现在做出题时，理解题意时那瞬间的快乐，挣扎奋斗则体现在做题时遇到的困难，心灵感悟则体现在数学的笔记与理解上．

我喜欢数学，喜欢有数学的世界，假如没有数学，就不会有新的发明；假如没有数学，就不会有令人叹为观止的建筑；假如没有数学，就不会有这么现代化的世界；假如没有数学，这所有的一切将会告一段落，因为数学已成为世界的一部分，不可缺少的一部分，虽然没有生命可贵，但它却是我们需要的一门科学．这学期的数学学习让我觉得收获很多，知识的连贯性增强了，对数学的理解也增强了，对数学的爱好也增强了，我喜欢数学，不因为什么，只是觉得它很博大精深，有着广泛的探索领域．

数学，数与形的学问，又不仅是数与形的学问，带给我们的是无穷的知识财富．

这是一篇学生在数学学习过程中通过对数学的体验、反思与感悟后写成的数学作文．作文中不仅反映了学生对数学知识的理解与掌握，更充分表达了对数学知识与技能背后隐含的数学的思想方法、数学的价值、数学的精髓和灵魂的领悟．从此文中我们可以看到学生对数学的认识不只是停留在掌握一些数学概念、公式、定理与法则，并会利用他们解一些数学题．学生对数学学习的目的、态度并不是为了升学考一个好成绩，而是已上升到一种数学文化的角度来认识数学、理解数学和学习数学.学生认识到了数学的本质与灵魂,形成了自己的数学观与学习观并对数学产生了深厚的情感:“我喜欢数学,不因为什么,只是觉得它很博大精深,有着广泛的探索领域.”本篇数学作文充分体现和反映了学生的数学情感、态度与价值观的形成与发展的状况,这是一般的评价方法所不能完成的.

(六)书面测试评价

书面测试评价是指利用试卷的形式对学生数学学习的水平与能力的评价.书面测评的内容除了知识与技能之外,还应包括数学思考及其发展水平、发现问题、提出问题与解决问题的能力,以及学生在数学探究学习过程中的情感体验与合作交流的能力等方面.为此,书面测评就必须改变试题的题型与测评的方式.我们在试验中采用了闭卷与开卷相结合的测试形式,取得了很好的效果.书面测试闭卷试题的题型有:开放性试题、探究性试题、阐述性试题、自主选解题、实际应用题、解意自编题、阅读理解题和交流性试题等;开卷测试的题型有:数学作文、调查报告、图案设计、数学实验题和数学小论文等.限于篇幅,这里略去数学学习过程性评价书面测试的具体讨论,有兴趣的读者可参见陈明华,王富英主编的《新课程:怎样进行中学数学学习评价与测试》(四川大学出版社,2005 年 2 月第一版)一书中的“书面测试评价”一章.

(七)评语式评价

评语,是对学生数学学习过程评价的一种常用的、主要的和有效的评价方式.采用评语式评价,能够使学生感到是在和评价者进行一种心灵的交流和沟通,他们从心里更愿意接受评价者在评语里提出的意见、建议,甚至是批评.在利用评语进行评价时,无论学生学习水平高低与否,都应对学生数学学习行为给予一种肯定的评价.

数学学习评价中的评语分为书面评语和即时性的口头评语.它们又可分为以下几种类型①:

- 肯定型评语;
- 征求意见型评语;
- 指导型评语;
- 欣赏型评语;
- 交流型评语;
- 点评式评语;
- 研究性评语.

在进行数学学习评价中,恰当的运用评语进行评价可收到意想不到的效果.

① 何霞.学位论文:“数学作文”评价研究.成都:四川师大数软学院,2005.34-40

案例分析

【案例】

作业评语，使他焕发出了生命的活力

我原来在航天中学任教时所经历的一件事至今使我难以忘怀. 我所教的高2000级5班有一个学生刚上高中时各科学习成绩很差，数学成绩更差，考试只考几分，最多时考10多分. 该生对学习已没有一点兴趣，上课就睡觉，作业基本不做，上自习想来就来. 由于他不影响别人，各科教师和学生也就都不注意他，他也不关心班上的一切事情，基本上处于沉睡状态，好像班上没有他这个人似的. 一次，家长主动邀请我们全体任课教师座谈交流，希望我们不要放弃他，对他要严加管理和教育. 这次与家长的交流，对我的触动很大. 我们教师都认为没有希望的学生，可家长却还抱有那么大的希望，这是为什么？这引发了我的思考：班上一个学生不学习，对教师来说一般并不在意，因为这对班上的整体成绩和教师的教学并不能造成多大的影响. 可是由于现在都是独生子女，对于一个家庭来说，孩子的成长和进步就是几个家庭的全部希望所在，也是孩子一生的希望所在. 因此，作为一个教师应该对每一位孩子负责. 想到这里，我感到自己有责任转变这个学生. 这时我心里就思考如何把他唤醒和激活，使他振奋起来. 我认为这类学生不是找他谈谈话，鼓励鼓励就能转变的，必须根据他的情况找到一个有效方法，找准机会和切入点才行. 于是我留心观察其行为，仔细寻找机会和切入点. 一天，很久不交作业的他，或许是出于寂寞无聊突然交作业了，而且用的是一个新作业本. 爱美之心，人皆有之，由于是新作业本，这天的作业他做得十分工整(他的钢笔字写得很好). 我一看欣喜万分，感到机会来了. 于是，我在这天的作业本上没有对其作业的对错进行评判(这类学生的作业一般正确的很少，如果简单的判断一下正误，往往在作业本上留下的都是一个个红色大叉，这只会给学生更大的打击)，而是写了一段评语与其交流. "××同学，老师今天见到你的作业书写得这样的整洁、漂亮，特别是你的钢笔字写得太漂亮了，老师看了心里十分高兴，感谢你给了老师这份美的享受，希望你每天都能送给老师这份美的礼物." 第二天，奇迹出现了，他又交了作业，而且书写得更工整. 我又在他的作业本上写上评语. 从此以后，每天他都交了作业，我也都每次在作业本上写评语. 在评语中我首先充分肯定其优点予以鼓励，并对其错误和学习不好的原因进行分析，再介绍一些学习方法，最后提出一些具体的建议. 在作业评语的激励下，他学

习数学的兴趣来了,做作业的积极性也更高了.一天,他对我说“每天我都盼望科代表早点把作业本发下来,有时科代表忘记了我就主动提醒她.每次拿到作业时我首先看老师你给我写的评语,再看作业的对错.”同时,我又在班上对他进行了表彰和鼓励,并把他的作业本在班上展示.课后我又找到该生当面批改他的作业,并与他一起分析学习不好的原因,一起讨论制订学习的计划和方法.后来这个学生学习数学的积极性越来越高,学习也主动积极了.每天他都能认真听课,认真完成作业,主动提问和回答问题,成绩分别以27分,35分,48分直线上升.这时,我又把他的进步告诉班主任和其他科任教师.在各科教师的鼓励下.他的学习积极性更高了,学习的劲头也更足了,整个学习生活焕发出了生命的活力.通过一段时间的努力,其他科的学习也有了长足的进步.各科教师见到该生的变化,几乎众口一词地说:“××变了! 完全变了! 简直就像换了一个人!”

【点评】

这个案例给我们提出了如下一个问题:“一种作业评语(评语式评价)为何能有这样大的力量激发起学生数学的学习兴趣和积极性,使一个学生意志消沉的学生焕发出生命的活力?”实际上这就是评价的激励与调控的功能所发挥的作用.因为评语式评价是一种与被评价者面对面的平等交流.书面的评语可以把评价者对被评价者的关怀、信任和希望以无声的语言传达给被评价者.它是在与被评价者面对面的、完全平等的无声的对话与交流.由于这种交流评价者不直接面对被评价者,被评价者这时完全独自占有存在的空间,处于主动的地位,能够静下心来思考评价的意见并与评价者交流,因此,它能走进了被评价者的心里,唤醒和激活被评价者.所以,评语式评价能激发学生学习数学的兴趣和积极性,促进学生主动的学习.

资源链接

1. 中华人民共和国教育部. 普通高中数学课程标准(实验稿).北京:人民教育出版社,2003

这是新课改实验数学学习评价的一份纲领性文件.本讲所设谈的评价理念、内容等都是以此标准为依据,在实施学生的数学学习评价时一定要认真学习理会其精神实质.

2. 钟启泉,崔永漷,张华主编. 为了中华民族的复兴,为了每位学生的发展——基础教育课程改革纲要(试行)解读. 上海:华东师范大学出版,2001

本书课程评价部分可以是读者了解到三种价值取向的评价和新课程的评价

理念与要求.

3. 陈玉琨著. 教育评价学. 北京:人民教育出版社,1999

本书从一般教育评价学的角度,系统介绍了有关教育评价的理论与方法.

4. 陈明华,王富英主编. 新课程:怎样进行中学数学学习评价与测试. 成都:四川大学出版社,2005

本书根据《课程标准》的评价理念,详细的讲述了新课程实施中如何进行学生的数学学习评价.

教学反思

【反思文章】

让学生在自我评价的过程中成长①
—— 成长记录袋评价的实验与反思

一个人的成长是在不断地反思中进行的. 善于反思的人成长得快,不善于反思的人成长得慢. 反思的过程就是一个自我评价的过程. 为了使学生尽快地成长,也为了有效实施新课程提倡的数学学习评价,成都市龙泉驿区教育研究培训中心数学学科结合市级课题——《中学数学自主探究式学习的研究》,在成都市龙泉驿区柏合中学进行了成长记录袋评价的研究实验.

一、实验简介

柏合中学是一个城乡结合部的农村初级中学,学生的基础都比较差,而实验班在初一学年度期末考试为全年级最后一名. 课题组决定在该班建立成长记录袋,对学生数学学习过程进行评价,以评价来激发和调动学生数学学习的兴趣与积极性.

具体实施过程分为三个阶段:第一阶段:自由装放,不作具体规定;第二阶段:规范要求,不断完善;第三阶段:反思提炼,总结推广.

第一阶段,只提出一些建议和要求,不对学生规定一定要写那些内容,而由学生自由安排. 这一阶段刚开始时,学生认为是教师给自己增加的额外负担,不愿意做. 这时,教师要对学生进行必要的指导,要利用典型引路,进行表扬、鼓励、交流,特别是交流,从别人的成长记录中学会了如何记、记什么,通过交流极大地激发了学生的兴趣与积极性,大家都积极主动地进行成长记录袋的设计、整理,

① 本文由《中学数学探究式学习的研究》课题组提供.

逐渐形成习惯.记录袋由学生自己制作、保管,每周在同学和教师之间进行一次交流.

第一阶段成长记录袋所装有的内容为学生自己数学学习过程中的心得体会,自己最满意的作业,典型试题的研究,一道习题好的解法,感触最深的学习体验,探究性活动的记录,生活中的数学问题,数学小论文、数学日记、给教师的建议,对班上所发生事情的评论,等等.学生把要说的和想说的话都放到成长记录袋内,使成长记录袋变成了与教师交流的一种工具与途径,从而使学生逐渐对"成长记录袋"产生了兴趣.实施一段时间后,进行成长记录袋的制作、收集、整理、交流等工作由"要我做"变成为"我要做",个个都十分珍惜和爱护自己的成长记录袋.一些学生在制作时,还对封面作了精美的设计,并自己取了一些名字且给予了说明.

第二阶段时,在学生已经熟悉、体验到成长记录袋作用的基础上,规范和完善成长记录袋的操作方法和评价的方法,并且建立总结性成长记录袋和过程性成长记录袋.总结性成长记录袋主要收集一些能代表学生各个阶段成长变化的典型材料,以展示学生在学校学习过程中发展变化的情况.总结性成长记录袋由学校保存并作为今后升学时高一级学校录取的依据;过程性成长记录袋由学生自己保存,内容由学生自己确定和保管.学生可以从过程性成长记录袋中提取最能代表自己成长进步的成绩与成果的作品放到总结性成长记录袋之中.

第三个阶段:总结推广.本阶段正在实施中.

二、实验的成果

在评价实施一年以后,课题组设计了"成长记录袋"效果回馈调查问卷,对两个试验班进行了问卷调查.通过调查得:

• 对数学学习产生了浓厚的兴趣.有 83.33% 的学生认为是由成长记录引起的;

• 产生数学学习自信心的原因.有 77.08% 的学生认为是建立"成长记录袋";

• "成长记录袋"的内容.85.42% 的学生认为是:"自己最好的解题方法";37.5% 的学生认为是:"最满意的作业";81.25% 的学生认为是:"印象最深的学习经验";87.5% 的学生认为是:"发现了日常生活中的数学问题";40% 的学生认为是:"单元知识小结";75% 的学生认为是:"对解题或学习某一知识后的反思或发现";69% 的学生认为是:"与老师交换意见,谈自己的心得体会与建议".还有一些学生要求增设"实践与应用"、"给老师的悄悄话"等栏目.许多学生建议"成长记录袋评价不应只在初中进行,而应从小学一年级到高三都使用".

通过成长记录袋评价,大大激发了学生学习数学的兴趣与积极性,加深了师生之间的情感交流，使学生通过成长记录袋看到自己数学学习进步的历程，增强了学习数学的信心，从而促进了学生更加主动、积极的学习数学，数学学习成绩大幅度的提高，一年后该班的数学成绩一跃成为全年级第一.

【反思探究】

成长记录袋评价，有以下值得进一步思考和研究的问题：

1. 实施的过程中师生都需要花费一定的时间和精力，在目前班级人数较多、教学与学习任务较重，而且还有高考与中考的巨大压力之下如何有效实施，还需要进一步研究. 不要因成长记录袋的使用而加重学生和教师的负担，更使教师产生因开展实验研究会影响考试分数的忧虑而失去实验的积极性.

2. 如何转变教师的观念，使每一位教师更科学地认识成长记录袋的作用是有效实施的关键. 因为无论使用何种评价方式都要伴随着一系列课程观、教学观、评定观和学生观. 成长记录袋收集学生在学习过程中产生的质性材料，关注学生学习与发展的过程. 只有在每一位具体实施的教师真正认识到了其价值和作用之后，全身心的投入并有效组织学生实施才会收到应有的价值和作用，否则，仅仅是把学生的一些材料收集起来放在一起，哪怕这样做时经过了精心的设计，其结果也未必符合"成长记录袋评价法"的思想精髓和课程设计者的愿望.

3. 如何把学生成长记录袋评价与学生学习的书面测试评价有机结合起来也需要进一步研究. 成长记录袋评价与书面考试评价如何相辅相成、有效地结合？书面的测试是一种定量评价，反映的是学生发展的结果，而成长记录袋评价是一种定性的评价，是一种质性的评价，强调关注学生的发展过程，两者有机结合将发挥更好的评价功能.

4. 如何把学生学习评价的过程与学习过程本身有机结合，使评价由不自觉行为变为自觉行为，还需要一定的规范和制度的保证. 否则，教学和学习与评价相分离、"为评价而评价"、"为收集而收集"，将会妨碍成长记录袋评价记录成长的功能和促进学生发展的功能的实现.

5. 各学科的成长记录袋评价如何有机整合值得研究. 如果每一个学科都建立一个成长记录袋，一个几千人的学校则需要上万个记录袋，怎样保管都是一个问题. 根据我们实验的经验，我们认为可以由学校统一建立每一个学生的电子成长记录袋，每个学生的记录袋内设有各个学科和相关栏目，并把每个学生的电子记录袋放在校园的学生成长记录网页上或学校的学籍管理计算机内，由学校专人统一管理. 每个学生可以随时登录自己的成长记录袋，而且可以经常上传自己的有关学习和成长的相关材料，再由管理员审核后放入袋内. 在没有校园网的学校，可以由班上的成长记录袋管理员统一收集，与学校管理员交换材料. 这样，在升学时录取学校也可以参阅学生在校的学习变化情况和成长记录，便于对学生进行综合素质的考查.

6. 如何制订科学、可行的记录袋评价细则,以及对成长记录袋评价进行评价还需要进一步研究. 收集不是目的,促进学生学习与发展才是成长记录袋评价的出发点和归宿. 只有根据一定的评价细则对收集的材料进行分析和反馈以及对成长记录袋评价进行评价,才能提高记录袋评价的信度、效度,才能使成长记录袋评价长期坚持下去.

成长记录袋评价虽然在国内的学生学习评价中很盛行,也是我国新课程学生学习评价推崇和介绍的一种新的评价方法,但它在我国还处于尝试阶段,还缺乏行之有效的经验和实施的策略和方法. 因此,还需要广大实验教师去多实践、多总结,不断改进,不断完善.

第 11 讲
如何进行新课程理念下的课堂教学评价

思考研讨

1. 新课程理念下的课堂教学评价的含义是什么？它有何特征？
2. 如何进行新课程理念下的课堂教学评价？

理论概述

课堂是数学教育教学的主阵地，是数学新课程实施的主渠道，课堂教学评价则是落实新课程理念的重要因素，并在一定程度上制约与引导课堂教学发展的走向. 所以，在新一轮课程改革中，教师要尽快地走进新课程，实施新课程，不断地改进自己的教学，促进自己的发展，就必须要了解新课程理念下的数学课堂教学评价的有关理论与方法，学会运用科学的方法评价和分析课堂教学的质量. 因此，本讲就新课程理念下的课堂教学评价的含义与特征，以及如何进行新课程理念下课堂教学评价方面进行专门的讨论与介绍.

一、新课程理念下的课堂教学评价的含义与特征

（一）新课程理念下的课堂教学评价

1. 传统教学评价的不足

自 20 世纪 30 年代以来，课堂教学评价一直受目标取向评价观的主导. 因此，传统教学评价就是目标取向的评价. 目标取向的评价是把评价视为将课程计划或教学结果与预定课程目标相对照的过程. 目标取向的评价的代表人物是被称为评价之父的泰勒及其学生布卢姆等人. 泰勒认为：课堂教学“评价过程实

质上是一个确定课程与教学计划实际上达到教育目标的程度的过程”①. 在这种评价观的指导下,人们把注意力主要集中在对学习结果的评价上. 课堂教学评价关注的重点是课堂上教师对知识讲解的重点是否突出,难点如何突破,知识与技能是否掌握与形成,教学任务是否完成. 而很少甚至没有去关注教师如何去引导学生参与知识发生、发展的过程,以及在知识与技能获得的过程中形成的解决问题的策略与方法、积极的情感体验、探索创新精神与动手实践能力等有利于学生发展的基本要素. 因此,这种评价实际上是忽略过程注重结果的总结性评价. 这种只关注结果的评价注重的是甄别与选拔,而且往往与教师的上岗、晋升、奖励等挂钩,是一种高利害的评价. 在这种评价体制下,往往造成教师之间互相封锁,互不交流,因此不利于教师的发展和学生的发展.

2. 新课理念下的课堂教学评价

为了克服传统评价的不足,一些学者对泰勒的评价进行了改进. 如克龙巴赫认为,用于改进教学与促进学生发展的评价远比总结性评价重要得多. 他强调:“评价能完成的最大贡献是确定课程需要改进的方向.”为使人们能注意到评价的全部作用,克龙巴赫修改了泰勒的评价定义. 他把评价界定为“为作出教育方案的决策,搜集和使用信息”. 另一位美国学者斯塔弗尔比姆也对泰勒的评价进行了改进. 他认为:评价“是为决策提供有用信息的过程”. “评价最重要的不是为了证明(prove),而是为了改进(improve)”. ②受此评价观的影响,美国学者 W. J 波法姆(W. James Popham)把课堂教学评价界定为“任课教师在教学过程中,为促进学生学习和改善教师教学而进行的,对学生学习的过程与结果的评价”③. 他明确指出课堂教学评价的目的是为了促进学生学习和改善教师教学,评价的对象主要是学生的学习过程与结果.

我国新课程的评价改革为了克服传统评价的不足,接受了国际上最新的评价理念,把评价的重心放在了促进教师的发展与学生的发展上.《课程标准》指出:“数学教学的评价应有利于营造良好的育人环境,有利于数学教与学活动过程的调控,有利于学生和教师的共同成长.”“评价也是教师反思和改进教学的有力手段”. “评价的目的是为了全面了解学生的学习历程,激励学生的学习和改进教师的教学”. 由此我们可知:

新课程理念下的课堂教学评价,是指在课堂教与学的过程中,为促进学生的

---

① 陈玉琨著. 教育评价学. 北京:人民教育出版社,1999. 15

② 陈玉琨著. 教育评价学. 北京:人民教育出版社,1999. 15-16

③ [美] W. James Popham 著. 促进教学的课堂教学评价. 国家基础教育课程改革“促进教师的发展与学生的成长的评价研究”项目组译. 北京:中国轻工业出版社,2003. 3

学习和改善教师的教学,对教师的教学过程与结果和学生的学习过程与结果而进行的评价.

这种意义上的课堂教学评价是对课堂“教”与“学”的过程与结果的评价,是通过对构成课堂教与学过程中各要素作用的分析与评估获得的信息来改进教师的教学策略与决策,营造良好的育人环境,调控数学教与学活动过程,促进学生和教师的共同成长.这种课堂教学评价淡化了评价的甄别与选拔的功能,加强了评价的激励与促进的功能.评价的目的不是为了证明教师教学水平的高低,而是为了改进教师的教学和学生的学习,通过评价促进教师与学生的发展.在这种评价理念下,课堂教学评价关注的重点则不只是学生知识技能获得的情况,还要关注教师如何去引导学生参与知识发生、发展的过程,以及在知识与技能获得的过程中形成的解决问题的策略与方法、积极的情感体验、探索创新精神与动手实践能力等有利于学生发展的基本要素.课堂教学效率的高低也不是取决于教师教得多么精彩,讲解的内容多么丰富,而主要是看学生实际获得了多少,即以学生的实际学习效果与收获来评价教师的教学效果.因此,新课程理念下的课堂教学评价不是简单地对教师的教学效果或教师的教学水平作一个鉴定,而应是以改进教学为目的,以促进教师的专业发展和学生的成长为目的的评价.

(二)新课程理念下的课堂教学评价的特征

新课程理念下的课堂教教学评价具有以下一些特点:

1.民主、平等、相互协商的评价

新课程理念下的课堂教学评价是一种由评价者与评价对象双方共同承担的以发展为目标的评价方式,对于评价目标和评价计划,都应该在进行民主协商的基础上来确定.评价的最终目的是为了促使评价对象的发展.所以,在课堂教学评价的过程中,评价者与评价对象之间应该是平等的,评价的过程应该是民主的与相互协商的.

2.关注非预期效应和效果的评价

课堂教学评价一般都均十分关注目标的完成度.在课堂教学过程中,在达到预期目标的同时,还会产生一些非预期的效应和效果.在新课程理念下的课堂教学评价在关注教学目标的达成外,也十分关注非预期目标的效应和效果.因为非预期的目标的效应和效果可能正是教育教学的艺术性所在,是教师潜在特质的一种表现,但却是无意识的.所以,关注非预期目标的效应和效果,是通过评价促进教师和学生发展的闪光点.

3.多元化的评价

新课程理念下的课堂教学评价的标准、内容、方式和主体都是多元化的.评价者从评价对象的特点出发，由评价双方商定评价方案，主要考虑评价对象的未来发展，且这种发展可以多方面的，多角度的．所以，课堂教学评价不拘泥于对评价对象的知识、能力的评价，还会涉及其情感、性格、审美情趣、创造天赋等．这种评价不仅包括外在行为、态度等，还要包括其内在的精神气质和性格．

4．过程周期性的评价

新课程理念下的课堂教学评价，由于它的最终目的是为了促进评价对象的发展．所以评价过程实际上是对评价对象的培养过程．这是一个持续的过程．当一个教学过程结束后在总结的基础上再进入下一个改进调节的循环过程，在这种不断的循环改进的过程中使被评价者得到发展．因此，这种评价的过程具有周期性，也就是说，新课程理念下的课堂教学评价是一种过程周期性的评价．

二、如何进行新课程理念下的课堂教学评价

课堂教学是一个整体与综合的动态活动过程．在具体的课堂教学中，各个要素无法孤立存在，每一个要素都必须以其他要素的存在为前提．也就是说，课堂教学是一个整体，各个要素只有综合地发挥作用，才能形成高质量的教学效益．同时，课堂教学质量又是在不断变化的过程中生成的，在生成的过程中充满了变数．因此，在进行课堂教学评价时，更应将课堂教学过程中的各个要素考虑进去，不仅评价这些要素本身对课堂教学效果的影响，还要考虑到这些要素之间的一种内在联系和相互作用的影响．所以，要正确地进行课堂教学评价就必须明确课堂教学的各个要素并掌握一定的课堂教学评价的方法．

（一）课堂教学的要素

关于课堂教学的构成要素，目前还没有形成统一的认识．有的人认为构成课堂教学的要素为：教师、学生和教学内容（三因素说）；有的人提出，除出了教师、学生和教学内容外还有教学情境（四因素说）；还有的人认为构成课堂教学的要素在四因素的基础上还要加上教学目标（五因素说）；还有的人认为在五因素的基础上还应加上教学方法（六因素说）．马云鹏先生和唐丽芳女士在综合分析了人们对课堂教学构成因素的研究后指出，构成课堂教学的要素因应有以下七个方面[①]：

1．教学目标

教学目标是教学活动的出发点与归宿，也是预先想达到的结果．在课堂教学中，教学目标对教师与学生的行为具有规范和约束的作用．教学目标不仅仅包括知识与技能，还包括数学思考、过程与方法及情感、态度与价值观．在课堂

① 马复，张春莉编著．数学教育评价．北京：高等教育出版社，2003．51－54

教学中，教学目标的制订必须处理好课程标准、教材和学生实际水平三者之间的关系．教学目标不是孤立地存在于课堂教学之中，它既存在于师生之间所传递的教学内容之中，也存在于教师与学生的具体教与学的行为之中．

2．教学内容

教学内容是目标实现的载体，是师生教学活动作用的对象和客体．教学内容不仅仅包括教材所呈现的内容，也包括教师把生活中与教学目标相关的事物纳入课堂教学中成为教学的资源，以及教师创造性地使用教材并把教材及相关内容还原为学生易于理解的教学内容．

在处理教学内容时，教师首先要根据本节课的目的确定教学内容和范围．其次，教学内容的安排应该有科学性．如，根据学生的认知规律．有些数学概念的呈现应该是分阶段的进行．再次，要看教学内容的系统性与逻辑性．先呈现什么，后呈现什么，要遵循学生的认知规律．最后，还要考虑数学思想方法的合理渗透．

3．教学方法

教学方法作为教师与学生在课堂教学中相对固定的行为方式，是课堂教学评价中的重要因素．教学方法的选择要依据不同阶段的学习要求和教学目标的需要，灵活地选择不同的教学方法和教学手段．其实，任何一堂高效率的课堂教学，都不是某种单一的教学方法的运用所致，它往往是对多种教学方法的综合运用和有机整合而生成的．我们常常所叫的“××教学法”只不过是由于教者根据不同的教学内容和教学目的，所采用的某种教学方法的特点较显著而已．但是，无论哪种教学方法，都要有利于学生的思维能力、动手实践能力、语言表达能力以及解决问题能力、探索创新能力的培养，要有利于促进学生的发展．

4．教学心理环境

情境认知理论认为：学习是发生于特定的文化环境之中的知识的建构过程．知识是惰性的还是积极灵活的，取决于学习者学习的环境和方式．因此，良好的心理环境是学生主动地学习的必要条件．为了帮助学生积极主动有效地学习，教学中应创立具体的环境（情境），并使学生积极地参与到真实的学习活动之中去．课堂教学环境分为外在环境和内在环境．外在环境往往是由教师主导，师生共同作用的结果．它包括课堂教学氛围（教学情境）和课堂上的师生关系等．这一外在的环境感染和影响师生的情绪进入学生的心理，形成一定的心理环境．良好的心理环境又反过来促进外环境的改善．在课堂上，教学要创设良好的教学情景，感染和影响学生的心理情绪，融造良好的心理环境，激发起学生带着浓厚的学习兴趣、求知欲望和强烈的探究欲望进入学习与探究活动之中．

5．教师行为

教师是课堂教学的策划者、组织者和领导者，是课堂教学活动的主体之一．

教师在课堂教学中的行为直接影响到课堂教学的效果．课堂教学中的其他要素，如教学目标、教学内容、教学方法等，必须以教师具体的教学行为为中介．在课堂教学中，教师通过合理地确定教学目标、恰当地选择教学方法、科学地组织教学材料、恰当地安排教学的活动、机智地处理课堂上的突发事件等一系列行为，来保证教学质量的高效．

6．学生行为

在课堂教学中，学生是学习的主体，是整个课堂一切教学活动的出发点与归宿．对学生来说，课堂教学活动既是一种认知活动，也是一种情感活动，还是一种人际交流活动．学生在课堂上的行为表现，包括学生的学习行为、学生与教师的交流行为、学生与学生的交流行为等都是教学过程的组成部分，是用来衡量一节课成败的重要因素．

7．教学效果

教学效果主要是指教学目标的达成度．课堂教学的效果主要是看学生的学习行为及其成效如何．它包括学生是否掌握了基础知识与基本技能，智能是否得到了提高，情感态度的教育是否恰当，参与活动的深度和广度如何，信息交流是否多向，学生提出问题与回答问题的质量如何，学生思维是否活跃，课堂整体效果是否良好等．

（二）新课程理念下课堂教学评价的方法

课堂教学评价包括对学生课堂学习的评价和对教师课堂教学的评价．由于对学生课堂学习的评价方法我们在第十讲中已做了较为系统的介绍，因此，这里我们主要介绍课堂教学评价中对教师教学的评价方法．

课堂教学评价的方法很多，为了便于研究人们把课堂教学评价方法按不同的标准分为了很多不同的类型．我们这里主要按课堂教学评价的主体进行分类，共分为教师自我评价和他人评价两大类．

1．教师自我评价

教师自我评价是一种反思性的评价．它是指教师根据评价指标，参照一定的标准，对自己的教学设计、教学活动的实施过程和教学目标的达成度等情况，根据自己在教学过程中的体验与感悟等进行自我反思、总结并做出价值判断的过程．

人总是在不断地判断自己的，那么，教师应如何了解自己，实现自我评价呢？教师的自我评价主要有以下三种途径：①

- 根据别人对自己的评价来评价自己；
- 通过与他人的对比来评价自己；

① 陈玉琨著．教育评价学．北京：人民教育出版社，1999．141

• 通过自我分析来实现自我评价.

自我评价的核心是自我分析. 自我分析就是对自身的教学行为及其成效与内在的价值尺度和外在的价值尺度进行比较的过程. 在这一比较的基础上,进行自我判断,形成自我评价的结果. 通过对这种自我评价的结果的进一步反思、分析,发现自己的不足和自己的优势与长处,从而调节自己的教学行为和策略,促进自己的发展.

教师自我评价的方法主要有:教学反思、教学日记、教学总结、档案袋评价和录像分析等. 限于篇幅,我们下面只介绍教学反思和教学日记.

(1)教学反思

教学反思是对教师在教学实施后对教学过程与结果的回顾、分析与总结. 主要目的是对自己教学中的成功与失败事件的原因进行分析,发现自己的不足和自己的优势与长处,从而调节自己的教学行为和策略,促进自己的发展.

教学反思既可以是一节课后的反思,也可以是某个阶段的教学反思或对某一个教学事件的反思.

关于教学反思的内容,美国的 Ellen Weber 教授提出了以下指导意见①:

反思一开始,可以在改变教学方法之前简单地记下效果较好的教学方法.

列举出你的课堂教学中的三个优点:

① ______

② ______

③ ______

再列举出你要改变的三件事情:你想如何改变? 你的做法将会有什么不同?

① ______

② ______

③ ______

他把教学反思的内容分为教学内容的反思、授课过程的反思和一般反思问题. 针对每一个反思,他又提出了具体的反思内容.

关于教学内容的反思:

- 教学目标是否落实? 重点是否突出,难点是否突破?
- 学生对什么内容学得比较好? 为什么?
- 学生对什么内容学得不好? 为什么?
- 将来你会对此做什么改变?

---

① [美] Ellen Weber 著. 促进教学的课堂教学评价. 国家基础教育课程改革“促进教师的发展与学生的成长的评价研究”项目组译. 北京:中国轻工业出版社,2003. 16-17

• 学生知识过手情况如何？原先设计的内容是否适合课堂教学？

• 将来如何完善此课？

关于授课过程的反思

• 我讲了多长时间？是否恰到好处？是否突出了重点？是否抓住了关键？难点是否突破？

• 学生参与的时间充足吗？参与是否有效？

• 还有没有帮助学生学到更多知识的活动和方法？

• 我在课堂中是如何激发学生的？激发的策略有效吗？为什么有效/无效？

• 对课堂上学生活动组织调控的效果如何？

一般性反思

• 如何使一名优秀学生做到专心听讲？

• 如何使一名后进生做到专心听讲？

• 大多数学生对本课的感受如何？为什么？

你可以把这些问题提供给来听课的同事们，从而了解同事们对你教学的看法建议？关键是要从积极的方面入手，这样才能将同事的建议转变为你的观点.

Ellen Weber 教授对教学反思的意见对我们进行教学反思有很好的参考作用. 教学反思的核心在于分析. 分析的主要内容为以下几部分：

• 教学预设与生成差距的原因；

• 教学中突发事件的合理内核与启示；

• 感受最深事件(成功与失败)的缘由与启示；

• 对某些问题的进一步认识与总结；

• 有哪些具有研究价值的问题.

我们看下面一个年轻教师的教学反思.

案例

"圆的标准方程"的教学反思①

今天我参加了全区第八届中小学课堂教学大赛. 我所讲的内容是高中解析几何"圆的标准方程"的第一课时. 本节课我的设计思路是以轨迹思想探讨圆的标准方程，再以待定系数法求解圆方程为核心，让学生从中去体会数与形之间的关系，强化数形结合思想的运用.

整节课的教学过程我是这样设计和进行的：

1. 创情激趣，引入课题. 首先用幻灯介绍我国古老而神秘的太极图引入课

① 由成都航天中学李官平提供.

题，让学生感受圆优美的几何属性和我国博大精深的古代文化，激发学生的学习兴趣和热情.

2. 提出问题，引导探究. 接着就提出了："问题一：已知一个圆的圆心在原点，半径为5，求这个圆的方程"，让学生尝试探究. 这里我预设了两个方案：方案一：学生处理得很好，让学生来讲. 方案二：学生不能处理，则将题目变一下，再让学生处理.（问题变式：一个动点到原点的距离等于5，求这个点的轨迹方程.）这一设计主要是想充分调动学生的积极性和主动性，从这里也可以进一步了解学生的实际情况，对后续内容的处理会更贴切. 同时，借助这一个问题让学生回顾复习了用轨迹思想求曲线方程的一般步骤：建系、设点、列式、化简. 然后，通过提问，引导学生给出了一般的，半径为 r，圆心在原点的圆的方程形式是：$x^2+y^2=r^2$. 紧接着我追问学生："$x^2+y^2=r^2$ 表示是特殊位置的圆，称为原点圆. 那么一般的，圆心在任意一点 $C(a,b)$，半径为 r 圆的方程又是怎样的?"遵循循序渐进的原则，从特殊到一般，逐步将问题深入.

接着由特殊到一般建立方程模型. 这时，我给出了本节课的问题二：设圆心为 $C(a,b)$，半径为 r，求圆的方程. 主要是为了让学生再次熟练解析法，得出一般的圆的标准方程：$(x-a)^2+(y-b)^2=r^2$，特别地，当圆心在原点，半径为 r 时，圆的标准方程为：$x^2+y^2=r^2$. 同时，引导学生发现得到：从这种形式中可直接得到圆心和半径的信息，反之知道圆心和半径也就可以直接写出圆的标准方程. 然后，给学生明确在求圆的标准方程时，可先设出圆的标准方程，再想办法求出未知系数，而这种方法就是本节课求解圆方程的核心方法：待定系数法.

3. 典型示例，巩固训练. 本节课有4个例题，还有一个根据实际情况选用的例5. 例1是根据圆的方程写出圆心和半径. 例2是给出圆心和半径写出圆的方程. 这两个例题讲解后给出了一个练习题，已知两点坐标，求以这两点为直径的圆的方程，通过这一练习进一步巩固、加深学生对圆的标准方程的理解. 例3是已知圆心和一切线，让学生求解圆的标准方程. 这里学生在确定半径上出现了一点困难，可是通过引导学生观察图像得到了解决. 学生通过此题进一步熟悉了待定系数法，初步体会运用圆的几何性质（切线性质）优化计算的作用，借此强化数形结合思想. 例4则是已知一个圆的方程以及一直线与该圆的一个切点，求这一直线方程. 通过引导学生注意观察点坐标与切线方程之间存在的关系，学生纷纷得出了：分别用切点的横坐标和纵坐标代替圆方程中的一个 x 和一个 y，便得到了切线方程. 于是，我紧接着追问学生："若将已知条件中圆半径改为 r，点改为圆上任一点 (x_0,y_0)，则结论将会发生怎样的变化？大胆地猜一猜！"学生给出的答案是：此时切线方程为 $x_0x+y_0y=r^2$. 我将这一问题作为思考题留给同学们下课后独立思考解决.

接下来就是巩固训练. 在巩固训练阶段除了3个训练题以外,课前准备的备用题也在时间允许的条件下得以解决.

4. 反思小结,完善结构. 在让学生起来总结的基础上,我进行了规范和完整,并总结了本节课的3个内容,帮助学生形成本节课的知识结构. 1) 圆心为 $C(a,b)$,半径为 r 的圆的标准方程;2) 求圆的标准方程的方法:① 待定系数法;② 找出圆心和半径;3) 已知圆的方程是 $x^2+y^2=r^2$,经过圆上一点 $M(x_0,y_0)$ 的切线的方程是:$x_0x+y_0y=r^2$.

反思回顾这节课的教学过程,我感到有以下几点成功与不足之处:

一、教学设计方面

圆是学生比较熟悉的曲线,初中平面几何对圆的基本性质作了比较系统的研究,因此这节课的重点确定为用解析法研究圆的标准方程及其简单应用(待定系数法求圆的标准方程). 首先,在已有圆的定义和求曲线方程的一般步骤的基础上,从特殊到一般引导学生探究获得圆的标准方程,让学生体会这种数学的探究方法. 在问题的设计中,我用一题多解的探究,纵向挖掘知识深度,横向加强知识间的联系,让学生自己体会各种方法的优劣,这样的设计不但突出了重点,更使难点的突破水到渠成.

本节课设计了四个环节,以问题为纽带,以探究活动为载体,使学生在问题的引导和教师的指导下把探究活动层层展开、步步深入,充分体现以教师为主导,以学生为主体的指导思想. 应用"引导探究"教学模式把学生学习知识的过程转变为学生观察问题、发现问题、分析问题、解决问题的过程,在解决问题的同时锻炼了思维. 感受了数学的美,培养了兴趣,增强了信心.

二、教学预设与生成差距的原因分析

本节课讲下来基本上完成了我所预设的教学内容,当然有些地方未能完全实现自己的想法. 如:过圆上定点的切线方程的猜想的证明,本来准备让学生自己完成;例题的设计本来是准备围绕待定系数法这一重要的数学思想方法展开,但因为时间关系只能一带而过;最后的课堂小结本来准备让学生自己将本节课的探究过程及所得结论进行回顾,但是没有得以实现. 出现这些问题的原因是前面几个环节的节奏把握得不好. 具体说,引入部分说得太多,实际上可以用多媒体演示出来让学生看,老师只提一下就行了;圆的标准方程的探索过程比较简单,不需要举这么多的例子,实际上可以将四个例子浓缩为两个:"圆心确定(0,0)、半径确定2";"圆心任意(a,b),半径任意 r"即可. 我想如果前面紧凑一点,那么后面自己的很多想法就能得以体现,这堂课的效果会更理想.

三、感受最深事件(成功与失败)的缘由与启示

在这次课堂大赛中让我学习到了许多东西,如:如何写教学设计. 让我感受

最深的是“向课堂40分钟要效率的关键在于课堂节奏的把握”，一节课你在课前准备得再怎么充分，如果课堂上你没有把握好节奏，那么所有的准备可能都是在做无用功.

四、对某些问题的进一步认识与总结

结合这次课堂大赛的自身体会和听另一位教师的课的感受，我想自己对“学法指导”有了进一步的认识，我感到“学法指导”应该融入课堂的各个环节．如：课堂上该怎么过手训练；怎么与同学、教师进行交流；该怎么去探索发现新知；一堂课所学知识与方法该怎么来总结记忆等．在课堂上给予学生好的“学法指导”可以大大提高课堂效率.

五、有价值的待研究的问题

结合准备阶段的想法、上课的感受及效果、课后评委老师的指导，我认为“如何发挥练习题的作用，以使教学目标得以达成”是一个有价值的待研究的问题．关于这个问题我会在今后的教学中不断总结、提炼，我想一定会给我的教学带来很大的帮助.

以本节课为例，因为圆的标准方程的概念不难，所以本节课的重点应该放在夯实基础上．为此目的，我们可以在原例1的前面再加一个判定方程是否为圆的标准方程，然后再用例1，例2…… 这样可以更好地让学生理解和掌握圆的标准方程的结构特征、性质特征及其运用.

(2) 教学日记

教学日记是教师用于记录自己的教学事件和经历的，是对自己的教学行为进行的反思与总结．可以像和自己谈心一样地写出他们自己教学中的感受、困难之处或感兴趣之处．通过对自己在这些事件上处理不当的自我反思、自我评价，提升了教师的反省认知的能力．写教学日记无疑提供了一个让教师用数学的语言或自己的语言表达数学教学的策略、思想、方法和情感的机会．而且，教学日记还可以发展成为一个自我报告，评价自己的教学能力或反思自己解决问题的策略．从这个意义上说，教学日记有助于教师的自我专业化发展和提高教师的反省认知的能力.

案例

一个学困生的成功喜悦①

2005年4月13日　星期四　晴

成绩一直很差的刘艳同学昨天高兴地告我：“杨老师，这次单元考试我数学

① 由成都市龙泉驿区柏合中学杨光秀提供.

考得不错,估计可考30多分!"(她的数学成绩很差,平时一般都在20分左右,若能考到30多分就相当不错了!),我说,"真的!那祝贺你!"今天试卷阅完后她考了37分.下午见到她时我又高兴地对她说:"刘艳,你这次干得不错,进步很大,你再努一把力会更好的".这时她脸上露出了成功的喜悦,并信心十足地说:"今后我要每天坚持做对10道题,把数学成绩搞上去!"

这件事对我的启发很大:哪怕对我们教师来说是微不足道的一小点进步,对学困生来说都是了不起的成功.如果我们教师能及时地给予表扬、鼓励,将会给他们极大的动力,激励他们一步步地走向成功,甚至成为他们人生的一个转折点.今后我要对学困生多关心、多观察,注意发现他们身上的优点和进步,并及时予以表扬、鼓励.

这个教学日记记载的是一个数学教师在一次与一个数学学困生交谈的经历、启示和感悟.教师对学生一句鼓励的话语,激发了一个数学成绩很差的学生学习数学的兴趣与积极性,"今后我要每天坚持做对10道题,把数学成绩搞上去!"这对教师的感触很深.教师在教学日记中记载和反思这一事件的过程中,认识和感受到"哪怕对我们教师来说是微不足道的一小点进步,对学困生来说都是了不起的成功",从而改变了教师对待数学学困生的态度和行为,"今后我要对学困生多关心、多观察,注意发现他们身上的优点和进步,并及时予以表扬、鼓励".

2. 他人评价

他人评价是相对于自我评价而言的,是除被评价者以外的其他人对执教者的评价.自我评价对自己的优点与不足往往不一定能全面准确地进行评估,即"当局者迷".而且由于受到自我评价经验、能力与方法的限制,且易受"自我中心"的影响,评价时大多带有主观臆断的成分.因此,自我评价时往往会出现两种极端情况:一种是只看到自己的优点和长处,看不到自己的不足,表现出来的行为就是骄傲自大,目中无人.这种情况大多发生在成绩优秀的教师和学生身上.另一种情况就是看不到自己的长处与优点,总认为自己这也不行那也不行,表现出来的行为就是自暴自弃、缺乏自信心.这种情况大多发生在教学效果较差的教师和成绩很差的学生身上.为了弥补自我评价的不足,就需要他人的评价.他人(同伴、学生、领导等)在与被评价者长期相处的过程中,能够对其优点和不足有一个全面的、真实的了解,而这种了解是在日常的观察中的得到的,因此,相对自我评价而言要公正、客观、真实得多,即"旁观者清".

他人评价一般是上级或学校领导、专家、教研员、同伴、学生、家长等人对被评价者的评价.他人评价的方法有课堂观察、课后访谈、调查问卷、同行评议、书面测试等.

(1) 课堂观察

课堂观察评价是领导、专家、教研员、同伴等根据对被评价者课堂教学行为过程与结果的观察、记录而进行评价的一种方法.

课堂观察评价的工具一般用课堂观察评价表. 根据课堂教学的结构要素和新课程理念,制订课堂教学评价表将涉及以下几个方面:

第一,教学目标的设计.

教学目标——以促进学生发展为宗旨. 教学目标的设计是否将知识与技能、过程与方法及情感与态度三个维度的目标有机地结合,而且教学过程是否紧紧地围绕三维目标的实施进行,并将知识与技能的学习以其他三个目标的实现为前提.

第二, 教学内容的设计. 教学内容的设计主要看以下几个方面:

- 结合学生实际,创造性地开发课程资源和创造性地使用教材(变“教”教材为用教材“教”),合理确定重、难点;
- 内容的设计为现实的、有意义的和具有挑战性的,能激发学生的学习兴趣和求知欲,引导学生积极思考,组织学生有效地参与数学探究学习活动;
- 重视教学内容的文化内涵,体现科学性、人文性和社会性的融合;
- 紧密联系社会生活实际,关注内容的实践性,提高用数学的意识与能力.

第三,学生学习行为的变化. 这里主要看学生在课堂上是否在教师的引导下积极主动地进行观察、实验、想象、猜测、验证、推理、讨论、交流等自主探究式的学习活动;是否在丰富多彩的学习活动中,真正理解和掌握基本的知识与技能、数学思想和方法,获得广泛的数学活动经验,学会与他人合作交流,获得成功的体验.

第四,教师教学行为的变化. 课堂上教师是否真正成为学生学习活动的组织者、引导者和合作者;是否给学生提供了充分从事数学活动的时间和机会;是否尊重学生,师生民主平等;是否与学生共同进行讨论、交流,帮助学生在自主探究、合作交流的过程中获得知识与技能,发展数学思想方法和数学思维能力,形成积极的情感、态度与价值观;是否科学地组织教学内容,恰当地使用现代教学手段为教与学活动服务.

第五,课堂教学效果. 新课程理念下的课堂教学效果的标准,不同于传统的课堂教学效果的标准. 这里课堂教学效果的评价主要关注以下几个方面的内容:

- 合作交流氛围的浓度;
- 学生有效参与的效度;
- 学生自主探究的力度;
- 知识技能掌握的程度;
- 数学能力培养的高度;

• 教学基本功体现的程度.

课堂上,为了保证学生学习活动的有效进行,有时不一定能完成本节课的教学任务,这是允许的. 既新课程理念下的课堂教学允许没有句号的课存在. 若一节课的教学任务在本节课内未完成,它可在一个单元知识的学习过程中,相互调节完成.

由上可知,新课程理念下评价一堂课的好坏并不完全取决于教师讲得如何,任务是否完成,关键是看是否创造性地开发和利用课程资源,选择现实的、有意义的和富有挑战性的教学内容;教学活动的设计是否有效地激发、调动起学生数学学习的兴趣与积极性,是否有效地组织引导学生主动积极地投入到数学探究活动之中,使学生经历知识的生成和发展过程,积累数学活动经验,有利于学生的发展.

根据以上分析和思考,我们设计了新课程理念下的课堂教学观察评价表(见表 11-1). 本观察表设计了 4 个评价项目,20 个评价指标. 观察的重点放在了教学目标、学生的学习方式、教师的教学方式和教学效果四个方面. 教学内容、教学方法、教学的心理环境等课堂教学因素作为隐性观察项目渗透在这几个评价项目之中. 这种课堂标准的设计体现了现代课堂评价的理念和新课程改革的理念:注重学生学习方式的改变和教师教学方式的改变;课堂教学评价是以学生学习的过程与结果的评价来评价教师的教学效果. 在实际的课堂教学观察评价中取得了很好的效果.

(2) 问卷调查

表 11-1 成都市龙泉驿区数学课堂教学观察考核表

<table>
<tr><td>学科</td><td></td><td>学校</td><td></td><td>班级</td><td></td><td>授课教师</td><td colspan="2"></td></tr>
<tr><td>课题</td><td colspan="5"></td><td>课型</td><td colspan="2"></td></tr>
<tr><td rowspan="2">评价项目</td><td rowspan="2" colspan="5">评价要素</td><td colspan="3">评价结果</td></tr>
<tr><td>A</td><td>B</td><td>C</td></tr>
<tr><td rowspan="3">教学目标</td><td colspan="5">1. 知识与技能目标科学合理</td><td></td><td></td><td></td></tr>
<tr><td colspan="5">2. 过程与方法目标准确恰当</td><td></td><td></td><td></td></tr>
<tr><td colspan="5">3. 情感、态度与价值观目标切合实际</td><td></td><td></td><td></td></tr>
<tr><td rowspan="4">学生学习方式</td><td colspan="5">4. 学生积极主动参与知识的发生、发展与形成过程</td><td></td><td></td><td></td></tr>
<tr><td colspan="5">5. 观察、实验、猜想、验证、推理、想象等自主探究的学习活动</td><td></td><td></td><td></td></tr>
<tr><td colspan="5">6. 与他人合作交流获取知识与技能的理解与掌握</td><td></td><td></td><td></td></tr>
<tr><td colspan="5">7. 自我反思、监控、调节自己的学习活动</td><td></td><td></td><td></td></tr>
</table>

续表

评价项目	评价要素	评价结果		
		A	B	C
教师教学方式	8. 紧密联系社会与生活实际,创造性地开发、使用课程资源			
	9. 以促进学生的发展为出发点进行教学过程的设计. 教学内容的呈现遵循学生的认知规律,具有开放性、多样性和挑战性			
	10. 创设的情境激发学生积极的求知欲望、好奇心与探究欲望			
	11. 面向全体学生,尊重学生的个性特点,组织、引导学生积极开展自主探究、合作交流的学习活动			
	12. 学生探究活动的时间与空间的保障			
	13. 恰当地运用现代教学技术为教与学服务			
	14. 评价贯穿于教与学的活动过程之中,主体多元、形式多样,激励、调节、促进学生的学习与发展			
课堂教学效果	15. 学生对知识与技能的理解与掌握的程度			
	16. 课堂上学生自主探究、合作交流氛围的广度、浓度与深度			
	17. 学生在学科学习活动中获得情感体验的程度			
	18. 学生会用所学知识和方法提出和解决问题能力的高度			
	19. 学生参与学习活动的效度			
	20. 课堂教学基本功表现的程度			
总评				

问卷调查一般是在纸上列出问题清单,由教师或学生等根据他们对课堂教学过程和效果的主观影响来回答. 问卷调查的内容包括对自己掌握情况的反馈、对教师教学行为的评价、对教师教学行为的建议等. 问卷一般在课堂教学结束后立即发放填写.

(3) 同行评议

同行评议是指同一个学校或同一区域内同一个专业的教师集体听完课后,对执教者的课堂教学进行的集体讨论与评价. 同行评议既是一种他人评价的方法,也是一种目前被广泛采用的教研活动的方式与方法. 它一般适用于公开课、观摩课、研究课、竞赛课和选拔课. 我们这里主要讨论用于公开课、观摩课、研究课的同行评议. 当前用于公开课、观摩课、研究课的同行评议中存在有以下问题:①敷衍了事;②平淡肤浅;③ 面面俱到;④ 说好不说坏;⑤ 以偏概全. 产生这些问题的原因是:认识不足,重视不够;方法不当,评议不到位;理论缺乏,分析不透;准备不足,研究不够.

同行评议主要有以下几种形式①:个别交谈式、集中讨论式、书面评议式、师生互平式、抽签答辩式、庭辩式.

同行评议的方法有:

① 整体入手,综合评析法

综合评析是指评课者对一节课从整体上作出全面、系统、综合性的评价. 通常做法是先分析后综合. 综合评析对评价者有较高的要求,它不但要求评价者对课堂教学各要素有深入的理解与把握,而且还要有一定的教育教学理论作基础.

综合评析现进行以下内容的分析②:从教学目标上分析;从处理教材上分析;从教学方法上分析;从教学程序上分析;从教学基本功上分析;从教学效果上分析;从教学个性上分析 ;从教学思路上分析. 然后再进行综合评析. 评析时既不就事论事也不空谈理论,最后作出综合评析意见.

② 化整为零,单项评价

单项评价是评价者从自己观察中体会最深、感触最大、认识最深刻里选择一个角度或侧面来评析.

③ 沙里淘金,特色评价

一节课的教学特色(点),是执教者教学成功的闪光之处,也可能是区别于其他人的创新之处,其中可能隐含着有价值的成分,值得着力分析与开发. 对于特色评价,读者可参见后面的案例分析.

④ 课型入手,规律评析

这是指根据各种不同的课型本身的规律来展开对课堂教学的分析评价. 例如,根据命题学习的规律,我们可以制订对命题学习的教学评价内容为:

- 分析命题证明的思路;
- 学习命题证明的规范表述;
- 揭示命题证明中的数学思想方法;
- 注意命题的条件与适用范围;
- 注意命题的灵活应用(顺用、逆用、变用、连用);

---

① 徐世贵著. 怎样听评课 . 沈阳:辽宁民族出版社,2000. 84－87

② 徐世贵著. 怎样听评课 . 沈阳:辽宁民族出版社,2000. 92

• 注意激发调动学生学习的主动性与积极性,注意启发,引导探究,讲练结合,精讲精练.

又如,概念的学习一般有两种形式:概念的形成与概念的同化. 对概念形成的教学可以按以下要素进行分析评价:

• 观察实例;

• 分析共同属性;

• 抽象本质属性;

• 确认本质属性(通过正例与反例);

• 概括定义;

• 具体表示;

• 变式运用.

⑤ 高屋建瓴,理论剖析

这是指评价者根据某一理论对课堂教学进行分析与评价. 例如,根据建构主义学习理论对一节探究式学习课的评价.

在课堂教学同行评议过程中应注意以下几点事项:

• 避免就事论事,要借助理论予以分析;

• 避免空谈理论,要以事论理(如果好,好在何处? 如果差,差在哪里? 有的放矢,有说服力);

• 注意听取授课者的意见;

• 避免肯定或否定一切,要一分为二;

• 避免强求统一,允许保留意见;

• 评价前要做好准备,要对所听的课进行认真的分析研究.

案例

《数学归纳法的教学设计》一课例的同行评价

《中学数学教学参考》1999 年 1 ~2 合期刊载了知心老师的课例:《数学归纳法的教学设计》.《中学数学教学参考》1999 年第 5 期"课例点评"栏目刊载了数学同行们对知心老师课例的点评. 本课例的"同行评价"取自于该栏目的课例大家评,由于篇幅所限,我们这里在选用时作了部分减缩. (课例略,读者可参见原文).

从"数学归纳法"课的特点看《数学归纳法的教学设计》

湖北武汉市教研室　裴光亚

《数学归纳法的教学设计》(以下简称《设计》)抓住了理解数学归纳法实质这一个教学的关键.

第一,《设计》不是把"方法"直接交给学生,而是寻求感性经验的支持,让学生体验数学归纳法的形成过程.

第二,《设计》不是让“框架”(即数学归纳法的固定程式)充塞学生的头脑,而是通过深入的剖析和理性的解释,来促进学生理解数学归纳法的认识过程.

第三,从它的整体过程来看,先唤起学生的生活经验,再让学生初步体验,最后形成正确的认识,并通过进一步辨析完善这种认识.基本上体现了从感性到理性,从粗糙到精确的过程.

因此,可以说设计者是把握了数学归纳法课的特点,围绕“理解数学归纳法实质”这个关键,进行了全面的构思.同时,也为我们留下了一些值得思考的问题:

1. 应该何时引进“生活经验”?换言之,一开始引进“生活经验”是否恰当?当教师展示这段“思维实验”的时候,学生不可能认识到“经验”的作用,也不可能领会到教师的意图.在一种盲目的状态下,怎么能希望引起学生的思维呢?它的引进应该伴随着理解数学归纳法的过程,而不应该是数学归纳法之前的无的放矢.事实上,只有考虑到学生可能出现理解上的困难时,我们才引进这段“生活经验”.

2. 如何引出课题?是着眼于“通过具体事例”,“将这一个生活体验提炼为数学方法”,还是提出一个需要证明的命题,说明寻找证明方法的必要性?

3. 说明归纳法不可靠,宜选用什么样的反例?

为迁移而教

江苏省建湖县庆丰中学　张起兆

知心老师运用奥苏伯尔关于学科和认知结构的组织的假设及其“先行组织者”技术,采用“先行组织者”的教学模式,加强了数学归纳法理论形成过程的教学,培养了学生的迁移能力,突出了数学思想的教学,加强了数学建模过程的教学,实现了“为迁移而教”.整个设计过程分为三个阶段:

一、“先行组织者的呈现”——创设情境,促进迁移;

二、学习任务和材料的呈现——探究新知,顺向迁移;

三、认知结构的加强——巩固运用,实现“同化”.

数学教学应重视“初始问题”的提出

湖北省钟祥市双河二中　周天清

《数学归纳法的教学设计》从生活经验中引进推砖游戏,其优点是易于激发学生的学习兴趣,但缺点也很明显:

1. 从表面上看学生回答了一个又一个的问题,积极参与到数学归纳法感性形成的思维活动.但学生并不知道整个活动的目的.事实上,学生只是教师各项指令的机械的执行者.因而,没有能唤起学生强烈的求知欲望,没有能形成深刻而主动的思维活动.

2. 此引进与第二步的衔接生硬,其原因就在于学生一开始不知道这一节课研究的问题以及要研究的目的,即教者没有提出本节课的“初始问题”.

鉴于此,建议作如下修改:

先用华罗庚教授著名的“取球实验”说明归纳法,完全归纳法和不完全归纳法的概念. 再提出问题(1):圆周上的点的连线把圆分为几部分,进而说明不完全归纳法结论未必正确. 问题(2):等差数列通项公式是怎样推导的? 使学生意识到证明的必要性. 怎样证明呢? 有学生认为只有对所有的自然数都加以证明就可以了,但随后发现这个工作根本没有做完. 于是本课的初始问题终于在学生的探索过程中提出了:如何证明这类用完全归纳法证明不了的,与自然数有关的命题呢? 初始问题一旦提出,学生思维就有了鲜明的目的性,从而成为主动、积极的探索者. 在这种情况下及时引入推砖游戏,学生对数学归纳法的体验,提炼也就自然、深刻多了.

由以上看出,一个初始问题的提出为学生的思维提供了强大的动力,指明了正确的方向,为整堂课的展开奠定了基础,勾勒出框架. 所以我们认为数学教学问题的设计,首先应是初始问题的设计,对此应予以足够的重视.

以上参与评价的教师紧紧围绕数学归纳法的教学设计从不同的角度进行了评价,而评价的过程也就是研究、交流的过程. 通过这种评价,不仅对设计者本人而且对参与评价的教师都是一次有益的学术研究活动与学术交流活动. 通过这种评价,可促进教师改变教学,提高教学设计的能力与水平,进而促进教师的发展.

(三)学生评教

学生是教学过程的主体. 在教学的过程中,学生是教育的对象和学习的主人. 在课堂教学中,学生对教学目标是否达成、学习效果是否最佳、师生关系是否良好、教师教学效能因素影响的感受是否最深,都有深刻地了解. 因此,学生对课堂教学的评价都是根据自己的切身体会和感受提出的. 他们的观察比一般评价人员更为细致周全、真实可信,而且学生参与评教有利于师生沟通,从而有助于教学水平的提高.

学生评教的方法有问卷调查法和座谈法.

教学评价的方法较多,我们这里只介绍了部分评价的方法,而且这些方法也还在不断的改进和完善之中,这就需要我们每一位参与新课程实验的教师们认真参与到对教学评价的实验研究之中,创建更多、更有效的评价方法.

案例分析

【案例】

让学生自己讲数学，是激发学生主动学习的有效方式①
——记一次"学生评教"活动

2007年11月19日上午，我们在龙泉中学高三(08级)10班进行了一次文科复习研究活动．内容为"二项式定理"复习第一节课，主讲教师为龙中的陈泽刚老师．鉴于以前的高考复习都是教师一人讲解，学生只是被动的听讲和练习，学生的主动性和积极性未能充分发挥，从而影响到复习教学的效果与质量．为了探究如何提高高考复习效率，也为了探索在高三数学复习中如何有效运用《课程标准》倡导的"自主探索、动手实践、合作交流、阅读自学"的数学学习方式，本次研究课我们采用了"自学讲评式教学方式"．具体操作步骤为：课前布置学生自己先对二项式定理这部分内容进行梳理总结，上课时先分小组进行交流，然后各小组派代表上黑板讲解，再由学生质疑，教师点评、讲解．课后，我们组织全班学生进行了座谈．同学们踊跃发言，纷纷谈了对这种教学方式的看法．下面是一部分学生座谈时的评教发言：

从这次课的准备到交流以及课后的讨论，整个过程无一不体现着创新与改革．它打破了传统的教师"填鸭式"教学的方式，要求学生通过自主学习，并小组讨论后发表自己的见解，有利于充分调动学生的主动性与积极性，有利于学生充分发散自己的思维，从多个方面考虑问题，提出新的解法．如本堂课中对二项式定理的推导中，同学们不局限于书本，分别从因式分解、组合数(隔板法，元素取与不取，口袋取球)等方面提出合理的解释．这不仅有助于加深对二项式定理识论本身的理解．更重要的是，它教会了我们多方面思考问题、分析问题的方法．

这种创新型的探究课还有一个明显的优点就是同学之间的团结协作和互助．小组内部的同学水平是各异的，大家一起展开讨论有助于稍有弱势的同学弥补自己的不足．再者，团队精神是现在学习，也是将来工作都需要的一种精神，在学习中养成的好习惯可能让同学们一生受益．

客观地评价，今天的课仍有一些欠缺．就我看来，一是教师的指引不够，整

① 由成都市龙泉驿区教培中心高中数学中心组提供．

个课程略显冗杂；二是涵盖知识有些不够全面，导致效率不够高；三是同学分工不到位，重复讲解．所选题中某些不够典型；四是课堂上互动不够，发言的人只占少数，不能完全实现本次课设计的意图．

最后有个小小的建议，就是作为复习课，可适当增设一个大家交流易错点和应注意问题的环节．题不在多，在于做一道会一类．

（聂莉琴）

今天，全区的教师在我班上了一节数学公开课，在班上引起了不同的反响．就我而言，我是支持这种“让学生开口讲”的教学方式的．至于具体的组织形式，当然还有待研究和改进．现在我们是高三，上的是复习课．复习，除了回顾遗忘的知识外，还有一个重要内容就是弥补缺漏，即那些我们平时没有学好的知识．学习是我们自己的事，要使知识真正掌握和过手，还是要靠我们自己动手实践，自己去做题、思考、总结．路是我们自己在走，题是我们自己在练，问题肯定也只有自己知道．不否认教师可以从经验和历年来的案例中找出自己的一些学生中常出现的问题，但有些问题教师不一定就看得到，看不到问题就无法对症下药，就治不好病，也就达不到复习中“补漏”的目的．所以，我认为高三复习就是要让学生讲，而且还要鼓励学生多讲．

（蒋瑟敏）

就今天上午的数学公开课，我想谈几点自己的感受．

这种课模式的优点是显而易见的．它可以提供一些锻炼同学表达能力和胆量的机会，同时也能让大家看到一些新的见解和思维方式．

然而通过这堂课后，我也明显感到有这样一些不足之处：

1．需要的准备时间过多．前期的准备工作，总结和交流的环节总是会耗费许多时间，显然不适合高三复习的高效和大容量的要求．

2．多位同学都从自己的角度进行讲解，很容易出现知识遗漏或讲解过为累赘的情况，很难做到像教师讲解那样收放自如．

基于以上所述我认为高三复习仍应以教师讲解为主，而教师可以选择合适的内容让同学们阐述自己的意见，而不应完全放手让学生自行发挥．至于像今天这样的课堂模式，可能更适合于有充分时间和精力的情况下展开．

（吴燕红）

同学是否能参与到课堂中关键在于一个氛围．在这堂课的准备过程中，作为一个组长我明显感觉到，不论成绩好或坏，不论喜欢或是讨厌数学的人其实都是可以投入到课题的研究中的．但前提是整个班级，整个小组必须有一种浓厚的学习氛围．这样，那些平时不想参与思考探讨的同学会在无形中受到影响，加入到组内的讨论．当然这其中组长是一个很重要的角色，他要弄清楚各个同学的水平怎样，再根据难易分派任务，调动同学们的积极性．最后，还要引导同学们反馈知识的领悟情况，调节好组内的讨论．所以，若是这类课要推行实施，我认为必须要让所有的同学都能参与进来才能算有效，那么这时那种浓厚的学习氛围也就不可少了．

在思考上提出不同的见解，相互交流．这样我想才会达到探究升华的效果．

（邹巧）

这节课我有以下收获：

1．找到了一种自己解决疑惑点和考点的方式．在小组分工时，承担最薄弱的知识点，通过各种途径想办法弄懂．这样积极参与，主动学习，改变了以往接受者的被动角色，同时有种成就感．

2．小组组员水平不一，在讨论时可以听到各种想法和困惑，其中可以找到互补之处，也能在相对宽松的环境下解决疑惑．

此外我还有以下建议：

1．有针对性地开展此类课进行教学．最薄弱的知识点往往需要同学花更多自己课下的工夫，个人认为，其实准备的过程以及在此过程中发现的问题，其实比上讲台演示、讲解更有意义．上台当小老师讲是一种形式，实质是鼓励同学课下来自己探索、理解、消化，使自己不断提升．

2．可将同学们展示的例题搜集印成提单，每一例都是大家印象深刻的，真正理解之后比盲目做题和没有重点的看老题要好；

3．每次课后安排一个小测验，检验本次自主探究性复习的效果，针对讨论学习的几个知识点选几道例题即可．本环节也可同学自测；

4．安排不同组不同层次的同学讲．

5．每个关口由教师指导、把关，如主题的选取，知识点的归纳，以及必要的提示和点拨等．

（汪涛）

【点评】

本课例中，学生结合他们自己的切身感受，对这节课进行了评价．从学生的评教中，我们可以看到他们对这种教学方式的肯定态度和真诚的意见．他们的评教既客观又真实，反映了他们的心声和良好的愿望．从学生的评教中我们可以看到这节课有以下几点值得肯定的：

1．促进了学生主动学习．这种教学方式由于要求学生讲解，每个人都必须去认真准备，因此有利于充分调动学生的主动性与积极性．

2．满足了学生的需要．每个人都有表达自己思想的愿望．这种教学方式让学生讲解，“改变了以往接受者的被动角色，每个人都积极参与，主动学习，同时有种成就感”.

3. 加深了对知识的理解与掌握. 自己没有弄懂是不可能使他人理解的. 因此学生要讲清楚,就必须认真地研究、理解和消化所讲的内容,从而加深了对知识的理解与掌握.

4. 培养了学生的数学表达能力.

5. 可培养学生的合作精神与协调能力.

资源链接

1. 马云鹏,张春莉等编著. 数学教育评价. 北京:高等教育出版社,2003

本书第三章比较系统地介绍了数学课堂教学评价. 阅读本章可以使读者了解到课堂教学关注点的转向、课堂教学评价的要素、课堂教学评价的方法、策略与实施. 可加深对课堂教学评价的理解.

2. [美] W. James Popham 著. 促进教学的课堂教学评价. 国家基础教育课程改革“促进教师的发展与学生的成长的评价研究”项目组译. 北京:中国轻工业出版社,2003

本书的作者是一位资深的教育测量学家,但他在书中没有大量介绍专业的理论与术语,而是用朴实、生动的语言,深入浅出的讲述了课题教学评价的基本原理与方法,这对如何进行新课程理念下的数学课堂教学评价有一定的参考.

3. 陈玉琨著. 教育评价学. 北京:人民教育出版社,1999

本书从一般教育评价学的角度,系统介绍了有关教师评价的理论与方法. 阅读本书相关部分可帮助理解和掌握本讲的一些自我评价和他人评价的理论与方法.

4. 徐世贵著. 怎样听评课. 沈阳:辽宁民族出版社,2000

本书较系统地介绍了如何评课的一些技术. 阅读本书“评课技术篇”可帮助读者了解和掌握一些评课的技术,在同行评课时会有所帮助.

教学反思

【反思文章】

一堂好课的标准是什么?

传统的课堂教学评价观认为,只要学生的知识过手了,解题能力提高了就是好课．数学新课程改革的核心是要通过数学教学促进学生全面和谐的发展，而只具有数学知识与技能的学生是不能全面、和谐发展的．因此，只注重数学知识技能教学的课也就不能算是好课了．那么怎样的一堂课才是好课呢？即一堂好课的标准是什么呢？目前大家都在探索：有的认为一堂好课的标准为以下几个方面：(1)一堂好课必须形成学生的兴趣和持续学习的动力；(2)一堂好课必须兼顾有差异的学生，使不同层次的学生都有所得；(3)一堂好课必须体现思维的深度；(4)一堂好课应促使学生知行结合，有所收获．有的人用建构主义观点探讨一堂好课的标准：(1)学生学习的主动性；(2)师生有效的互动性；(3)学生自主获取知识的实践性；(4)学生真正的理解性；(5)预备学习材料的良好组织性；(6)学生学习的反思性．有人认为一堂好课的标准应该为以下四个方面：(1)面向全体学生；(2) 关注学习过程；(3) 注重学用结合；(4)着眼全面发展．还有的认为："好课"标准没有定论！强调多元、崇尚差异、主张开放、重视平等、推崇创造、关注边缘群体，实现和谐课堂，使每一个学生都得到发展是一堂好课的基本要求．

由此可见，人们对好课的认识和评价标准仁智相见，还未形成一致的意见．笔者认为叶澜教授的观点在这个问题上很有说服力．他认为一节好课要做到"五实"，即一节好课应该是扎实的课、充实的课、丰实的课、平实的课、真实的课．扎实的课就是有意义的课，学生至少能学到东西，有情感体验，产生学习需求，不图表面的热闹；充实的课就是有效率、有内容的课，让不同层次的学生都学有所得；丰实的课就是生成性的课，不完全是预设的结果，内容丰富，师生互动，思维活跃，给人启发；平实的课就是课堂的实实在在，是常态下的课，不管谁在听课，教师都要做到旁若无人，心中只有学生；真实的课就是不加粉饰、有待完善、值得反思的课，它不可能十全十美，"只要是真实的，就是有缺憾的"．因此，一节好课的标准应该为：

(1)一堂好课应该是有意义的课．也就是一堂扎实的课，而不是图热闹的课．

(2)一堂好课应该是有效率的课．也就是充实的课，有内容的课．

(3)一堂好课应该是有生成性的课．也就是丰实的课，内容丰富，多方活跃，给人以启迪．

(4)一堂好课应该是常态下的课．也就是平实的课．不管谁在听课，要做到心中只有学生．

(5)一堂好课应该是真实的课．也就是有缺憾的课．

【反思探究】

人们对如何评价一堂课是好课由于观点不同，标准也就不同．对于新课程观下的数学课堂教学评价，必须在深入理解与掌握数学课程标准教学评价的理念和要求下，将知识与技能、过程与方法和情感、态度与价值观有机结合建立一套可供操作的评价指标体系．并且还要采用多样化的评价方式，将过程与结果相结合、定性与定量相结合、自我评价与他人评价相结合，而且要有一套强有力的保障措施才能有效地实施．但问题的关键又在于这样一点：评价教师课堂教学质量的高低一般都是以教师所教班级的学生参加高考的成绩来决定的，如果高考不改革，其他一切再好的评价理念和方法都无法实施．高考怎样改？评价的保障措施谁来建立？又由谁来实施？三种结合如何进行？都还需要着力研究与实验．

教学资源篇

- 高中数学新课程资源的开发与利用

第 12 讲
高中数学新课程资源的开发与利用

思考研讨

1. 对数学课程资源的理解有不同的声音,那么究竟数学课程资源的含义是什么?

2. 结合四川教育特点,如何因地制宜地开发和利用各种课程资源呢?

3. 作为一线教师,哪些数学资源可以为我们所用呢?

理论概述

一、数学课程资源的界定

至今为止,对于课程资源的概念,学术界并无统一的定义,而且课程资源的概念也在不断地发展和丰富. 美国课程专家泰勒声称:“任何单一的信息来源都不足以为明智而综合地决定学校目标提供基础. ”

当前对课程资源的界定主要是从课程目标、教育目的、课程实施、教学活动等角度,以实现课程目标或计划的需要为出发点,去寻求满足它的资源. 从数学学科来看,《全日制义务教育数学课程标准(实验稿)》认为:“数学课程资源是指依据数学课程标准所开发的各种教学材料以及数学课程可以利用的各种教学资源、工具和场所. ”主要包括各种纸质的文字材料、实践活动材料、录像带、多媒体光盘、计算机软件及网络、图书馆,以及报纸杂志、电视广播、少年宫、博物馆等. 可以看出,《标准》对课程资源所下的定义从一个方面刻画了数学课程资源的范围,其内涵基本限定在“物质的”范围.

看到这种定义,自然我们要问,凡是有利于数学课程实施与生成的各种物质的和非物质的条件与因素,是否都应属于数学课程资源呢?

根据信息资源学的观点，资源是指自然界和人类社会中能创造物质和精神财富的各种客观存在或存在物. 由此我们可以这样认为，数学课程资源应该既包括《标准》所说的各种教学材料以及数学课程可以利用的各种教学资源、工具和场所等，也包括有利于数学课程实施的各种无形资源、隐形资源，如智力资源、文化资源、习俗等社会资源，等等.

二、课程资源的划分

如果要正确理解课程资源，必须对课程资源有比较明确、清晰的分类. 这种区分，一方面说明人们对课程资源认识的深度和广度，另一方面说明课程资源具有丰富多样性. 根据不同的标准有不同的分类，下面我们就按照数学课程资源性质、存在方式和分布的空间三个标准来分类：

对于课程资源，已有人进行类别的划分.

根据性质，分为自然课程资源和社会课程资源；根据物理特性和呈现方式，分为文字资源、实物资源、活动资源和信息化资源；

根据存在方式，分为显形课程资源和隐形课程资源. 显形资源包括：图书（包括教材及教辅）、报刊、图片等. 隐形课程资源是指以潜在的方式对教育教学活动施加影响的课程资源，如学校和社会的风气、家庭氛围、师生关系等.

根据课程资源空间分布的不同，也可以把课程资源分为校内课程资源和校外课程资源. 凡是学校范围之内、能够促进数学课程目标得以实现的各种资源，都属于校内数学课程资源，超出学校范围的数学课程资源就是校外课程资源. 校内资源对于学生的学习更加方便，利用率也更高，因而校内资源占主导作用，而校外资源则起辅助作用. 校内、外数学课程资源对于数学课程实施都是非常重要的. 一方面，我们要最大限度地利用学校内部的数学课程资源，另一方面也要加大利用校外数学课程资源的力度，帮助学生与学校以外的环境打交道.

这些分类，虽然标准不同，采用的方法不同，但也为我们认识课程资源提供了有益的启示. 基于以上认识，如果把课程资源的存在视为一种像生态系统一样的系统的话，我们就可以勾勒出课程资源系统的大致轮廓，描绘出这一系统的虽略显粗略而又生动的图景. 这一系统是由人、材料、工具、设施、活动等五种要素构成的，这些要素组成了有些是在自然环境和社会环境中本身具有的、可直接加以利用的资源，有些是为达成一定的教育或教学目的而特地设计出来的资源. 人的思想观念、活动方式，材料的物理特性、化学特性，工具的形态、功能，设施的形状、大小、用途，活动的方式、场所等构成了极为丰富的、可为课程发展所用的资源形态. 这样，在不同的地方、不同的学校，甚至不同的学生家庭，会有不同的课程资源. 这一课程资源系统的各个要素之间不断发生着信息和能量的转换，从而使资源不断地进行排列组合，发生出无限多样的资源形态．认识到课程资源种类的多样性只是认识了课程资源的一个方面，对于充分有效地开发课程资源还是很不够的．实际上每一种课程资源的功能和作用是不一样的，也是丰富多样的，就是同一种课程资源对不同的教师而言，其性质和功能也是不一样的，从而体现出课程资源多质性的特点．在不同的教师眼中，同样的资源会有不同的作用，对课程的实施会有不同的价值．同样的一座建筑，数学教师可能看到的是线条等几何意义，美术教师可能看到的是形状、线条和颜色等美学意义，经济学教师则可能会更看重建筑的具体位置及其经济意义．这样，课程资源的多样性就不仅表现在品种的多样性上，也表现在资源价值的多样性上，还表现在资源间的互相作用和互相影响上．

三、课程资源的开发和利用

数学课程资源开发和利用是我们关注的焦点之一，这里我们简要的谈几点：

（一）挖掘教材潜在价值，创生数学课程资源

数学教材是数学课程资源的核心部分，是最基本的课程资源．在新课程理念的指导下，数学教材是教师教和学生学的基本素材和重要工具，它为学生的数学学习活动提供了基本线索、基本内容和主要的数学活动机会．教材作为丰富而重要的课程资源，蕴涵着或多或少、或深或浅的潜在价值，这就需要教师正确处理教材，充分地挖掘教材的潜在价值．

该策略的操作要点是：

1．“活”用教材提供的材料，充分发挥教材功能

用“活”教材体现在创造性地使用数学教材．选择学习材料首先要考虑的是用好教材提供的材料，要尊重教材又不“唯”教材，“基于”教材又能“再生”教材．

首先，教师要钻研教材、把握教材，深刻领会教材的编写意图，善于对教材进行教学法加工，将教材中静态的数学知识转化为学生能主动参与的数学活动，引导学生在“做数学”过程中经历知识的形成过程．

其次，教师要善于把握学生学习的现实起点，关注学生的经验和兴趣，注意挖掘材料的价值，充分发挥材料的功能．要合理呈现学习材料，注意学习材料的呈现方式多样化，可以是文字、图表、实物、媒体等多种形式；呈现的时间要适当，可以整体呈现也可以分步呈现．注意充分挖掘学习材料的价值，可以是同一材料在一节课中多次使用，可以是材料的分层使用，还可以是通过教师的追问、引申使学习材料的教育价值发挥得更加充分．

2．改编教材提供的材料，拓展学习资源

教材不可能把所有的问题都设计得十全十美，也不可能考虑到所有学生的情况，难免有些题材脱离学生的实际，也有可能处理简单化、典型化和理想化．因此，教师要突破教材的束缚，创造性地使用教材，挖掘其中的潜在价值，要善于从学生的实际出发对教材内容的呈现方式、编排顺序等方面进行适当的调整和改变，变“教教材”为“用教材教”，实现教材功能的最优化．主要可以采取以下几种方法：

适当增减：即以教材的学习材料为本，适当增加、删除，或增加与删除结合的形式，以期达到促进学生有效学习的目的．

改头换面：教材中有部分内容较好的学习材料，但由于多方面的原因，一些具体的名称、人物和情境不符合具体情况，从而作一定的“改头换面”，变成更能激发学生学习兴趣的、与具体班级学生相适应的有效学习材料，提高学生的学习效率．

展开联想：由教材提供的学习材料展开联想，创设新的学习材料．这种材料与教材原有材料比较，可能从形式上、内容上、呈现方式上都有了很大的区别．这种方式也是有效开发学习材料的主要手段之一．

（二）发挥人力资源优势，提升课程资源的价值

人力资源是决定数学课程资源开发程度、水平、范围的关键性因素．数学课程人力资源主要包括数学教师、学生和家庭社区等人力资源．在信息化社会里，知识的综合程度越来越高，传统的分科教学显得日益局促，更加注重人力资源的整合．

1．提升教师开发课程资源的主体价值

数学教师是重要的数学课程人力资源．他们不仅决定课程资源的鉴别、开发、利用和积累，还决定着能否实现自身的主体价值．发挥数学教师这一人力资源的优势，要注意以下几个方面：一是加强理论学习，提高对课程资源的认识．要系统了解数学课程资源的类型，加深自身对课程资源开发主体的认识，不断提升自己开发课程资源的意识与能力．二是要掌握各种教育技术，动手制作一些有用的课件，训练操作技能．熟练掌握在图书馆、网络上查询资料的方法，提高自身收集资料的能力．三是教师要根据自己的特点，发挥专长，形成自己与众不同的风格，具有自己的个性．四是教师之间互相学习，取长补短，探索网络环境下课程资源开发利用的新方法，发挥教师集体合力．

在具体操作中我们采取以下策略：

(1) 经验总结

教师的教育经验是重要的课程资源．教师根据丰富的教学经验，结合现代教学理念而开发学习资源是一种重要途径．教师结合自己的经验，创设适合本班学生实际的学习资源来引领学生的学习，提高学习的效率．这种方式也是适应教师自身的教学风格与个性的需要．

(2) 信息整理

教师用敏锐的眼光，严谨的头脑去捕捉生活中所发生的信息，通过对信息的整理和加工，使其成为学习资源. 这种资源带有明显的时代气息，对于当时是非常有效的材料，但可能对于过去与将来就不一定有效. 例如：学生在校园里发生的一些事件，像运动会的信息、黑板报评比的信息等；学生身边发生的并为学生所了解的信息；或国家、国际上近期发生的大事.

2. 综合开发

(1) 融汇生活资源和文化资源. 数学资源的开发要将数学置于广阔的生活背景和文化背景中，从生活中提取素材，从数学史中汲取养料. 这样，学生感到亲切、自然，能较快地从生活现象中发现问题，进而解决问题，在问题解决的过程中容易获得真实的内心体验，感受到数学的博大与精深，领略到人类的文明与智慧. 因此，对现实生活资源和文化资源的挖掘加工是开发有效学习资源的重要策略之一. 生活中有着丰富的资源，只要我们注意观察、挖掘和积累，做生活的有心人，那么农村的变化，农民生活水平的提高，我国的西部开发，2008 年北京申奥成功，“神舟 6 号”遨游太空……都是我们可以利用的资源.

(2) 重视学生积极参与资源的开发与建设

学生既是课程资源的消费者，又是课程资源的开发者，尤其是在现代信息技术被广泛运用到教学与生活的各个方面的背景下，学生获取知识与信息的途径多元化，学生之间的相互交流与学习显得越来越频繁和重要了，他们本身就成了特殊的课程资源的开发者，他们已有的知识、经验、经历、兴趣等都可能成为课程资源. 与此同时，学生的学习方式也发生了根本性的变革，在自主、合作、探究学习的过程中，相互之间形成了丰富多彩的课程资源. 因此，作为数学教师要重视学生积极参与资源的开发与建设，可以采取以下策略：

① 善于利用学生生活“经验”

“数学教学活动必须建立在学生认知发展水平和已有知识经验基础之上”. 这就是说数学教学活动应以学生的数学现实为基础，找准教学的切入点. 然而在实际教学中，教师总是有意无意地忽视了学生已有的知识经验或过高估计了学生能力. 这就导致对学生学习起点把握不准.

实际上，随着社会发展的日益信息化，学生的学习资源正变得日益丰富，从某种程度上来说，学生的数学现实往往超越了教材本身. 因此，充分利用学生原有知识经验，挖掘身边资源引入数学课程，对于促进学生对数学的有效学习，具有十分重要的现实意义.

② 善于利用学生个性化的思维方式和多样化的探索成果

学生个体由于所处的环境不同、生活经验不同、知识背景不同，在数学学习过程中所表现出来的知识经验、学习方法、思维方式、情感体验等方面也必然存在着差异，这种差异本身就是课程资源．教学中，如果能正确对待个体差异，合理运用学生的个体差异，尊重学生思维方式和探索性成果，并有效利用差异组织教学活动，它就会成为一种不可估量的教学资源，并转化为学生学习过程的动力．

（三）充分利用网络信息资源，实现课程资源的整合

随着信息技术的发展，各种与数学有关的信息技术为数学的学习提供了更为便利的条件．尤其是互联网为学生的数学学习提供了丰富快捷的课程资源．开发和利用信息技术，为教学提供迅速、高效的网络媒体资源，已成为每位教师的必备素养．

案例分析

下面我们从开发利用课程资源的角度来分析两个教学案例

【案例一】

以问题为载体，重视过程，发展能力

——椭圆的简单几何性质案例分析．①

1．提出问题，引入新课

问题1：根据前面所学的有关知识画出椭圆$\frac{x^2}{25}+\frac{y^2}{16}=1$的图形．

教师巡视，发现绝大多数学生是先列表后描点，可是有不少同学不知道该x如何取值，还有部分同学在四个象限分别描点画图，此时教师提出问题2．

问题2：x在哪个范围内取值，可否通过某一个象限的图像画出整个椭圆？

（教师指出：只需要画出第一象限椭圆的草图就可画出其他象限的图像，这是为什么呢？这就是今天要研究的问题——利用曲线方程研究曲线的几何性质．）

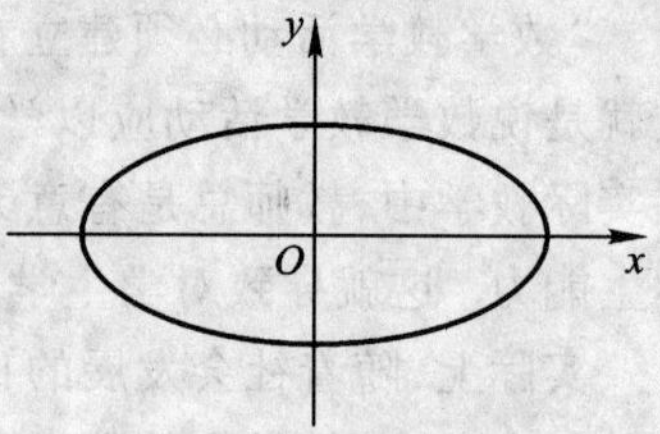

图 12－1

2．观察发现问题

问题3：请同学们观察图12－1椭圆有什么特征？

图形上点的坐标在哪个范围内取值？

---

① 见《数学教学研究》杂志2006年第5期．

生1：椭圆是对称的图形．上下关于x轴对称，左右关于y轴对称．

生2：图形还关于原点对称．

师：观察得很好，正是由于椭圆关于x轴、y轴和原点对称，所以画椭圆时，可以先画出第一象限的图形，然后利用其对称性画出整个椭圆．

生3：图形与x轴、y轴分别有两个不同交点，这四个交点的坐标可以写出：$(-5,0)$、$(5,0)$、$(0,-4)$、$(0,4)$，这些交点的坐标恰好与方程中的$a=5$和$b=4$相关．

生4：从图形中可以看出x的取值范围是$[-5,5]$，y的取值范围是$[-4,4]$，这有点像函数的定义域与值域．

师：观察很仔细，既然这些点很特殊，用处大，我们给它们取个名字．

生5：就叫端点A、B、C、D吧．

师：当然可以，但大家已习惯把它们叫顶点A_1，A_2，B_1，B_2，与前面学习过的焦点F_1，F_2一起构成椭圆的六个特殊点．像焦距F_1F_2一样我们把A_1A_2，叫椭圆的长轴，B_1B_2叫椭圆的短轴．

3．探索证明

师：很好！刚才这些结论都很精彩，它们是我们直接从椭圆图形中观察出来的．能否从椭圆的方程中直接推出这些结论并给予证明呢？现在请同学们根据前面的结论自己进行探究．

（让学生进行探索尝试，教师巡视指导）

生6：我们可以把椭圆标准方程变形得到$\frac{x^2}{a^2}\leqslant 1$，$\frac{y^2}{b^2}\leqslant 1$，即有$-a\leqslant x\leqslant a$，$-b\leqslant y\leqslant b$，可知椭圆落在$x=\pm a$，$y=\pm b$组成的矩形中．与前面的观察相吻合．

生7：四个顶点的坐标可以在方程中，通过令$y=0$，得到$x=\pm a$，和令$x=0$得到$y=\pm b$，即$A_1(a,0)$，$A_2(-a,0)$，$B_1(0,b)$，$B_2(0,-b)$．

生8：在三角形B_1OF_1中，由于$OF_1=c$，$OB_1=b$且$a^2=b^2+c^2$，所以以O为顶点的$\mathrm{Rt}\triangle B_1OF_1$的三边长恰好为$a,b,c$．

问题4：如何从方程中推出椭圆的对称性？即如何证明曲线关于x轴对称？如何证明曲线关于y轴对称？如何证明曲线关于原点对称？

（教师引导学生从曲线与方程以及求对称曲线的角度分析讨论）

生9：要证明曲线关于直线对称，就是要证明曲线的一点关于直线的对称点仍在曲线上，要证明曲线关于原点对称，就是要证明曲线的一点关于原点的对称点仍在曲线上．

师：很好！那么如何证明曲线关于x轴或y轴对称？

生10：在椭圆上任取一点，证明这点关于x轴或y轴的对称点仍在椭圆上．

师:能否直接从方程出发讨论出曲线关于 x 轴或 y 轴对称?

生 11:可以,把方程中的 x 换成 $-x$ 方程不变,因此图像关于 y 轴对称.

生 12:若把方程中的 y 换成 $-y$ 方程不变,图像关于 x 轴对称.

师:中心对称吗?

生 13:把 x,y 同时换成 $-x,-y$ 方程也不变,图像关于原点对称.

师:同学们的看法有道理,结论也得到了,这是为什么呢?

生 14:将点 $P(x,y)$ 中的 x 换成 $-x$ 方程不变,则 $P_1(-x,y)$ 必在曲线上,曲线关于 x 轴对称;又将 $P_1(-x,y)$ 中的 y 换成 $-y$ 方程不变,则 $P_2(-x,-y)$ 必在曲线上,曲线关于 y 轴对称. 因为 $P(x,y)$,$P_2(-x,-y)$ 都在曲线上,所以曲线关于原点对称.

师:很好! 这与从图形中直接观察出的对称性完全吻合. 其实关于 x 轴、y 轴、原点三种对称中任意两种成立,第三种也成立. 因而原点叫椭圆的对称中心,简称中心,x 轴、y 轴叫椭圆的对称轴. 所以我们从椭圆的方程中直接可以看出它的范围、对称性. 因此作图时只要描出第一象限的图像就可以正确的作图了.

问题 5:请同学们观察图 12-2 和图 12-3,指出它们有何不同?

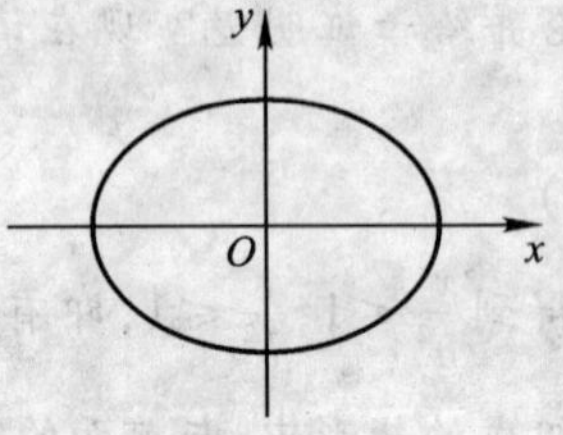

图 12-2

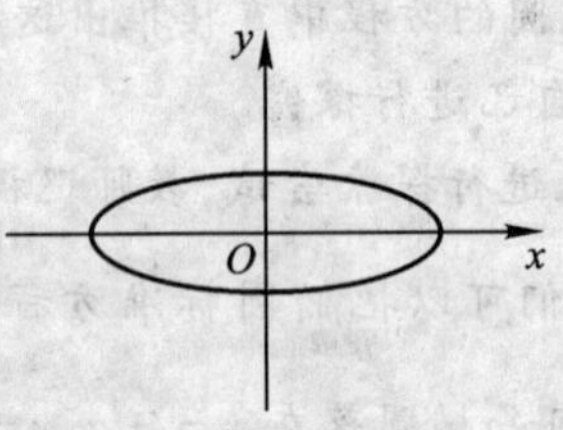

图 12-3

生 15:图 12-3 所示的椭圆比图 12-2 所示的椭圆更扁一些.

师:对! 椭圆与圆不同,它们有的偏圆些有的偏扁些,这种扁平程度,又由什么来决定呢?

(教师利用几何画板拖动鼠标,改变 b 的大小而保持 a 不变,让学生观察变化过程,然后找出其规律)

生 16:长轴不变,b 变小,图形越来越扁.

生 17:可否用 $\frac{b}{a}$ 来表示这一性质呢? a 不变,b 变小,则 $\frac{b}{a}$ 越小,椭圆越扁;a 不变,b 变大,则 $\frac{b}{a}$ 越大,椭圆越偏圆,很直观.

师:很好! 能否用 $\frac{c}{a}$ 来刻画反映椭圆的扁平程度呢?

生 18：a 不变，当 b 变小时 c 变大，即当$\frac{c}{a}$越大时椭圆越扁，当$\frac{c}{a}$越小时椭圆变得越接近于圆，所以也可用$\frac{c}{a}$来表示，也很直观.

师：其实用$\frac{b}{a}$与$\frac{c}{a}$都能反映椭圆的扁平程度，但由于$\frac{c}{a}$还有另外的几何意义，这在后面将会学习到，所以我们用$\frac{c}{a}$来刻画椭圆的扁平程度，$\frac{c}{a}=e$ 叫离心率，它也是椭圆的一个性质. 现在来研究 e 对椭圆的影响.

师：从上面的研究可以看出 e 的变化正好反映了椭圆的形状变化. e 越小，椭圆越圆，e 越大，椭圆越扁. 但是由于在椭圆中 $0<c<a$，因而 $0<e<1$.

当 $a=b$，则 $c=0$，两个焦点重合，这时椭圆标准方程变为 $x^2+y^2=a^2$，图形就是圆了.

师：这样从方程出发，研究了椭圆的范围、对称性、顶点坐标、离心率，使我们对椭圆有了一个比较清楚的认识.

4. 推广应用，发展能力

问题 6：类比$\frac{x^2}{a^2}+\frac{y^2}{b^2}=1(a>b>0)$的几何性质讨论方法，讨论焦点在 y 轴上的椭圆$\frac{x^2}{b^2}+\frac{y^2}{a^2}=1(a>b>0)$的几何性质，并填写下表.（略）

（学生在练习本上讨论，教师巡视进行个别指导，最后用多媒体展示表格订正.）

【点评】

在这篇教学案例中，一个突出的特点是教师充分利用了显形课程资源——数学教科书. 教师在整节课的教学中，十分注意理清知识间的逻辑关系，知识的展示很有层次性，问题设计一环扣一环，并结合学生的实际情况，与学生所学的其他知识产生一定的联系，在此基础上分析了知识的来龙去脉，使知识得以系统化的呈现. 例如：教师在引入新课题时，联系前面所学的知识画出椭圆的图形，充分利用学生已经掌握的知识提出问题，从而使这节课将要讨论的问题与学生已经学习过的课程资源之间建立起了逻辑的联系.

第二个显著特点是教师在教学中有效地利用了多媒体资源——几何画板，为学生的学习搭建了一个很好的平台. 学生通过老师在几何画板上的实际操作，容易直观地把握住问题的实质. 这样通过教师用几何画板对数学对象进行灵活的操作，为学生的归纳，猜想作了铺垫；另外，教师利用几何画板为学生提供了别样的课程氛围，提高了学生的学习积极性．利用几何画板，教师可以通过直观的方式让学生知道椭圆的扁平程度与椭圆的两个参数 a, b 有关，当固定一个，另一个变时，椭圆的扁平程度随之而变，但效果不一样，一个成正比，一个成反比，这样学生很容易知道椭圆的扁平程度由 $\frac{b}{a}$ 所确定，为突破教学的难点打下基础．

这节课的第三个特点是教师注意隐形课程资源的剖析——这对于数学教学也是非常重要的，就是要对隐含在数学知识内部的隐形的数学背景知识和数学思想方法作本质的揭示．例如：教师通过特殊的椭圆方程引导同学们探索，进行循序渐进的设问；然后过渡到一般的椭圆方程，渗透了从特殊到一般的数学思想方法．教师在其中的地位就是一个引导者、合作者和组织者．通过让学生自己画出特殊的椭圆方程，观察特征，过渡到思考一般的椭圆是否有这一性质，并大胆猜想，再给出证明的过程，体现了探究式的教学活动，对学生资源进行了有力的开发．教师正是通过让学生从特殊情况去发现，到猜想，再到证明的教学过程，揭示了“特殊化”的思想方法，这样就挖掘了隐形课程资源，培养了学生“合情推理”的思想．学生的资源通过这种非单一的教师教的方式使学生的数学活动体验增多了．

另外，教师在有效利用前述资源之前，必须作好前期的准备工作，也就是在探究学习之前，就要考虑为学生搭建利于本节课活动的学习氛围和情境．例如情境引入，启发和引导的问题，课堂上学生可能出现的各种反应和未曾预料的变化，等等，这种教学前考虑和创设的有利于学生完成学习任务的资源也属于隐形课程资源的范畴．

综上可以看出，课程资源是丰富多彩的，从一定程度上可以说，教师对课程资源理解得越深刻，对课堂教学就把握得更好，从而更有利于学生的学和教师的教．这则案例还给我们启示，由于教学主要是学生的学，因此教师要根据自己所教学生的特点，注意学生资源的开发，由于学生对新事物的好奇心，多给学生自我探索的空间，在教学过程中突出知识的发生，形成，探索，其中以问题为载体，让学生自主探索解决问题是一种有效的途径．

下面我们再结合一个高中案例来说明课程资源的含义及其开发与利用．①

【案例二】

磁带问题的案例与说明

【背景】 这是一个在小学、初中、高中课堂上做过多次的数学建模实践活

① 张思明．中学数学建模的实践与探索．北京教育出版社，1998

动课,它以磁带为载体,派生出一系列数学应用问题,不同水平的学生都可以参与. 如小学和初中学生可以利用几何面积模型或物理模型解决磁带求长度和单层厚度的问题,高中学生可以进而解决磁带盒最大容 t、录音机计数器数据拟合等问题. 也可以作成数学课外兴趣小组的活动素材,引导学生通过研究性学习的方式解决它.

课堂实录与说明

课前准备:24 个惠普 G38 计算器,12 个千分尺,磁带模型,PHILIPS 录音机实物,ppt 程序,学生 48 人,等分成 12 个学习小组.

1. 教师宣布上课后,教师拿出磁带实物(12 个),发给每个学习小组各一个磁带,请学生观察,说明本节课的学习目标——提出并解决一系列由磁带引发的数学问题. 让学生观看磁带样本后,先提出以下"热身问题":

(1) 一盘 60 分钟的普通磁带有多长?

(2) 一盘 60 分钟的普通磁带的单层厚度是多少?

请同学们观察磁带样品,小组讨论寻求解决问题的模型与方案.

【说明】 其实问题的引入也可以完全交给学生,学生提出的问题可能与教师设计的问题顺序不一致,可能超出教师的设计范围也无妨,可以将学生的问题分分类,先解决一部分,其他问题留做课后思考或后续课的素材. 这样做可以强化学生的"问题意识". 当然,对初次接触应用和建模的学生,教师直接引入问题可能更有效.

2. 三分钟后教师组织课堂讨论,让学生提出解决问题的方案. 各小组的学生代表提出的方案有:

(1) 设法直接测量带长 L 与单层带厚 d;

(2) 设法直接计算 L 与 d;

(3) 设法测量 L,而去计算 d;

(4) 设法测量 d,而去计算 L.

【说明】 教师进一步要求,按提出的方案组成不同的小组,组内进行讨论,请提"算"的同学给出算法,请提"测"的同学给出实际可行的测量方案. 让学生利用手边的工具具体计算出一盘磁带的长度. 教师不干涉学生的不同做法,只注意发现问题,如:测量中的误差控制,计算结果与实际情况不同时的解释等.

3. 学生汇报实际求解过程与结果:

第一小组的学生代表 A:先将磁带全绕在一边(如左侧),测出图 12-4 中的 R 与 r(实测为 $R=24$ mm,$r=10.5$ mm). 把磁带所在的左盘的俯视图看成是一个圆环,把它想象成是由一条长为 L(磁带长)宽为 d(磁带的单层厚)的"细长矩形"环绕填充而成,因此有:

$$S_{环} = \pi(R^2 - r^2) = L \times d = S_{矩形}$$

可以用上面的公式测一个量，算一个量.

师：测哪个量？

生 B：测磁带厚度.

师：怎么测？

生 B：用“千分尺”或“游标卡尺”.

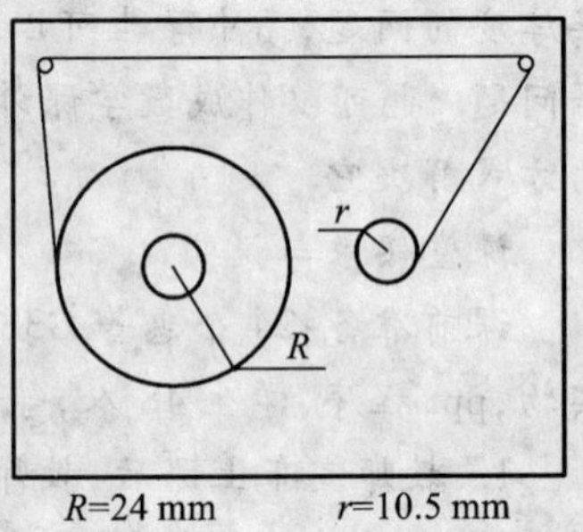

图 12－4

教师让学生 B 在讲台上演示测量过程：学生从磁带盒中揪出一段磁带，用千分尺夹住一层磁带，在仪器上读出数据——0.016 mm.

教师请其他“测厚度”的学生说出测量结果，答案各不相同，略有差异.

师：大家对 B 同学演示的测法有什么看法吗？对大家报出的磁带厚度的数据，你们采用哪一个呢？

生 C：把大家的结果取平均值.

生 D：B 的做法有问题，磁带不是刚体，测量时挤压力的大小对测量数据有影响，最好多叠几层再测……

师：两位同学的提醒非常好，实际上怎样减少测量误差，是我们设计测算方法时应该重点考虑的问题，两位同学实际上给出了两种减少测量误差的办法，数学上多次测量再取平均值，物理上通过增加叠层来提高仪器的测量精度，当然也可以把这两种方法合起来使用．大致上磁带的厚度在 0.016 5 mm 到 0.016 7 mm 之间．这样算出的磁带长度大约是多少？

生：磁带的长约为 90 m.

师：这个结果是正确的．由于磁带的牌号不同，测算的过程和方法不同，答案略有差异也是正常的.

【说明】 学生在操作过程中，经常暴露出“理论脱离实际”、眼高手低的问题，要抓住教育时机.

第二小组学生代表 F：我们的方案是先测量磁带长度，再算磁带单层厚度，(上讲台具体演示操作过程) 将新磁带放入录音机，走带 1 分钟，停机，取出磁带，在当前位置将磁带剪断，(看到这一操作，众学生笑) 用手揪出一分钟内通过磁头的磁带 (就是磁带轴上较少一端的磁带)，用卷尺量出它的长度，约为 2.9 m，这说明录音机正常播音一分钟走带 2.9 m，乘 60 得 174 m.

生 G：不对，应该乘 30，因为 60 分钟的磁带的单面放音时间是 30 分钟，长度应该是 87 m.

师：F 同学给我们做了一个精彩的操作实验，方法想得很好，有一个可以改进的地方是磁带不必剪断就可以用卷尺量出它的长度. 另外测长度时怎样减少测量误差？为什么 F 同学测算出的磁带长度结果比第一小组的要短一些？

生 G：我想多测量几次，再取平均值可以减少测量误差，另外测得时间长一点是不是也可以减少误差？

学生议论：认为测得时间长一点未必可以减少误差，理由是测量时间长虽然可以减少录音机在启动和停机时速度改变造成的误差，但是由于磁带长度的增加，由于卷尺长度的限制，分段测量长度时也会造成长度误差的积累……

生 H：F 同学测算出的磁带长度结果比第一小组的要短一些，原因是 60 分钟的录音带单面放音机时间都略长于 30 分钟，（实测在 30′30″－32′之间）故磁带的实际长度应比 87 m 长. 比如多出 1 分钟，这时磁带的长度就几乎是 90 m了.

【说明】 这种讨论弹性很大，也常常会出现思维的火花，有时新问题也令教师防不胜防，出现教学“尴尬”，但教师只要调整好自己的心态和角色，和学生一起讨论，只说自己的意见是一种参考想法，而不是定论，就可以给自己留下“台阶”并在讨论中使大家更接近正确的结果. 另外，求解应用问题时，往往不是一次就能得到最合乎实际的结果，对得到的结果进行分析、讨论、修正、验算常常是求解过程的必要内容，这应当是数学建模教与学充分注意的环节.

4. 教师引导学生将解决问题的模型一般化：

（略）

【说明】 对问题(1)、(2)高中学生除了提出（一）中求解的模型外，还提到了“等差数列求和”的模型. 由于磁带很薄，可以把缠绕在轴上的磁带近似看成是一组同心圆，它们由内向外的半径分别是 $r_1, r_2, \cdots, r_n$. 其中 n 是磁带的层数.

$$L=2\pi(r_1+r_2+\cdots+r_n),\ n=\frac{R-r}{d}$$

由等差数列的求和公式得：

$$L=\frac{(r_1+r_n)(R-r)\pi}{d} \tag{1}$$

对于 r_1、r_n 不同的选取，有三种计算方式：

① $r_1=r, r_n=R-d$（以磁带内侧为基准）. 此时(1)变为

$$L=\frac{(R^2-r^2)\pi}{d}-\pi(R-r) \tag{2}$$

② $r_1=r+\frac{d}{2}, r_n=R-\frac{d}{2}$（以磁带侧面中心线为基准）. 此时(1)变为

$$L=\frac{(R^2-r^2)\pi}{d} \tag{3}$$

③ $r_1 = r + d, r_n = R$(以磁带外侧为基准). 此时(1)变为

$$L = \frac{(R^2 - r^2)\pi}{d} + \pi(R - r) \tag{4}$$

三种算法的结果非常接近,与前面的求解结果比较相差也不超过$(R - r)\pi$. 由此引导学生在比较中得到结论,当 d 很小时用 $L = \frac{(R^2 - r^2)\pi}{d}$求卷材之长的近似值更简捷有效.

为了结合课堂所学的知识,教师进一步提出这样的问题:上面的求解模型,实际上是把磁带看成一个个绕在轴上的"同心圆",而实际上磁带的(俯视图)内侧边缘的轨迹应是何种曲线,轨迹方程是什么?它的精确长度应如何求得?(答:阿基米得螺线,$\rho = \rho_0 + a\theta$,它的精确求长要用到定积分的方法.)

5. 应用已有的求解模型的训练,大家一起提出问题、解决问题.

(训练略)

师:我在想如果我们把我们已经解决的问题看成是一个"二维"的问题,再把问题的"维数"改一下,会提出怎样的问题?

生 M:求一轴线的线长.

生 N:求一团毛线的长,物理模型好用,只要知道一米毛线的重量,再称出一团毛线的重量就可以求出毛线长度,毛线太轻,称重可能需要比较精密的天平.

师:大家问题提得都很快、也很好. 希望同学们在学习的过程中,养成积极思考,主动提问题的思维习惯,因为真正创新都是从问题引发的. 同时,找问题也有一定的窍门,你看几个同学提出的问题,最容易想到的是"改变原始问题的对象",由 60 分钟磁带,变成了求 45 分钟、90 分钟、120 分钟磁带的长,再由磁带,变成了录像带、纸卷;这时,提问题的方式还基本是"平行迁移"、类比发散. 后面提出问题的同学,就改变原始问题的方向,把已知某些条件求长度、已知某些条件求厚度改成了已知长度和厚度可以求出什么?这种逆向的思考很可贵. 最后的两个同学通过"改变问题维数"的发散思考,提出了三维的求长度的发展问题,其实这个过程还可以延续下去,课后大家再试一试,看看还能提出多少新问题.

【说明】 这种讨论弹性很大,教师可以仔细体会发现学生的思维发展特征,更有意识地把这个环节作成是思维训练的环节. 对于初中学生,磁带问题可以就做到这里,后面的问题更适合于高中学生.

6. 教师提出进一步的问题

师:同学们,我想你们家里都有录音机,你们在录音机上看到过函数吗?

冷场,学生感到茫然.

师：我们一起先来看一段，录音机上函数“出没”的录像.

在屏幕上播放20秒钟录像：一个正在转动放音的京产 PHILIPS 收录机，特写指向变化的录音机的计数器. 在录像上可以看出计数器中数字随着播放时间在变化. 在屏幕上出现以下问题：

(1) 取一盘磁带，观察当磁带全绕在一边（如左轮）时，磁带的边缘与另一轮边缘之间的最短距离是多少毫米？在放音过程中，这个距离会变化吗？若变化是变大还是变小？（请试验观察之）要使得在放音的任何时刻两轮磁带的外缘互不接触，两轮轴间的最小距离应为多少毫米？

(2) 以自己家里的录音机为观察对象，观察录音机的计数器一中的数字 k 与放音时间 t 之间的关系. t 是 k 的正比例（或线性）函数吗？你能根据你的观测数据求出一个 $t=f(k)$ 型的近似公式吗？磁带 A 上有一首长为 7′30″的歌曲，要将它转录在另一盘磁带 B 上，起始位置的计数显示是 $k=100$，问转录歌曲结束时，应在 k 为何值时停机？

再放一遍刚才的短片.

师：哪位同学来谈一谈你的发现？

讨论了两分钟.

生 P：我们组经过讨论认为在放音初期，受带轮转的快，供带轮转的慢，因此大盘变“瘦”的速度小于小盘变“胖”的速度，因此两盘空隙渐渐变小；而放音后期正好相反，当磁带走至全长的一半时，两盘间隙最小. 此时两轮的外半径均为 m，此时由左右两轮磁带缠绕所形成的圆环面积相等，得到

$$\pi(m^2-r^2)=\frac{\pi(R^2-r^2)}{2},$$

得

$$m=\sqrt{\frac{R^2+r^2}{2}}.$$

生 Q：要使两轮外缘互不接触，两轮轴中心间距 D 只需满足：

$$D>2m=\sqrt{2(R^2+r^2)}.$$

代入实际数据计算 $2m$ 约得：37.3 mm. 实际磁带盒的轴间距约为 42.5 mm；最小缝隙约为 5 mm；最大的新增载带的容量约为 34 ~ 40 m，具体多长由磁带的厚度决定.

师：两位同学的分析和回答非常好. 下面我们来解决问题(2)，它是一个开放性问题，不同的录音机可能会得到不同的公式和结果. 上一届学生，他们回家观察发现，一些新的组合音响或录像机中，计数器的数字 k 和时间 t 关系是线性关系（正比例函数），如不少学生得到 $k=3t$ 这样的公式. 但也有不少收录机不是比例关系. 如京产 PHILIPS 收录机，（展示实物）经多次试验有以下数据（见表

12－1)：

表 12－1

计数器的读数 k	0	60	124.5	194.5	272	361.5	468
放音时间 t（分）	0	5	10	15	20	25	30

我们今天在课堂上，为了简单起见，就以这个录音机的这组数据为研究对象来解决问题 4.

首先一个问题，k 与 t 的函数关系是线性关系吗？

生 R：我觉得它不是线性关系.

师：为什么？

生 R：可以取 $\Delta t=5$ 看到 Δk 不是常数.

师：那你认为它是什么类型的函数关系？

生 R：说不好，看上去是单调增函数，递增趋势是先慢后快.

【说明】 多数学生此时的另一困难是面对数据，不知找什么样的近似公式，更不知怎样去找这类公式，他们习惯于处理那些条件与结论恰当，准确，目标清楚的数学问题，不太会自己根据需要去挖掘．利用条件，这也是传统数学教学的缺憾之一．此时的素材恰好是克服这种缺憾的机会之一．教师可以把前面的数据先画在一张图上（如图 12－5），然后大胆鼓励学生设计近似公式的类型.

师：那好，我们先把上面的数据画在一张图上．（在屏幕上出现图 12－5）

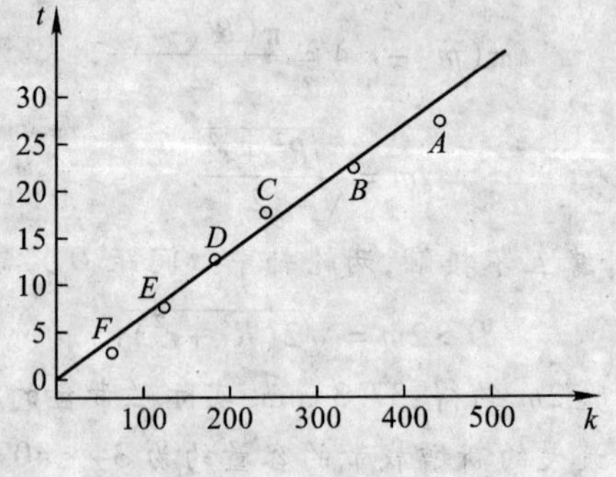

图 12－5

请同学们自己针对这些数据，利用图形计算器找一个一次和一个二次拟合函数来解决问题 4.（时间 5 分钟）

学生汇报他们的过程和结果.（略）

7. 教师将本课的结束语打在屏幕上：

数学就在我们身边，它是我们认识世界，改造世界的好帮手，怎样用好它？

怎样让我们生长出发现问题的“慧眼”？

图形计算器可以帮助我们快速解决问题，在解决这个问题的过程中还可以怎样用它？

你还能拓展“磁带问题”，提出新的应用数学小课题吗？（变维、变对象的思考方式）请同学们思考这些问题.

8. 课后实践课题：

（略）

【点评】

本案例是一个典型的联系生活、联系应用，把学习的内容和学生日常生活结合起来的例子.

教师、学生、教室、黑板、粉笔、图形计算器、千分尺、磁带、录音机等是实施本次教学的条件性课程资源；而这个问题本身以及整个教学活动等则是素材性课程资源. 学生在认知过程中出现的错误、学生在互动中提出的问题、教学过程中教师对学生的评价、学生在小结过程中的反思以及教师对开放题的设计等，则是蕴涵在教学过程中的，均属于隐形的教学资源.

在教学过程中教师对每个学生的真正关注，真正做到尊重、发掘与引导，尊重学生思维方式和探索性成果，使学生树立自信，发挥学生的主体性，从而充分利用学生的经验、感受、问题、见解等这一素材性课程资源. 学生在丰富多彩的课堂教学实践中不断地分析、解决已有的问题，同时又在不断地发现、产生新问题的过程中，难免会产生认知上的偏差和失误. 出现这样或那样的错误，是学生真实的思维过程，反映出学生建构知识时的障碍，其间或许隐藏着创新的精神和智慧的火花. 作为课堂教学的另类资源，同样值得我们珍视并合理开发. 心理学家盖耶说得好：“谁不考虑尝试错误，不允许学生犯错误，就将错过最富有成效的学习时刻. ”同时，由于学生别样的情绪，常常会产生一些意料之外的生成性问题，对于一些本身能促进教学或经过处理后能促进教学的随机事件，教师如能及时捕捉，巧妙转化，有效利用，便能成为有效的课程资源（如对学生 F 方法的讨论）. 对于引申内容这一课程资源，内容可能是一些具有探索性的问题，也可能是一些拓展的数学内容，或一些重要的数学思想方法.

教师的反思（如教学后记、反思日记、教学心得等）是重要的课程资源. 教师的反思包括对教师的数学教学决策过程、教学行为过程、教学结果、教学技能与技术有效性的反思，也包括对数学教学实践中的一些问题，如对某一具体内容的教学问题反思，对教育技术手段运用的反思，以及对教学过程中采取的措施（如设置课后思考题，写数学小论文，写数学学习日记等）的反思；对学生的特点，数学学习基础，影响学生数学学习的因素（认知因素、情感因素、意志因素），学生数学学习活动过程，数学学习困难成因，数学学习结果等进行的反思.

总之，课程资源无穷无尽. 笔者认为，凡是有利于数学课程实施与生成的各种物质的和非物质的条件与因素，都应属于数学课程资源，既包括《全日制义务教育数学课程标准（实验稿）》所说的各种教学材料以及数学课程可以利用的各种教学资源、工具和场所等，也包括有利于数学课程实施的各种无形资源、隐形资源，如智力资源、文化资源、习俗等社会资源等.

资源链接

1. 孔凡哲，马云鹏. 论数学课程实施中的数学课程资源. 数学教育学报，2004，13（2）：27－30

作者从数学的学科特点出发，探讨了数学课程资源的含义，研究了数学课程资源的有效开发和合理利用的相关途径.

2. 姚荣，连四清. 创设情境让学生自主地解决两类问题. 数学通报，2007，（2）：45

这篇文章给人以全新的感觉，在习题教学中，根据学生的认知特点，利用好学生的资源，让学生在习题讲解中也能积极参与.

3. 孔凡哲，王汉岭主编. 高中数学新课程创新教学设计. 长春：东北师范大学出版社，2005. 199

《频率与概率》一课. 这篇教学设计的作者利用各种教学资源进行设计，引导学生体会概念，它对学生资源的有效开发值得我们仔细体会.

教学反思

【反思文章】

新课程标准下数学课堂教学的反思①

一、问题的提出

在新的数学课程标准中明确规定："数学课程其基本出发点是促进学生全

---

① 本文作者是黑龙江身同江三中教师李富.

面、持续、和谐地发展. 新理念强调学生在活动中学习，通过学生的主动参与，发展学生的数感、符号感、空间观念、统计观念以及应用意识与推理能力，新的数学课程标准废除了学科中心论，确立了数学教育应面向全体学生的思想，体现了数学教学的基础性、普及性和发展性；重视数学与学生生活、自然和社会的联系；体现了数学学习活动的过程性特点；尊重学生的个体差异，倡导自主性学习和探究性学习.

反思是教师自我适应与发展的核心手段. 不同时代的社会对教育的不同要求就会导致教师在教学过程中所扮演的角色不同. 然而，一直以来，教师对于课程来说，只有选择“怎样教”的权利而没有选择“教什么”的权利，教师考虑的是怎样将国家规定的课程有效地教给学生. 教师所承担的是“扬声器”式的角色. 在课堂教学中，教师只是机械的“照本宣科”，对着文本宣读. 单行线的、就范式的和接受式的单向传递知识是教师传统教学的特点.

因此，在目前基础教育课程改革的背景下对数学课堂教学进行反思就显得尤为重要.

二、数学课堂教学中的基本理念

数学课堂教学是数学活动的教学，是师生之间、学生之间交往互动与共同发展的过程. 数学课堂教学，要紧密联系学生的生活实际，从学生的生活经验和已有的知识出发，创设生动有趣的情境，引导学生开展观察、操作、猜想、推理、交流等活动，使学生通过数学活动，掌握基本的数学知识和技能，初步学会从数学的角度去观察事物、思考问题，激发学生学习数学的兴趣.

学生是数学教学的主体，教师是学生数学活动的组织者、引导者与合作者. 教师要正确地认识学生个体差异，因材施教，使每个学生都在原有的基础上得到充分的发展；要关注学生的学习过程，不仅要关注学生观察、分析、自学、表达、操作、与人合作等一般能力的发展，更要关注学生在情感、态度与价值观等方面的健康和谐的发展；数学课堂教学是教师依据数学课程标准的理念与基本要求，在全面驾驭教科书的知识体系、知识结构和编写意图的基础上，根据学生的具体情况，对教学内容进行再创造的过程. 数学课堂教学是数学教师的教学技能、教学能力、业务水平、文化修养、教育观点、师德和思想素质的综合表现.

三、数学课堂教学中的基本意识

1. 整体意识

学生良好精神品格的培养，学习能力的培养和提高，绝不是某一门学科单独所能完成的. 教师要淡化学科的个性，强化各学科的共性，注意各学科之间的相互渗透和沟通. 就一门学科而言，要在课堂中培养学生的全面素质，也必须着眼于整体，有整体意识. 在教学目标的制定和把握上必须跳出认知技能的框框，注重目标的整体性和全面性.

2. 应用意识

数学是一门应用性很强的学科,但在实际的课堂教学中,教师很少讲知识的来源和实际应用,学生的应用意识淡薄. 在课堂教学中必须积极倡导应用意识,根据教育目标,遵循学生的认知规律,有目的地培养一种应用数学的欲望和意识,尽可能地让学生了解数学知识来源于生产和生活实践,参与知识的形成过程. 特别强调,数学在实际中的应用,培养学生自觉运用数学知识解决实际问题的能力.

3. 创新意识

创新意识是指教师创新的欲望和信念,其核心是自我批判的意识,不受固有思维模式的束缚,勇于立新.

课堂教学设计中的创新主要包括:(1) 教学内容组织的创新. 例如,对教材内容的解构与重组;对概念、命题赋予不同的现实模型或不同的数学模型;对例题、习题的改造与扩充等,均是在原有基础上的创新. (2) 教学模式构建的创新. 根据不同的教学内容合理地选择教学模式,更注意综合一些教学模式,创建一些新的教学模式. (3)教学组织形式的创新. (4)教育技术的创新. 主要是多媒体的合理组合,课件编制更富创意等.

4. 效率意识和训练意识

优化课堂教学过程的最终目的是为了提高课堂教学的效率. 一节课只有40分钟,既要完成教学目标,又要使每个学生在原有基础上都有新的收获,教师就必须具有效率意识. 另一方面,学数学,离不开解题. 特别是对数学的基础知识,不仅要求形成一定的技能,还要在运算能力、逻辑思维能力、空间想象能力、分析和解决实际问题的能力方面达到一定的要求,这些离开必要的训练是不行的. 所以要真正提高课堂教学效率,教师必须有训练意识,提供足够的练习时间和练习量.

5. 反思意识

反思不是单纯的事后行为,还包括事前和过程中的反思. 首先,要对教学目的进行反思. 数学知识的建构、数学技能的形成、数学能力的发展、数学思想方法的渗透、数学知识产生的过程体验等,都是数学教学的目的. 因此,在教学设计中要认真分析教学内容,确定多个教学目的,有的是主要目的,有的是次要目的;有的是直接目的,有的是间接目的,设计时要统筹把握. 其次,要对教学程序第二设计及教学策略的选择进行反思. 反思知识展示的顺序是否合理;选择的教学策略是否恰当;例题与习题的搭配是否符合教学目的的要求;采用的媒体是否真正发挥辅助教学的目的;为什么要这样设计教学程序;为什么要选择这样的教学策略，等等．最后，教学实施后的反思．主要是对教学效果评价的反思，如何改进教学设计的反思．

记得有人说过，“教学永远是一门遗憾的艺术”．其实，面对新课程标准的课堂教学也不例外．任何一堂课，当你课后反思的时候，总会觉得有一些不足和遗憾．而你的教学艺术水平正是在不断解决不足和遗憾的过程中得到了提升．相信只要我们不懈的努力，认真研究和解决好以上问题，教学业务水平一定会不断提高，课程改革一定会结出丰硕的果实．

【反思探究】

高中数学课程标准指出：高中数学课程应力求通过各种不同形式的自主学习、探究活动，让学生体验数学发现和创造的历程，发展他们的创新意识．新课程的一个重要理念就是为学生提供学数学、做数学、用数学的机会．让学生在学习过程中去体验、去经历数学．学生有了兴趣，就会激发求知欲，形成积极的“心向”．在教学中，我们应不断创设与学生心理需要同步的情境，唤起学生的学习热情．

课堂是教师的生命力所在地，是学生智慧的发源地．学生在朴素的课堂生活中品味数学，教师在朴素的课堂生活中唤起孩子们的求知欲，引导学生全面协调的发展，给学生创造一个民主和谐的发展空间．数学新课程最大的特点是把数学放在了生活中，而学生的潜能则像空气一样无处不在，学生在学数学时发挥着自身巨大的能量．教师要及时审视自己的教学，调控学生的情绪，引导学生积极参与到课堂．而传统意义上的数学课堂，就是老师讲学生听，老师从不审视自己的教学是否引起了学生的兴趣，也不关注学生的不参与是否与己有关，当学生出现与课堂教学不一致的行为时，只是怨学生，甚至是批评学生，而不反思自己的教学行为是否适合学生的心理特点，激发了学生的求知欲．

新课程强调师生之间互教互学，彼此形成一个真正的“共同学习体”．教师是学生的朋友，是学习活动的组织者，教师应把学习的主动权交给学生，尊重学生，满足学生的表现欲望．

培养学生的合作意识．学生是不同的个体，来自于不同的生活背景，他们在学习中有着不同的经验与体会，对同一个问题的解决，不同的人有着不同的思维习惯及见解，教师要为这些不同提供表达的机会，并尊重学生之间的差异．

在新课程体系下，教师如何开发和利用好课程资源？如何培养学生掌握和利用知识的态度和能力？如何激发学生的创造潜能？如何帮助学生学会在实践中学，在合作中学？如何让学生真正成为课堂的主人，在民主、宽松、自由的环境中体验数学、探索数学、学好数学、用好数学？这些都是值得我们认真思考的问题．

参考文献

1 钟启泉,徐斌艳. 数学教育展望. 上海:华东师范大学出版社,2001

2 钱佩玲,马波等. 高中数学新课程教学法. 北京:高等教育出版社,2007

3 张奠宙,丁尔升,李秉彝等编译. 国际展望:九十年代的数学教育. 上海:上海教育出版社,1990

4 王尚志. 数学教学研究与案例. 北京:高等教育出版社,2006

5 [美]莫里斯·克莱因. 古今数学思想. 张理京等译. 上海:上海科学技术出版社,1979

6 [美]M. 克莱因. 现代世界中的数学. 齐民友等译. 上海:上海教育出版社,2004

7 [德]F. Klein. 高观点下的初等数学. 舒湘芹等译. 石家庄:河北教育出版社,1989

8 张奠宙,郑正亚. 数学教育争鸣十题. 数学教育学报,1995(3)

9 课程教材研究所. 20世纪中国中小学课程标准·教学大纲汇编(数学卷). 北京:人民教育出版社,2001

10 中华人民共和国教育部. 普通高中数学课程标准(实验). 北京:人民教育出版社,2003

11 严士健,张奠宙,王尚志. 普通高中数学课程标准(实验)解读. 南京:江苏教育出版社,2004

12 钟启泉,崔允漷,吴刚平. 普通高中新课程解读方案导读. 上海:华东师范大学出版社,2003

13 史绍典. 高中课程方案教师读本. 上海:华中师范大学出版社,2003

14 钟启泉,崔允漷,沈兰. 高中学分制国际经验及建议. 上海:华东师范大学出版社,2004

15 教育部基础教育司,教育部师范教育司. 数学课程标准研修. 北京:高等教育出版社,2004

16 张晖. 新课程的教学改革. 北京:首都师范大学出版社,2001

17 靳五乐. 新课程改革的理念与创新. 北京:人民教育出版社,2003

18 张天宝. 新课程与课堂教学改革. 北京:人民教育出版社,2003
19 任长松. 新课程学习方式的变革. 北京:人民教育出版社,2003
20 张奠宙. 中国数学双基教学. 上海:上海教育出版社,2006
21 叶立军,方斌,林永伟. 数学新课程理念与实施. 杭州:浙江大学出版社,2006
22 王林全,刘美伦,张安庆. 高中数学新课程实验与探索(上、下册). 北京:高等教育出版社,2004
23 钱佩玲. 高中数学新课标教学设计案例与评析(上、下册). 北京:高等教育出版社,2005
24 李志厚. 学习论与新课程学习理念研究. 广州:广东教育出版社,2004
25 李士锜. PME:数学教育心理. 上海:华东师范大学出版社,2001
26 郑毓信. 认知科学,建构主义与数学教育. 上海:上海教育出版社,2002
27 翁凯庆. 数学教育学教程. 成都:四川大学出版社,2002
28 郑毓信,肖柏荣,熊萍. 数学教育思维与数学方法论. 成都:四川教育出版社,2001
29 肖柏荣. 高中数学典型课示例. 北京:人民教育出版社,2001
30 唐瑞芬. 数学教学理论选讲. 上海:华东师范大学出版社,2001
31 [德]Rolf Biehler. 数学教学理论是一门科学. 唐瑞芬等译. 上海:上海教育出版社,1998
32 [美]格劳斯. 数学教与学研究手册. 陈昌平等译. 上海:上海教育出版社,1999
33 吴丽华,王艳梅. 新课程背景下高中数学教师素质的调查与分析. 数学通报,2006,45(3):4-7
34 彭上观. 高中数学新课标实验教材使用情况的调查分析. 数学教育学报,2005,14(4):41-43
35 方金秋. 数学素养的提高是数学教学的根本任务. 数学教师,1995(4)
36 马忠林. 学科现代教育理论书系·数学. 南宁:广西教育出版社,1998
37 [美]F. H. Bell(贝尔). 中学数学的教与学. 管承仲译. 北京:教育科学出版社,1990
38 朱水根,王延文等. 中学数学教学导论. 北京:教育科学出版社,1998
39 周学海. 数学教育学概论. 长春:东北师范大学出版社,1996
40 王希平. 高中数学应用问题指南. 成都:四川辞书出版社,1998
41 刘永振. 数学方法. 沈阳:辽宁人民出版社,1985

郑重声明